Gérard Bless        **Zur Wirksamkeit der Integration**

Beiträge zur Heil- und Sonderpädagogik

# Beiträge zur Heil- und Sonderpädagogik
herausgegeben von Urs Haeberlin

18. Beiheft zur Vierteljahresschrift
für Heilpädagogik und ihre Nachbargebiete

Gérard Bless

# Zur Wirksamkeit der Integration

Forschungsüberblick, praktische Umsetzung einer integrativen Schulform, Untersuchungen zum Lernfortschritt

2. Auflage

Verlag Paul Haupt
Bern · Stuttgart · Wien

Dieses Buch ist im Rahmen des Projekts Nr. 11-25433.88 des Schweizerischen Nationalfonds zur Förderung der wissenschaftlichen Forschung mit dem Thema «Die Integration schulleistungsschwacher Kinder durch Heilpädagogische Stützmassnahmen» entstanden und wurde als Habilitationsschrift an der Philosophischen Fakultät der Universität Freiburg/Schweiz angenommen.

*Gérard Bless*, PD Dr. phil, ist Direktionsstellvertreter am Heilpädagogischen Institut der Universität Freiburg/Schweiz, Lehrbeauftragter und seit 1986 an Forschungsarbeiten des INTSEP-Programms beteiligt.

Dieser Band ist das 18. Beiheft der VHN-Vierteljahreszeitschrift für Heilpädagogik und ihre Nachbargebiete.

Abonnementsbestellungen für die VHN: Heilpädagogisches Institut der Universität Freiburg, Petrus-Kanisius-Gasse 21, CH-1700 Freiburg.

1. Auflage: 1995

Die Deutsche Bibliothek – CIP-Einheitsaufnahme

*Bless, Gérard :*
Zur Wirksamkeit der Integration :
Forschungsüberblick, praktische Umsetzung einer integrativen Schulform,
Untersuchungen zum Lernfortschritt /
Gérard Bless. –
2., unveränd. Aufl. –
Bern ; Stuttgart ; Wien : Haupt, 2002
(Beiträge zur Heil- und Sonderpädagogik ; 18)
Zugl.: Fribourg, Univ., Habil.-Schr.,1994
ISBN 3-258-05136-4

Alle Rechte vorbehalten
Copyright © 2002 by Paul Haupt Berne
Jede Art der Vervielfältigung ohne Genehmigung des Verlages ist unzulässig
Dieses Papier ist umweltverträglich, weil chlorfrei hergestellt;
es stammt aus Schweizer Produktion, mit entsprechend kurzen Transportwegen
Printed in Switzerland

www.haupt.ch

Zu Beginn danke ich all jenen Personen ganz herzlich, die mir während der Arbeit mit Rat und Tat zur Seite standen: An erster Stelle möchte ich alle Schülerinnen und Schüler, ihre Lehrkräfte sowie beteiligte Schulische Heilpädagoginnen und Heilpädagogen erwähnen. Ohne ihre Mitarbeit und Unterstützung wären die Durchführung des Forschungsprojektes und somit das Erscheinen dieses Buches nicht möglich gewesen. Herr Winfried Kronig hat als Projektmitarbeiter von Beginn an unentbehrliche Arbeit geleistet und wesentlich zur erfolgreichen Durchführung des Forschungsprojektes beigetragen. Besonders danken möchte ich Herrn Prof. Dr. Urs Haeberlin für seine umfassende Unterstützung. Ferner waren folgende Personen durch verschiedene Beiträge am Gelingen dieser Arbeit beteiligt: Prof. Dr. Jean-Luc Lambert (Universität Freiburg), Prof. Dr. Wilfried Schley (Universität Zürich), Sandra Aerschmann, Dominicq Riedo, Christine Amrein, Dr. Felix Studer, Elisabeth Jenny-Fuchs, Judith Baumberger, Liliane Caviezel, Priska Elmiger, Ursula Nussbaumer, Kathrin Schmuckli, Gabriela Steiner, Thomas Osterwalder, Isabelle Baumberger, Pia Meuwly, Guy Habermacher, Thomas Holzer, Silvia Conrad, Heidi Grossrieder und Patricia Perler.

# Inhaltsverzeichnis

| | | |
|---|---|---|
| 1. | Einleitung | 11 |

| | | |
|---|---|---|
| 2. | Gemeinsame Schulung behinderter und nichtbehinderter Kinder: Ergebnisse der Integrationsforschung | 17 |
| 2.1 | Schweizerische Forschungsbemühungen | 18 |
| 2.1.1 | Wirkungen der Integration im sozialen Bereich | 18 |
| 2.1.2 | Wirkungen der Integration im emotionalen Bereich | 22 |
| 2.1.3 | Wirkungen der Integration auf die Schulleistungen | 26 |
| 2.1.4 | Wirkungen der Integration in diversen Bereichen | 29 |
| 2.2 | Vergleich der Ergebnisse mit internationalen Forschungen | 40 |
| 2.2.1 | Wirkungen der Integration im sozialen Bereich | 41 |
| 2.2.2 | Wirkungen der Integration im emotionalen Bereich | 42 |
| 2.2.3 | Wirkungen der Integration auf die Schulleistungen | 44 |
| 2.2.4 | Wirkungen der Integration in diversen Bereichen | 46 |
| 2.3 | Zusammenfassung | 52 |

| | | |
|---|---|---|
| 3. | Die "Regelklasse mit Heilpädagogischer Schülerhilfe" | 57 |
| 3.1 | Formale Aspekte der "Regelklasse mit Heilpädagogischer Schülerhilfe" | 57 |
| 3.2 | Entwicklung und Verbreitung der Schulform | 61 |
| 3.3 | Aufgaben der Heilpädagogischen Schülerhilfe | 64 |
| 3.4 | Hinweise zur konkreten Realisierung der Schulform | 68 |
| 3.4.1 | Allgemeine Rahmenbedingungen | 68 |
| 3.4.2 | Ausbildung der Fachpersonen | 70 |
| 3.4.3 | Verfügbarkeit zusätzlicher Förderangebote zum Regelklassenunterricht | 72 |
| 3.4.4 | Durch die Heilpädagogische Schülerhilfe betreute Kinder | 74 |
| 3.4.5 | Betreuung fremdsprachiger Schüler | 85 |
| 3.4.6 | Leistungsbeurteilung und Lernzielabweichungen | 87 |
| 3.5 | Zusammenfassung | 90 |

| 4. | Fragestellung 1: Die Effizienz der Heilpädagogischen Schülerhilfe | 93 |
|---|---|---|
| 4.1 | Untersuchungsplan | 93 |
| 4.2 | Messinstrumente | 95 |
| 4.2.1 | Phase 1 | 96 |
| 4.2.1.1 | Schulleistungstest Mathematik | 96 |
| 4.2.1.2 | Schulleistungstest Sprache | 100 |
| 4.2.1.3 | Intelligenztest CFT 1 | 103 |
| 4.2.2 | Phase 2 | 107 |
| 4.2.2.1 | Das Instrument für die Einzelabklärung in Mathematik | 108 |
| 4.2.2.2 | Testbereiche der Einzelabklärung in Sprache | 115 |
| 4.3 | Stichprobenbeschreibung | 125 |
| 4.3.1 | Gesamtstichprobe für die Phase 1 | 125 |
| 4.3.2 | Reduzierte Stichprobe aufgrund der Paarbildung | 129 |
| 4.4 | Erhebung und Auswertung der Daten | 132 |
| 4.4.1 | Datensammlung und -bearbeitung | 132 |
| 4.4.2 | Zur Wahl des statistischen Verfahrens | 133 |
| 4.5 | Ergebnisse der varianzanalytischen Hypothesenprüfung | 135 |
| 4.6 | Zusammenfassung | 141 |
| | | |
| 5. | Fragestellung 2: Für die Lernentwicklung bedeutsame Bedingungen und Vorgehensweisen - eine Erkundungsstudie | 143 |
| 5.1 | Stichprobe und Vorgehen | 143 |
| 5.2 | Prädiktorvariablen | 144 |
| 5.3 | Erhebungsinstrumente | 146 |
| 5.4 | Erhebung und Bearbeitung der Daten | 152 |
| 5.5 | Statistisches Vorgehen zur Hypothesengenerierung | 154 |
| 5.6 | Ergebnisse der Hypothesengenerierung | 156 |
| 5.6.1 | Schritt 1: Ergebnisse des Extremgruppenvergleichs | 156 |
| 5.6.2 | Schritt 2: Ergebnisse der Regressions- und Varianzanalyse | 158 |
| 5.7 | Zusammenfassung | 160 |
| | | |
| 6. | Diskussion der Ergebnisse | 163 |
| 6.1 | Zusammenfassender Überblick über die erarbeiteten Ergebnisse | 163 |

| | | |
|---|---|---|
| 6.2 | Hypothesenprüfung | 164 |
| 6.3 | Stand der Integrationsforschung | 167 |
| 6.4 | Hypothesengenerierung | 169 |
| 6.5 | Indikatoren zur praktischen Realisierung der "Regelklasse mit Heilpädagogischer Schülerhilfe" | 173 |
| 6.6 | Empfehlungen | 174 |
| | | |
| 7. | Anhang | 179 |

- Phase 1: Schulleistungstest in Sprache Form B ................................. 181
- Phase 1: Schulleistungstest in Mathematik Form A ............................ 184
- Kommentar zur Durchführung der Leistungsprüfungen (Phase 1) ....... 187
- Klassenbogen ..................................................................................... 191
- Schülerbogen ..................................................................................... 192
- Fragebogen für Klassenlehrpersonen in gewöhnlichen Regelklassen ..................................................................................... 193
- Fragebogen für Klassenlehrpersonen in "Regelklassen mit Heilpädagogischer Schülerhilfe" ......................................................... 198
- Fragebogen für Heilpädagogen ......................................................... 203
- Phase 2: Instrument zur Einzelabklärung in Mathematik und Sprache ............................................................................................. 206
- Phase 2: Einzelabklärung in Sprache (Schülerblatt) ......................... 220
- Schülereinschätzung des Klassenklimas .......................................... 222
- Protokoll der Betreuungsarbeit des Heilpädagogen (mit Beispiel) ..... 223

| | | |
|---|---|---|
| 8. | Verzeichnisse | 225 |

- Abbildungen ...................................................................................... 225
- Tabellen ............................................................................................ 226
- Literatur ............................................................................................ 228
- Personenregister ............................................................................... 238

# 1. Einleitung

In der Schweiz wie in den meisten Industrieländern wurde bis vor wenigen Jahren Fortschritt im Bildungswesen in einer begabungsorientierten Differenzierung des Schulsystems gesehen, die mit der Vorstellung der effizienten Förderung in relativ homogen zusammengesetzten Lern- oder Leistungsgruppen verbunden war. Diese Differenzierung bezog sich auf beide Extreme der Begabungsverteilung und bewirkte auf der einen Seite eine Aufgliederung der Sekundarstufe 1 in drei Typen und auf der anderen Seite die Gründung einer beachtlichen Anzahl an Sonder- und Kleinklassentypen für Problemschüler. Schüler, die den Unterrichtsmethoden und den Anforderungen der Regelklasse nicht genügten, wurden und werden mehrheitlich heute noch in eine für sie vorgesehene Sonder- oder Kleinklasse überwiesen und somit von den übrigen Volksschülern separiert beschult. Die Aussonderung wird damit begründet, dass sie in Lerngruppen, welche aus Kindern mit ähnlichen Schwierigkeiten zusammengesetzt sind, besser gefördert und auf die Eingliederung in die Gesellschaft vorbereitet werden können.

Gegenüber dieser Entwicklung der Ausdifferenzierung des Schulwesens und der unvermeidbar damit verbundenen Ausgrenzung von behinderten Menschen setzte sich seit Ende der 70er Jahre vermehrt eine kritische Haltung durch, welche eine bis heute andauernde fachliche Kontroverse über die Beschulung von behinderten Kindern, die sogenannte "Integrationsdiskussion", auslöste. Die entstandene Gegenbewegung fordert die gemeinsame Schulung von behinderten und nichtbehinderten Kindern in der Regelschule unter Bereitstellung der notwendigen fachlichen Ressourcen für die adäquate Betreuung aller Kinder. Die Integration gründet unter anderem auf der Annahme, dass damit Kontaktmöglichkeiten geschaffen werden, die für die Einstellungsbildung Nichtbehinderter gegenüber Behinderten, für die soziale Eingliederung Behinderter in die Gesellschaft und für die Entwicklung schwacher oder behinderter Schülerinnen und Schüler förderlich sind. An dieser Stelle muss am Rande jedoch erwähnt werden, dass insbesondere die in der Schweiz praktizierte Integration vorwiegend aus pragmatischen Gründen entstehen konnte und demnach nicht als Folge einer ernsthaften Auseinandersetzung konzeptioneller Art mit dem Integrationsgedanken betrachtet werden kann.

Aus der Überzeugung, dass die relativ emotionsgeladene und polarisierend geführte Debatte zur Integration oder Separation von Behinderten dringend einer

Versachlichung und somit einer argumentativen Diskussion bedarf, startete das Heilpädagogische Institut der Universität Freiburg bereits 1986 das umfangreiche Forschungsprogramm INTSEP. Im Rahmen dieses Programms sind bereits mehrere Projekte zur Erforschung von Fragen der Integration durchgeführt und deren Ergebnisse veröffentlicht worden. Die praktische Erprobung der Integration in einem Quartierschulhaus der Stadt Freiburg sowie die Dokumentation und Reflexion der dort seit bereits sieben Jahren gesammelten Erfahrungen sind ebenfalls Bestandteil dieses Forschungsprogramms. Die vorliegende Arbeit, welche vom Schweizerischen Nationalfonds zur Förderung der wissenschaftlichen Forschung finanziell unterstützt wurde, versteht sich ebenfalls als Teil des INTSEP-Programms und schliesst direkt an Ergebnisse des Projektes "Wirkungen separierender und integrierender Schulformen auf lernbehinderte Kinder" (*Haeberlin; Bless; Moser; Klaghofer* 1991) an. Aus diesem Grunde ist sie als Folgeuntersuchung im Rahmen eines langjährigen Forschungsprozesses, der auch nach dieser Arbeit nicht abgeschlossen sein wird, zu betrachten.

Das Hauptinteresse der erwähnten Untersuchung galt der Wirkung der "Sonderklasse für Lernbehinderte", der "Regelklasse mit Heilpädagogischer Schülerhilfe" und der "gewöhnlichen Regelklasse" auf das soziale, emotionale und leistungsmotivationale Integriertsein sowie auf die Lernfortschritte der schulleistungsschwachen oder lernbehinderten Kinder. Unter anderem konnte auf eindrückliche Art gezeigt werden, dass lernbehinderte oder schulleistungsschwache Schüler und Schülerinnen, welche gemeinsam mit nichtbehinderten Kindern in der Regelschule unterrichtet werden, bessere Fortschritte im schulischen Leistungsbereich erzielen als vergleichbare Kinder in Sonderklassen für Lernbehinderte. Der Unterschied der Leistungsfortschritte zeigt sich besonders stark im mathematischen, etwas weniger ausgeprägt im sprachlichen Bereich. Allerdings bedeuten die Ergebnisse nicht, dass diese Kinder in Regelklassen den Anschluss an die schwächeren Regelschüler schaffen, sondern lediglich, dass sie in integrierenden Schulformen grössere Leistungsfortschritte erzielen als vergleichbare Schüler in Sonderklassen für Lernbehinderte.

Aus forschungsmethodischen Gründen gelang es im Rahmen dieser Studie nicht, die grössere Effizienz der "Regelklasse mit Heilpädagogischer Schülerhilfe" im Vergleich zur gewöhnlichen Regelklasse befriedigend nachzuweisen. Mit anderen Worten ist nicht auszuschliessen, dass integriert beschulte schulleistungsschwache oder lernbehinderte Kinder unabhängig davon, ob sie zusätzlich zum Regelklassenunterricht heilpädagogisch gefördert werden oder nicht, in etwa im selben Ausmass Lernfortschritte erzielen. Dieses vorläufige und zugleich überraschende Ergebnis, welches für schulpolitische Entscheide weitreichende Konsequenzen haben könnte, ist Ausgangspunkt der vorliegenden Untersuchung.

Die angesprochenen methodischen Schwierigkeiten, die es nicht erlaubt haben, diese Frage befriedigend zu beantworten, beziehen sich auf die vorhandene Untersuchungsstichprobe. Zum damaligen Zeitpunkt waren vielerorts die "Regelklassen mit Heilpädagogischer Schülerhilfe" erst in den Anfängen ihrer Entwicklung. Zwischen den einzelnen Schulorten gab es vor allem hinsichtlich der Rahmenbedingungen (Stellendotation) enorme Unterschiede. Als extremes Beispiel sei ein Heilpädagoge erwähnt, der insgesamt 25 Regelklassen betreute, währenddem es auf der anderen Seite Schulorte gab, in denen der Heilpädagoge für sechs Regelklassen zuständig war. Aus Gründen der Plausibilität muss angenommen werden, dass diese äusserst unterschiedlichen Rahmenbedingungen vermutlich einen grossen Einfluss auf die Möglichkeiten und die Qualität der Betreuungsarbeit haben kann. Die zur Verfügung stehende Stichprobe war für eine methodisch einwandfreie Kontrolle dieser intervenierenden Variable zu klein. Demnach ist nach wie vor zu vermuten, dass Regelklassen mit Heilpädagogischer Schülerhilfe bei zufriedenstellenden Rahmenbedingungen vor Ort durchaus effizienter sind als gewöhnliche Regelklassen.

Ferner konnte über die Daten der Ausgangsuntersuchung folgende Tendenz festgestellt werden: Schulorte, die relativ günstige Rahmenbedingungen für die Heilpädagogische Schülerhilfe geschaffen hatten, wiesen im Vergleich zu jenen mit ungünstigen Bedingungen wesentlich weniger schulleistungsschwache oder lernbehinderte Schüler auf. Möglicherweise können Heilpädagogen mit guten Rahmenbedingungen vermehrt die Möglichkeit nutzen, in der Unterstufe frühzeitig einzugreifen und auf diese Weise präventiv zu wirken. Damit verknüpft ist eine grössere Effizienz der Heilpädagogischen Schülerhilfe in der Unterstufe der Primarschule zu erwarten.

Die Hauptfragestellung der vorliegenden Untersuchung lautet demzufolge:

Fragestellung 1: *Erweist sich die Heilpädagogische Schülerhilfe in der Unterstufe der Regelklasse im Hinblick auf die Lernförderung schulleistungsschwacher oder lernbehinderter Kinder in den schulischen Kernfächern im Vergleich zur integrierten Beschulung ohne heilpädagogische Stützmassnahmen als effizient?*

Die Relevanz der Fragestellung besteht einerseits in der begründeten Befürchtung, dass einzelne Schulbehörden, nicht zuletzt aus finanziellen Überlegungen, aus den Ergebnissen der Ausgangsstudie folgende voreiligen Schlussfolgerungen ziehen könnten, welche unseres Erachtens für die Betreuung schwacher Schüler fatale Folgen hätten: Bezüglich des Lernfortschrittes ist die Sonderklasse im Vergleich zu integrierenden Schulformen nicht im erwünschten Masse wirksam. Demzufolge sollten die schulleistungsschwachen oder lernbehinderten Kinder integriert werden. Da zudem die heilpädagogischen Stützmassnahmen die Erwartungen ebenfalls nicht besser zu erfüllen vermögen als gewöhnliche Regelklassen, kann darauf verzichtet werden.

Andererseits liegt es im Interesse der Sonder- oder Heilpädagogik als wissenschaftliches Fachgebiet, die Wirksamkeit vorgeschlagener Massnahmen für die Praxis zu überprüfen.

Welche Unterrichtsbedingungen und/oder -vorgehensweisen im Hinblick auf die Lernentwicklung der heilpädagogisch betreuten Kinder eine bedeutsame Rolle spielen, ist Gegenstand einer weiteren Fragestellung. Damit wenden wir uns einer Thematik der Integrationsforschung zu, bei der nicht die Konsequenzen der Integration, sondern die Optimierung der integrativen Praxis im Vordergrund des Interesses steht.

Fragestellung 2: *Bestehen zwischen den Unterrichtsbedingungen und/oder -vorgehensweisen auf der einen Seite und der Lernentwicklung schulleistungsschwacher oder lernbehinderter Kinder auf der anderen Seite Zusammenhänge derart, dass im integrativen Unterricht mit heilpädagogischen Stützmassnahmen bestimmte Bedingungen und/oder Vorgehensweisen anderen vorzuziehen sind?*

Die Relevanz der Fragestellung 2 ist im Zusammenhang mit möglichen Verbesserungen der Schulform "Regelklasse mit Heilpädagogischer Schülerhilfe" zu sehen.

Methodologisch ist die Bearbeitung beider Fragestellungen unterschiedlich einzuordnen: Die Beantwortung der Fragestellung 1 stellt die Prüfung einer Hypothese dar, welche direkt aus den Ergebnissen der bereits erwähnten Untersuchung ableitbar ist, währenddem es sich bei der Fragestellung 2 um eine Studie handelt, in der Hypothesen generiert werden sollen (Hypothesenfindung). Mit anderen Worten dient letztere dazu, späteren Forschungen über die Realisierung integrierender Schulformen und über die Frage, wie Integration sinnvollerweise zu bewerkstelligen ist, Impulse zu geben und ihnen einige Grundlagen bereitzustellen. Mit der Beantwortung der Fragestellung 1 wird somit eine offengebliebene Forschungsfrage geklärt; mit der Fragestellung 2 soll im Sinne einer Pilotstudie ein bisher relativ unberücksichtigtes Gebiet der Integrationsforschung vorbereitet werden.

Die vorliegende Arbeit ist in fünf Abschnitte gegliedert. Nach der Einleitung ist Kapitel 2 dem aktuellen Stand der Forschung gewidmet und umfasst einen Überblick über Ergebnisse zur gemeinsamen Schulung behinderter und nichtbehinderter Kinder. An dieser Stelle sei betont, dass wir - obwohl das Hauptinteresse der vorliegenden Untersuchung auf die Lernentwicklung schulleistungsschwacher oder lernbehinderter Kinder in Integrationsklassen gerichtet ist - der Meinung sind, dass die Schulleistungsfortschritte zwar wichtig, aber zur umfassenden Beurteilung einer Schulform nur als eines unter zahlreichen Kriterien zu betrachten sind. Aus diesem Grunde befasst sich der nachfolgende Forschungsüberblick mit verschiedenen Themen, die uns im Zusammenhang mit der Integration als relevant erscheinen. Damit soll unterstrichen werden, dass das Thema Integration trotz der hier aus forschungsmethodischen Gründen künstlichen Reduzierung der Thematik auf den Aspekt der Schulleistung einer umfassenden Betrachtung und Diskussion bedarf.

In Kapitel 3 wird auf die Schulform "Regelklasse mit Heilpädagogischer Schülerhilfe" eingegangen, da diese im Mittelpunkt der vorliegenden Untersuchung steht. Nebst der Darstellung formaler Strukturen, des zugrundeliegenden pädagogischen Konzeptes sowie der Entwicklung und Verbreitung dieser Schulform, wird aufgrund der für die vorliegende Untersuchung gesammelten Daten die konkrete Realisierung der Schulform anhand einiger Beispiele und Indikatoren beschrieben.

Kapitel 4 umfasst den Untersuchungsbericht zur Fragestellung 1. Die entsprechenden Ergebnisse sind als Hauptergebnisse der vorliegenden Arbeit zu betrachten. In Kapitel 5 wird im Sinne einer Erkundungsstudie die Fragestellung 2 bearbeitet. Schliesslich werden sowohl die Hauptergebnisse, die generierten Hypothesen zur Fragestellung 2 als auch die beschriebenen Indikatoren zur praktischen Umsetzung der "Regelklasse mit Heilpädagogischer Schülerhilfe" im sechsten und letzten Abschnitt unter Bezugnahme des aktuellen Standes der Integrationsforschung diskutiert.

## 2. Gemeinsame Schulung behinderter und nichtbehinderter Kinder: Ergebnisse der Integrationsforschung

In den letzten zwei Jahrzehnten sind zahlreiche Publikationen und Forschungsberichte zur "Gemeinsamen Schulung" behinderter und nichtbehinderter Kinder und Jugendlicher veröffentlicht worden. Obwohl seit Beginn der 80er Jahre die Zahl der diesbezüglichen Publikationen drastisch zunimmt und heute nur noch wenige Autoren aus einem sonderpädagogischen Fachbereich zu finden sind, die sich bisher nicht zu diesem Thema geäussert haben, trifft es entgegen der weit verbreiteten Meinung nicht zu, dass das Thema Integration eine neuzeitliche Entwicklung darstellt. *Cole* (1989) konnte in seiner historischen Studie aufzeigen, dass sowohl in Europa als auch in Nordamerika in der Integrations-Separations-Kontroverse bereits seit über einem Jahrhundert immer wieder für oder gegen die eine der Positionen debattiert und argumentiert wurde und wird (zitiert nach *Williams* 1993, 303). In den letzten Jahren ist jedoch parallel zur steigenden Zahl seriöser Integrationsbemühungen, in welchen die Regelschulen im Gegensatz zur "stillen" Integration mit zusätzlichen sonderpädagogischen Hilfestellungen für Behinderte ausgestattet wurden, ein Forschungsfeld entstanden, das eine wissenschaftliche Klärung der Fragen zur "Gemeinsamen Schulung" erst ermöglicht hat. Demzufolge ist die hohe Zahl der Publikationen der letzten Jahre kaum erstaunlich. Die Suche nach Veröffentlichungen über Bibliographien (z.B. elektronische Datenbanken wie "Psyclit", "Psyndex" und "Sociofile") ergibt alleine zu den Stichwörtern "mainstreaming educational" und "Integration Behinderter in Regelschulen" bereits weit über 1500 Titel. Damit sei angedeutet, dass das Unterfangen, zur "Gemeinsamen Schulung" einen umfassenden Forschungsüberblick zu erstellen, einige Schwierigkeiten bietet, zumal die erwähnte Literatur bezüglich der beschriebenen Vorgehensweisen, der Schulsysteme und der Fragestellungen sehr heterogen ist.

Aus diesem Grunde wird die in diesem Kapitel bearbeitete Literatur auf Berichte über empirische Untersuchungen beschränkt und nach folgendem Vorgehen zu einer Synthese verarbeitet: In einem ersten Schritt werden alle bisherigen, uns bekannten Forschungsarbeiten zum Thema Integration aufgearbeitet, deren Daten unter schweizerischen Bildungsbedingungen gewonnen wurden. Anschliessend wird überprüft, inwiefern diese Ergebnisse durch internationale Forschungen bestätigt und eventuell ergänzt werden können. Schliesslich werden die besprochenen Ergebnisse in einem dritten Schritt zusammenfassend diskutiert.

## 2.1 Schweizerische Forschungsbemühungen

Die bisherigen schweizerischen empirischen Forschungen zur Frage der Wirkungen gemeinsamer Unterrichtung auf behinderte Kinder beziehen sich mit Ausnahme der Untersuchung von *Strasser* (1984) über einen Schulversuch zur Integration sehbehinderter Schüler und der Studie von *Elmiger* (1992) zur sozialen Situation von integriert beschulten Schwerhörigen in Regelklassen ausschliesslich auf die Population jener Kinder, die üblicherweise in Kleinklassen beschult werden und demzufolge mehrheitlich als lernbehindert bezeichnet werden. Vereinzelt befinden sich darunter auch Kinder mit Verhaltensauffälligkeiten. Dieser Umstand ist weniger auf eine Konzentration des Forschungsinteresses auf lernbehinderte Kinder, sondern eher auf die schweizerische Integrationspraxis zurückzuführen. Zur Zeit werden in der Schweiz Kinder mit Sprachbehinderungen, seltener Kinder mit Seh- oder Hörbehinderungen und nur ausnahmsweise Kinder mit Körperbehinderungen teilweise in der Regelschule belassen, so lange ihre Leistungen im Normbereich liegen. Die Integration von schulleistungsschwachen und lernbehinderten Kindern ist, wenn überhaupt, auf dünnbesiedelte Regionen beschränkt, in denen eine separierte Beschulung dieser Kinder aufgrund der knappen Schülerzahlen nicht organisierbar oder nicht mehr sinnvoll ist. Als Fazit der schweizerischen Integrationspraxis kann gesagt werden, dass bisher nur jene Kinder in die Regelklasse integriert werden, bei denen entweder die Schweizerische Invalidenversicherung die Kostenübernahme der zusätzlich zum Unterricht benötigten heilpädagogischen Massnahmen nicht an den Besuch einer Sonderschule bindet (z.B. die Therapie von Sprachbehinderten) oder die finanziellen Lasten für die Bildung dieser Kinder - ob separiert oder integriert beschult - durch die Trägerschaft der Regelschule übernommen werden muss (z.B. Lernbehinderte).

### 2.1.1 Wirkungen der Integration im sozialen Bereich

Zur Frage der sozialen Stellung behinderter Kinder in integrierenden Schulformen sind uns sieben schweizerische Untersuchungen bekannt, welche diesbezüglich Ergebnisse bereitstellen können (Tabelle 1). Während sich *Studer* (1968), *Strasser* (1984) und *Bless* (1986) einzig soziometrischer Methoden zur Beantwortung ihrer Fragestellung bedienen, werden diese in den Untersuchungen von *Bächtold; Coradi; Hildbrand; Strasser* (1990), *Haeberlin; Bless; Moser; Klaghofer* (1991) und *Elmiger* (1992) durch die Selbsteinschätzung bezüglich der sozialen Situation der betroffenen Schüler, welche mit einem Fragebogen erhoben werden, ergänzt. *Peter* 1994 erfasst die soziale Situation der Schüler ausschliesslich über die Selbsteinschätzung.

Lernbehinderte und bei *Bächtold; Coradi; Hildbrand; Strasser* (1990) auch Kinder mit Verhaltensauffälligkeiten (Schüler, die üblicherweise in Kleinklassen D überwiesen werden) in Regelklassen nehmen im Vergleich zu ihren Mitschülern eine ungünstigere soziale Stellung innerhalb ihrer Klassen ein. Dieses Ergebnis scheint unabhängig zu sein von der konkreten Schulform (gewöhnliche Regelklassen, Regelklassen mit Heilpädagogischer Schülerhilfe, Zürcher Modell der "Integrationsklassen", Scuola media im Tessin), vom Alter der betroffenen Kinder (3. bis 9. Schuljahr) sowie vom eingesetzten Erhebungsverfahren (soziometrische Methoden oder Fragebogen zu Selbsteinschätzungen der Beziehungen zu Mitschülern). Allerdings trifft dieser Befund für Kinder mit anderen Behinderungen nicht zu. So kommt *Strasser* (1984) (zitiert nach *Dütsch-Bühler; Strasser* 1986, 148) zum Schluss, dass die integriert beschulten sehbehinderten Kinder eher eine neutrale soziometrische Stellung einnehmen. Auch *Elmiger* (1992) stellt keinen Unterschied bezüglich der soziometrischen Stellung einerseits und der Selbsteinschätzungen der Beziehungen zu den Mitschülern andererseits zwischen integriert beschulten Kindern mit Schwerhörigkeit und ihren Mitschülern fest. Aus diesem Grunde ist davon auszugehen, dass im Rahmen der schweizerischen Integrationspraxis das unerfreuliche Ergebnis, welches auf ein erhöhtes Risiko zur sozialen Isolierung lernbehinderter oder verhaltensauffälliger Kinder in Regelklassen hinweist, nicht ohne weiteres auf Kinder mit anderen Behinderungen generalisiert werden kann. Die soziale Integration im Sinne der sozialen Akzeptanz scheint demnach in Integrationsklassen in Abhängigkeit der vorliegenden Behinderung im erwünschten Masse realisierbar zu sein.

*Tabelle 1*: Schweizerische Untersuchungen zur sozialen Situation behinderter Kinder

| Autoren | Stichprobenmerkmale | Ergebnisse |
|---|---|---|
| *Studer* 1968 | 521 Kinder in Volksschulklassen des Kantons Uri, wovon 93 aufgrund von Intelligenztestwerten als lernbehindert bezeichnet werden | soziometrische Stellung der Lernbehinderten ist insbesondere bezüglich der negativen Wahlen niedrig |

| | | |
|---|---|---|
| *Strasser* 1984 (zit. nach *Dütsch-Bühler*; *Strasser* 1986) | sehbehinderte, in Regelklassen integrierte Schüler (N=16) und ihre Mitschüler (N=235) | In den soziometrischen Tests erhalten die Sehbehinderten signifikant weniger häufig positive Wahlen als ihre Mitschüler; sie werden tendenziell auch weniger abgelehnt. *Strasser* geht von einer neutralen sozialen Stellung der Sehbehinderten aus. Lehrereinschätzungen, unter anderem bezüglich der Beliebtheit, ergeben zwischen den Sehbehinderten und ihren Mitschülern keine signifikanten Unterschiede. |
| *Bless* 1986 | 595 Schüler aus 29 Regelklassen mit Heilpädagogischer Schülerhilfe des 3. bis 6. Schuljahres aus der deutsch- und französischsprechenden Schweiz (51 lernbehinderte und 544 nichtbehinderte Mitschüler) | signifikant tieferer soziometrischer Status der "Lernbehinderten" im Vergleich zu ihren Mitschülern |
| *Bächtold; Coradi; Hildbrand; Strasser* 1990 | 304 Regelschüler, 50 Schüler mit Teilleistungsschwächen und 53 Schüler mit Lernbehinderungen und/oder Verhaltensauffälligkeiten der Mittel- und Oberstufe der Primarschule (3. bis 6. Klasse); zum Zeitpunkt der 2. Messung t2) | Nettoveränderungen (>5%) zwischen t1 und t2 (vgl. hierzu Kritik unter Kapitel 2.1.2): ungünstig: soziale Integration, soziale Isolation, erlebte Hilfsbereitschaft von Mitschülern günstig: Selbstbeurteilung der eigenen Kontaktbereitschaft, soziale Hilfsbereitschaft aus der Sicht der Mitschüler |
| *Haeberlin; Bless; Moser; Klaghofer* 1991 | 38 lernbehinderte und 307 nichtbehinderte Schüler aus Regelklassen mit Heilpädagogischer Schülerhilfe (4.-6. Schuljahr); 70 lernbehinderte und 667 nichtbehinderte Schüler aus gewöhnlichen Regelklassen (4. -6. Schuljahr); | signifikant tieferer soziometrischer Status der Lernbehinderten im Vergleich zu ihren Mitschülern unabhängig von Schulform und Zeit (2. Messung nach 1.5 Jahren) Selbsteinschätzung der sozialen Beziehungen zu den Mitschülern stimmt mit den soziometrischen Ergebnissen überein |
| *Elmiger* 1992 | 62 integriert beschulte schwerhörige Kinder des 3. bis 9. Schuljahres und eine Zufallsstichprobe von 184, respektiv 180 normalhörenden Mitschülern | kein signifikanter Unterschied zwischen dem soziometrischen Status schwerhöriger Kinder und jenem ihrer normalhörenden Mitschüler Selbsteinschätzung der sozialen Beziehungen zu den Mitschülern stimmt mit den soziometrischen Ergebnissen überein (kein signifikanter Unterschied) |
| *Peter* 1994 | 576 Schüler einer Tessiner Scuola media (1. bis 4. Klasse der Sekundarstufe 1 [Gesamtschule]), wovon 91 Schüler zusätzlich zum Unterricht in den Regelklassen pädagogischen Stützunterricht erhielten (=> schulleistungsschwache Schüler) und 485 Mitschüler ohne besondere Schwierigkeiten | Schulleistungsschwache Schüler, welche in den Genuss zusätzlicher Stützmassnahmen kommen, weisen eine signifikant tiefere Selbsteinschätzung ihrer Beziehungen zu Mitschülern auf als ihre Mitschüler |

In einer weiteren Untersuchung von *Bless* (1989) wurde der Frage nachgegangen, welches wohl die Gründe für die allgemein ungünstige soziale Stellung der Lernbehinderten sein könnten. Ein Extremgruppenvergleich zwischen Kindern mit extrem hohem versus extrem niedrigem soziometrischen Status liefert einige Hinweise über mögliche Determinanten ihrer Beliebtheit. Demnach scheint die Interaktion mit schulleistungsschwachen oder lernbehinderten Kindern insbesondere durch die oft vorliegende mangelnde soziale Anpassungsfähigkeit (z.B.: Fehlverhaltensweisen, Aggressivität, Streitereien usw.) belastet zu sein. Ferner spielen Variablen wie die Intelligenz, der Grad der Lernbehinderung, das äussere Erscheinungsbild des Schülers, der Besitz auffälliger Merkmale oder Verhaltensweisen und das allgemeine Selbstwertgefühl eine nicht zu unterschätzende Rolle. Interessant ist ferner, dass in Sonderklassen für Lernbehinderte nahezu dieselben Variablen die Beliebtheitsrangordnung zu determinieren scheinen. Eine ähnliche Fragestellung wurde für schwerhörige Kinder von *Elmiger* (1992) untersucht. Allerdings konnten im Rahmen dieser Studie, abgesehen von einem möglichen Einfluss "sportlicher Fähigkeiten" auf die soziale Integration sowohl der schwerhörigen Kinder als auch ihrer Mitschüler, nicht im erhofften Masse Faktoren eruiert werden, die die soziale Integration dieser Kinder wesentlich erklären können.

Schliesslich wurde in der Studie von *Haeberlin; Bless; Moser; Klaghofer* (1991, 208) festgestellt, dass mit der Integration eine soziale Entwurzelung aus dem Wohnort mit all ihren Konsequenzen (beispielsweise extrem lange Schulwege oder Verarmung der sozialen Beziehungen zu gleichaltrigen Kindern des Wohnortes) weitgehend vermieden werden kann. In der Untersuchungsstichprobe muss jeder dritte Schüler aus Sonderklassen für Lernbehinderte täglich seinen Wohnort verlassen, um im benachbarten Dorf den Unterricht besuchen zu können. Auf der anderen Seite trifft dies in der Schulform Regelklasse mit Heilpädagogischer Schülerhilfe nur für jeden 25. Schüler, in gewöhnlichen Regelklassen für jeden 20. Schüler zu, obwohl diese Klassen aus dünnbesiedelten Regionen stammen.

## 2.1.2 Wirkungen der Integration im emotionalen Bereich

Betrachten wir die schweizerischen Forschungsbemühungen zur emotionalen Situation behinderter Kinder in integrativen Schulformen (Tabelle 2) im Überblick, so zeigt sich, dass alle Studien mittels Selbsteinschätzungen verschiedene Aspekte des Selbstwertgefühls untersuchen. In *Haeberlin; Bless; Moser; Klaghofer* (1991), *Elmiger* (1992) und *Peter* (1994) wird zudem das Subjektive Befinden (emotionales Integriertsein) einbezogen.

*Tabelle 2*: Schweizerische Untersuchungen zur emotionalen Situation behinderter Kinder

| Autoren | Stichprobenmerkmale | Ergebnisse |
| --- | --- | --- |
| *Strasser* 1984 (zit. nach *Dütsch-Bühler; Strasser* 1986) | sehbehinderte, in Regelklassen integrierte Schüler (N=16) und ihre Mitschüler (N=235) | kein signifikanter Unterschied zwischen den sehbehinderten Kindern und ihren Mitschülern in folgenden Bereichen des Selbstkonzepts: Leistungsangst, Minderwertigkeitsgefühle, Anpassungsbereitschaft, Begabungskonzept und Zukunftsangst (tendenziell weniger Minderwertigkeitsgefühle der Sehbehinderten); ebenfalls kein signifikanter Unterschied zwischen den Sehbehinderten und ihren Mitschülern bezüglich der Lehrereinschätzungen zu: Beliebtheit, Selbstbewusstsein, Selbständigkeit, Teilnahme am Unterricht, Leistungsfähigkeit und Begabung (tendenziell werden Sehbehinderte von ihren Lehrern eher als introvertiert wahrgenommen) |
| *Moser* 1986 | 51 Lernbehinderte in Regelklassen mit Heilpädagogischer Schülerhilfe, 88 Lernbehinderte aus Hilfsklassen und 220 nichtbehinderte Regelklassenschüler des 3. bis 6. Schuljahres aus der deutsch- und französischsprechenden Schweiz | Lernbehinderte haben unabhängig von der Schulform ein signifikant tieferes allgemeines Selbstkonzept als Regelklassenschüler. Integrierte Lernbehinderte unterscheiden sich bezüglich des Selbstkonzeptes im allgemeinen nicht von Lernbehinderten in Hilfsklassen. (tendenziell tieferes Begabungskonzept [Skala: Einschätzung der eigenen Fähigkeiten] der integrierten Lernbehinderten im Vergleich zu den Hilfsschülern); keine Unterschiede bezüglich: Selbstwertgefühl, Kontaktbereitschaft, Betragen gegenüber anderen, Selbsteinschätzung des Äusseren, Beliebtheit und Einfluss |
| *Bächtold; Coradi; Hildbrand; Strasser* 1990 | 304 Regelschüler, 50 Schüler mit Teilleistungsschwächen und 53 Schüler mit Lernbehinderungen und/oder Verhaltensauffälligkeiten der Mittel- und Oberstufe der Primarschule (3. bis 6. Klasse); zum Zeitpunkt der 2. Messung t2 | Nettoveränderungen (>5%) zwischen t1 und t2: günstig: eigene Fähigkeitseinschätzung, Wahrnehmung der didaktischen Bemühungen und der emotionalen Zuwendung der Regelklassenlehrer, Hilfsbereitschaft durch die Mitschüler |

| | | |
|---|---|---|
| *Haeberlin; Bless; Moser; Klaghofer* 1991 | 38 lernbehinderte und 307 nichtbehinderte Schüler aus Regelklassen mit Heilpädagogischer Schülerhilfe (4.-6. Schuljahr); 70 lernbehinderte und 667 nichtbehinderte Schüler aus gewöhnlichen Regelklassen (4. -6. Schuljahr); 370 Schüler aus Hilfsklassen | <u>Subjektives Befinden</u> (Schullust): keine signifikanten Unterschiede zwischen lernbehinderten und nichtbehinderten Kindern unabhängig von der Schulform und der Dauer (t1 und t2: eineinhalb Jahre); keine signifikanten Unterschiede bei Lernbehinderten, ob integriert oder separiert beschult: (tendenzielles Absinken der Schullust aller Kinder in Regelklassen, was in Hilfsklassen nicht festgestellt werden kann) <u>Begabungskonzept</u>: lernbehinderte Kinder in Regelklassen weisen ein signifikant tieferes Begabungskonzept auf als ihre Mitschüler (unabhängig von der konkreten Schulform und der Dauer der Integration); signifikant tieferes Begabungskonzept der integriert beschulten Lernbehinderten im Vergleich zu jenen in Hilfsklassen; tiefstes Begabungskonzept haben jene Lernbehinderten, welche sichtbar in den Genuss Heilpädagogischer Massnahmen gelangen |
| *Pierrehumbert* 1992 | ca. 350 neun- bis vierzehnjährige Schüler aus 21 Klassen, wovon ein Teil aus Sonderklassen für Lernbehinderte stammt (keine detaillierte Angaben des Autors) | Lernbehinderte Kinder in Sonderklassen weisen gegenüber leistungsschwachen in Regelklassen und gemessen an der Lehrerbeurteilung ein überhöhtes Selbstbild auf. |
| *Tamagni; Pierrehumbert* 1992 | 169 Schüler des 8. Schuljahres der Scuola media (Gesamtschule), wovon: a) 76 Schüler, welche in 3 Fächern Kursniveau 1 besuchen b) 39 welche in einigen Fächern Niveau 1 und in anderen Niveau 2 besuchen c) 41 Schüler, welche nur Kurse des Niveaus 2 besuchen d) 13 Schüler, welche in 2 oder 3 Fächern den praktischen Kurs besuchen | Werte des Selbstbildes (nur bezüglich des Begabungskonzeptes) werden geringer, je tiefer die besuchten Niveaukurse sind. Die übrigen gemessenen Selbstbildaspekte (soziale Kompetenz, Aussehen, Sportlichkeit, Verhalten, Wertschätzung) unterscheiden sich zwischen den Niveaukursen nicht. |
| *Elmiger* 1992 | 62 integriert beschulte schwerhörige Kinder des 3. bis 9. Schuljahrs und eine Zufallsstichprobe von 184, respektiv 180 normalhörenden Mitschülern | <u>Subjektives Befinden</u> (Schullust): kein signifikanter Unterschied zwischen den integriert beschulten schwerhörigen Kindern und ihren nichtbehinderten Mitschülern <u>Begabungskonzept</u>: signifikanter Unterschied zuungunsten der schwerhörigen Kinder |

| | | |
|---|---|---|
| *Dozio* 1993 | parallelisierte Stichprobe (Geschlecht) von je 126 Schülern des Niveaukurses 2 und des praktischen Kurses der Tessiner Scuola media (Gesamtschule) | signifikanter Unterschied bezüglich des Begabungskonzeptes zuungunsten der Schüler im praktischen Kurs im Vergleich zu jenen im Niveaukurs 2; => Je tiefer das Kursniveau innerhalb der Gesamtschule desto tiefer das Begabungskonzept; signifikant höhere Selbstbildwerte bezüglich des Aussehens der Schüler im praktischen Kurs im Vergleich zu jenen im Niveaukurs 2; Aufgrund der dargestellten Ergebnisse muss von geschlechtsspezifischen Selbsteinschätzungen ausgegangen werden. Mädchen des praktischen Kurses scheinen sich bezüglich Aussehen, Verhalten und der Wertschätzung höher einzuschätzen als Mädchen des Niveaukurses 2. |
| *Peter* 1994 | 576 Schüler einer Tessiner Scuola media (1. bis 4. Klasse der Sekundarstufe 1 [Gesamtschule]), wovon 91 Schüler zusätzlich zum Unterricht in den Regelklassen pädagogischen Stützunterricht erhielten (=> schulleistungsschwache Schüler) und 485 Mitschüler ohne besondere Schwierigkeiten | Subjektives Befinden (Schullust): kein signifikanter Unterschied zwischen den schulleistungsschwachen Schülern mit Stützunterricht und ihren Mitschülern ohne Stützunterricht. Insgesamt weisen die Jungen tiefere Werte auf als die Mädchen Begabungskonzept: signifikanter Unterschied zuungunsten der schulleistungsschwachen Schüler mit Stützunterricht |

- *Vergleich integriert beschulter Kinder mit Behinderungen mit ihren Mitschülern:*

Während sich integrierte sehbehinderte Kinder bezüglich diverser Bereiche ihres Selbstbildes (Leistungsangst, Minderwertigkeitsgefühle, Anpassungsschwierigkeiten, Begabungskonzept und Zukunftsangst) nicht von ihren Mitschülern zu unterscheiden scheinen (*Strasser* 1984), weisen Lernbehinderte (*Moser* 1986, *Haeberlin; Bless; Moser; Klaghofer* 1991, *Tamagni; Pierrehumbert* 1992, *Dozio* 1993, *Peter* 1994) und Schwerhörige (*Elmiger* 1992) im Vergleich zu ihren Mitschülern ein tieferes Selbstbild auf. Dies bezieht sich jedoch, allgemein betrachtet, vor allem auf den Aspekt des Begabungskonzeptes (Selbsteinschätzung der eigenen schulischen Fähigkeiten). Diesen Resultaten stehen nur die Ergebnisse der Studie von *Bächtold, Coradi, Hildbrand, Strasser* (1990) gegenüber, in der lernbehinderte und/oder verhaltensschwierige Kinder im Vergleich zu ihren Mitschülern zwischen t1 und t2 mehr positive Nettoveränderungen bezüglich folgender Bereiche des Selbstwertgefühls aufweisen: Begabungskonzept, Fürsorglichkeit, Vermittlungsfähigkeit und Hilfsbereitschaft durch die Mitschüler (vgl. *Bächtold; Coradi; Hildbrand; Strasser* 1990, 132-133).

Allerdings möchten wir erwähnen, dass die in der Zürcher-Studie verwendete statistische Auswertungsmethode der "positiven Nettoveränderungen" (*Bächtold; Coradi; Hildbrand; Strasser* 1990, 131-132) in Anbetracht der gestellten Untersuchungsfrage nicht als geeignet erscheint. Mit dem gewählten Vorgehen (Vergleich jeder Gruppe, z.B. Lernbehinderte oder Nichtbehinderte, mit sich selbst bei t1 und t2) ist nicht auszumachen, ob ein Überwiegen von positiven Nettoveränderungen (bereits bei > 5% der Fälle, die sich zwischen t1 und t2 über beziehungsweise unter der gesetzten Grenze der jeweiligen Standardabweichung (-1) verändern) nicht nur einen zufälligen Unterschied kennzeichnet oder ob diese Unterschiede bereits als bedeutsam zu werten sind. Der tabellarische Vergleich zwischen den Schülergruppen der entsprechenden Untersuchung (vgl. 132-133) erlaubt ebenfalls keine Rückschlüsse auf die Bedeutsamkeit eventueller Unterschiede. Schliesslich ist nicht einzusehen, weshalb die erhobenen Werte dichotomisiert werden, da sie ja ursprünglich offensichtlich eine höhere Datenqualität aufweisen als dichotome Variablen auf dem Nominalskalenniveau und somit ein deutlicher Informationsverlust bewusst in Kauf genommen wird. Die Varianzanalyse mit Messwiederholung, welche für solche Fragestellungen sehr häufig verwendet wird und welche sich zudem bei leichten Verletzungen der statistischen Voraussetzungen sehr robust verhält, hätte hier beispielsweise eingesetzt werden können, was unter anderem auch einen Vergleich zwischen den untersuchten Schülergruppen und eventueller Interaktionen mit dem Zeitfaktor (t1 und t2) ermöglicht hätte. Leider verzichten die Autoren auf eine Begründung für das gewählte Vorgehen, so dass zu dieser Frage Spekulationen möglich werden. Aufgrund dieser Bemerkungen sollten die dargestellten Ergebnisse (insbesondere der eher positive Befund zum Begabungskonzept), welche eigentlich dem allgemeinen Trend zu widersprechen scheinen, nicht überbewertet werden.

Die Untersuchungen von *Haeberlin; Bless; Moser; Klaghofer* (1991), *Elmiger* (1992) und *Peter* (1994) ergeben übereinstimmend, dass sich integrierte Lernbehinderte und Schwerhörige im Vergleich zu ihren Mitschülern bezüglich der Schullust (Subjektives Wohlbefinden) nicht bedeutsam unterscheiden. Demnach kann davon ausgegangen werden, dass sich diese Schüler in ihren Klassen im gleichen Masse wohlfühlen wie ihre Mitschüler.

In Anbetracht der Ergebnisse von *Dozio* (1993) und *Peter* (1994), welche Schülerinnen und Schüler der Sekundarstufe 1 (Scuola media) im Kanton Tessin untersuchten, ist bei älteren Schülern eher von geschlechtsspezifischen Selbsteinschätzungen auszugehen, als dies bei jüngeren Schülern der Fall zu sein scheint. Während sich dies bei *Dozio* (1993) insbesondere bezüglich des Aussehens, Verhaltens und der Wertschätzung äussert, so weisen bei *Peter* (1994) die Jungen

insgesamt tiefere Schullustwerte auf als die Mädchen. Interaktionen zwischen Schulleistungsschwäche und Geschlecht bestehen jedoch nicht.
- *Vergleich integriert versus separiert beschulter Kinder mit Behinderungen:*
*Moser* (1986) stellt fest, dass Lernbehinderte in Integrationsklassen bezüglich des allgemeinen Selbstkonzepts vergleichbare Werte wie Lernbehinderte in Sonderklassen aufweisen. Sie besitzen tendenziell ein tieferes Begabungskonzept. Die beschriebene Tendenz erweist sich in der Untersuchung von *Haeberlin; Bless; Moser; Klaghofer* (1991), welche die Entwicklung des Begabungskonzeptes sowohl integriert als auch separiert beschulter Lernbehinderter im Längsschnitt (eineinhalb Jahre) miteinander vergleicht, als bedeutsam. Das tiefste Begabungskonzept weisen jene integrierten Lernbehinderten auf, welche für die Mitschüler sichtbar in den Genuss heilpädagogischer Stützmassnahmen kommen. Der Vergleich von Sonderklassenschülern (Lernbehinderte) mit schulleistungsschwachen Schülern in gewöhnlichen Regelklassen von *Pierrehumbert* (1992) bekräftigt die vorher dargestellten Ergebnisse insofern, dass die Sonderklassenschüler ein überhöhtes Selbstbild aufweisen. Dies betrifft insbesondere die Selbstbildaspekte Begabungskonzept, Sportlichkeit, soziale Kompetenzen und Aussehen, währenddem sich die Schülergruppen bezüglich der Skalen Verhalten und Wertschätzung nicht unterscheiden (*Pierrehumbert* 1992, 185).

In *Haeberlin; Bless; Moser; Klaghofer* (1991) wurde in den Regelklassen und in den Regelklassen mit Heilpädagogischer Schülerhilfe ein über die Dauer von eineinhalb Jahren tendenzielles Absinken der Werte zum Subjektiven Befinden festgestellt. Dieser tendenzielle Rückgang der Schullust konnte in den Sonderklassen für Lernbehinderte nicht beobachtet werden.

Zusammenfassend ist davon auszugehen, dass Lernbehinderte in Sonderklassen ein höheres Begabungskonzept aufweisen als jene, die zusammen mit Regelklassenschülern beschult werden, und es ist anzunehmen, dass im Schonraum der Sonderklasse über die Zeit ein Absinken der Schullust tendenziell vermieden werden kann. Letzteres ist allerdings mit Vorsicht aufzunehmen, da sich dieses Nicht-Absinken statistisch als nicht signifikant erwiesen hat (Tendenz).

### 2.1.3  Wirkungen der Integration auf die Schulleistungen

Obwohl in der Untersuchung von *Bächtold; Coradi; Hildbrand; Strasser* (1990) einerseits mit dem Kognitiven Fähigkeitstest (KFT 4-13+) von *Heller; Gaedike; Weinläder* (1985) zu zwei verschiedenen Messzeitpunkten Daten zum Rechnen und zur Sprache und andererseits mit der Schweizer Version des DRT 3 von

*Flammer* (1971) zu drei Messzeitpunkten erhoben wurden, lassen sich aufgrund der Untersuchungsstrategie (die Autoren verzichten auf ein Design mit einer Versuchs- und Kontrollgruppe) und der verwendeten statistischen Verfahren nur wenige Aussagen zu den Wirkungen der integrativen Beschulungsbemühungen auf die Schulleistungen der interessierenden Population machen. Da die Autoren in ihrem Schlussbericht sowohl auf eine klare Darstellung der Ergebnisse bezüglich dieser Daten als auch auf eine Beschreibung oder Diskussion der Ergebnisse weitgehend verzichten, ist es sehr schwierig, diese Resultate zu würdigen. Allerdings gilt dies nicht für andere, in dieser Studie bearbeitete Fragestellungen. Zudem wurde in dieser Arbeit auch für den Längsschnittvergleich bezüglich der Rechen- und Sprachleistungen die unseres Erachtens ungeeignete Methode der "positiven Nettoveränderungen" verwendet (vgl. Bemerkungen unter Kapitel 2.1.2).

Nach Abbildung 28 in *Bächtold; Coradi; Hildbrand; Strasser* (1990, 132) erzielen sowohl die Regelschüler, die integrierten Lernbehinderten oder verhaltensauffälligen Schüler mit Lernstörungen als auch die Regelschüler mit Teilleistungsschwächen bezüglich der Variablen Rechnen, Sprache und Intelligenz praktisch keine positiven Nettoveränderungen (zwischen 0% und 5%). Hierzu machen die Autoren keinerlei Aussagen. *Grissemann* (1991, 48) interpretiert diese Ergebnisse als "... deutliche Stagnation der Leistungsentwicklung in Rechnen und Sprache, Zurückbleiben unter Prozentrang 16 ... (und ein) ... erstaunlicher Anstieg der Intelligenzleistungen mit einem Durchschnittswert von 9 IQ-Punkten". Unseres Erachtens handelt es sich hier nicht um eine Stagnation, sondern um ein relativ paralleles Fortschreiten in der Lernentwicklung aller Schüler der verschiedenen Schülergruppen. Die Information über das Zurückbleiben unter Prozentrang 16 oder den erstaunlichen Anstieg der Intelligenzleistung kann diesem Forschungsbericht nicht entnommen werden. Folgende Bemerkung sei hier erlaubt: Eine Stagnation in der Lernentwicklung über einen Zeitraum von einem Schuljahr, vor allem bei Regelschülern, muss Erstaunen wecken und kann unseres Erachtens nur eine Fehlinterpretation oder ein Artefakt sein. Deshalb kann angenommen werden, dass die integrierten Schüler entgegen der Interpretation von *Grissemann* ebenfalls Lernfortschritte erzielen. Da aber eine Kontrollgruppe aus einer anderen schulorganisatorischen Form (z.B. Sonderklasse B oder D) fehlt, liefert diese Untersuchung entsprechend der Beschreibung ihrer Zielsetzung (vgl. *Bächtold* 1987, 603) keine aussagekräftige Hinweise zur Frage der Effizienz integrativer Bemühungen.

Zur vergleichenden Analyse der Rechtschreibleistung über den Zeitraum von drei Jahren kommen die Autoren zu folgendem Schluss: "Gemessen an den ausserordentlich tiefen Ausgangswerten der Schüler mit Schulschwierigkeiten anfangs des 4. Schuljahres (vor allem bei den Kerngruppenschülern) sind die Fortschritte der Rechtschreibleistungen als gut zu bewerten und verweisen auf die gute Fördertätigkeit der am Versuch beteiligten Lehrkräfte" (*Bächtold; Coradi; Hildbrand; Strasser* 1990, 143). *Grissemann* (1991, 48) hingegen bezeichnet dieses Ergebnis als "besonderen Problembereich" und zieht folgenden Schluss: "Gravierendes Zurückbleiben in der Rechtschreibung: im 6. Schuljahr liegen die Leistungen unter den Mittelwerten für Drittklässler". Aufgrund der fehlenden Kontrollgruppe mit Schülern in einem anderen schulorganisatorischen Setting ist unseres Erachtens die Interpretation *Grissemann's* unzulässig, da nicht auszuschliessen ist, dass vergleichbare Kinder generell (auch in anderen Settings) nur kleine Fortschritte in jenen Leistungen erzielen, die mit dem DRT 3 erfasst werden. Damit sei die Problematik erneut verdeutlicht, die berücksichtigt werden sollte, wenn die beschriebene Zürcher-Studie im Hinblick auf Wirkungen der Integrationsbemühungen auf die Schulleistungen der interessierenden Population analysiert wird. Sie kann hierzu nur sehr beschränkt Informationen liefern.

Die Studie von *Haeberlin; Bless; Moser; Klaghofer* (1991) ist im Hinblick auf die Überprüfung der Wirkung integrativer Schulformen unter anderem auch auf die Lernentwicklung schulleistungsschwacher oder lernbehinderter Kinder konzipiert worden (vgl. Kapitel 1). Die Entwicklung der Schulleistungen wurde mit klassischen Schulleistungstests über einen Zeitraum von eineinhalb Jahren verfolgt: Im Bereich der Mathematik wurde je ein Test zu den mathematischen Grundoperationen und zum Textrechnen eingesetzt. Der Bereich Muttersprache wurde mit einem Wortschatz-, Leseverständnis-, Wortverständnis- und Rechtschreibtest untersucht. Die Fortschritte schulleistungsschwacher oder lernbehinderter Schüler in gewöhnlichen Regelklassen oder in Regelklassen mit Heilpädagogischer Schülerhilfe sind signifikant besser als in Sonderklassen für Lernbehinderte. Der Unterschied der Leistungsfortschritte zeigt sich besonders stark im mathematischen, etwas weniger ausgeprägt im sprachlichen Bereich. Allerdings bedeuten diese Ergebnisse nicht, dass die betreffenden Kinder in Regelklassen den Anschluss an die schwächeren Regelschüler schaffen, sondern lediglich, dass sie in integrierenden Schulformen grössere Leistungsfortschritte erzielen als vergleichbare Schüler in Sonderklassen für Lernbehinderte. (*Haeberlin; Bless; Moser; Klaghofer* 1991, 229-243)

Wie bereits in Kapitel 1 erwähnt wurde, gelang es aus forschungsmethodischen Gründen nicht, die grössere Effizienz der Regelklasse mit Heilpädagogischer Schülerhilfe im Vergleich zur gewöhnlichen Regelklasse befriedigend nachzuweisen. Mit anderen Worten ist nicht auszuschliessen, dass integriert beschulte schulleistungsschwache Kinder unabhängig davon, ob sie zusätzlich zum

Regelklassenunterricht heilpädagogisch gefördert werden oder nicht, in etwa im selben Ausmass Lernfortschritte erzielen. Dieses vorläufige und zugleich überraschende Ergebnis, welches schulpolitisch weitreichende Konsequenzen haben könnte, ist Ausgangspunkt des vorliegenden Forschungsprojektes (vgl. Kapitel 4).

### 2.1.4 Wirkungen der Integration in diversen Bereichen

Im folgenden werden Aspekte der Integration diskutiert, welche aufgrund der bearbeiteten Fragestellungen nicht in den vorangehenden Kapiteln eingeordnet werden können (vgl. Tabelle 3).

*Tabelle 3*: Schweizerische Arbeiten zu diversen Bereichen im Zusammenhang mit der Integration behinderter Kinder

| Autoren | Stichprobenmerkmale | Ergebnisse / Bemerkungen |
|---|---|---|
| *Zutter* 1990 | In den Deutschfreiburger Kostenvergleich Hilfsklasse - Regelklasse mit Heilpädagogischer Schülerhilfe wurden einbezogen: Löhne, Gebäudeaufwand, Transportkosten, Reisekosten für Schulischen Heilpädagogen | finanzielle Aspekte: In der integrativen Schulform kostet ein Schüler geringfügig (419.-) weniger als in der Sonderklasse. (-> eingeschränkte Übertragbarkeit des Ergebnisses, da sich der Kostenvergleich auf wenige Schulgemeinden bezieht) |
| *Bless; Klaghofer* 1991 | 163 Kinder mit IQ≤115 und 12 begabte Kinder mit IQ>115 in Regelklassen mit Heilpädagogischer Schülerhilfe (4. Schuljahr)<br><br>163 Kinder mit IQ≤115 und 12 begabte Kinder mit IQ>115 in gewöhnlichen Regelklassen (4. Schuljahr) | Wirkung der Integration auf begabte Schüler: keine Benachteiligung der "begabten" Schüler durch die Integration von Lernbehinderten bezüglich:<br>- Entwicklung der Schulleistungen<br>- Soziometrischer Status<br>- Einschätzung der Beziehungen zu Mitschülern<br>- Subjektives Befinden (Schullust)<br>- Begabungskonzept |

| | | |
|---|---|---|
| *Blöchlinger 1991* | 28 Männer, ehemalige Regelschüler, bei denen in schulpsychologischen Gutachten ein Übertritt in die Hilfsschule in Erwägung gezogen wurde, der jedoch nie zustande kam, oder die als schulleistungsschwache Schüler erkannt wurden (Kanton St. Gallen); 23 Männer, ehemalige Hilfsschüler (Kanton St. Gallen); Schulpsychologisches Gutachten liegt bei allen Personen (23- bis 35jährig) zwischen und 15 und 20 Jahre zurück | Befragung anhand eines standardisierten Interviewleitfadens: Themen: <br> - Personaldaten, familiäre Situation <br> - Schullaufbahn <br> - Aktuelle Schulleistungsfertigkeiten <br> - Berufliche Laufbahn <br> - Sozialstatus <br> - Arbeitszufriedenheit <br> - Militärische Laufbahn <br> - Physische und psychische Befindlichkeit <br> - Selbstbild <br> - Gesellschaftliche Partizipation <br> - Lebenszufriedenheit <br> - Straffälligkeit |
| *Bächtold; Coradi; Hildbrand; Strasser 1990* | 304 Regelschüler, 50 Schüler mit Teilleistungsschwächen und 53 Schüler mit Lernbehinderungen und/oder Verhaltensauffälligkeiten der Mittel- und Oberstufe der Primarschule (3. bis 6. Klasse); zum Zeitpunkt der 2. Messung t2 | Integrationsfördernde Bedingungen: <br> - Konsens der Beteiligten zur gemeinsamen Schulung <br> - transparente und kooperative Führungsstruktur <br> - Zusammenarbeit im Team <br> - hoher Anteil des Unterrichtes in der Regelklasse <br> - unterstützendes Schulklima, Individualisierung und Differenzierung des Regelklassenunterrichts <br> - Einbezug der Elternarbeit |
| *Moulin 1992* | 10 Regelklassenlehrpersonen mit durchschnittlich 20 Schülern pro Klasse und 10 Sonderklassenlehrpersonen mit durchschnittlich 11 Schülern aus dem französischsprachigen Teil des Kantons Wallis (1. bis 6. Schuljahr) | Vergleich des Lehrerverhaltens über systematische Beobachtungen mittels Videoaufnahmen: <br> - Tendenz der Sonderklassenlehrer zum individualisierenden Unterricht <br> - kein Unterschied bezüglich der Anzahl pädagogischer Aktionen <br> - Art, Fragen zu stellen oder Informationen einzubringen ist unterschiedlich <br> - Reaktion auf Schülerantworten ist unterschiedlich <br> - relativ grosse Heterogenität innerhalb der Lehrergruppen |
| *Moser 1989* | 40 lernbehinderte Kinder des 5. und 6. Schuljahres aus Regelklassen mit Heilpädagogischer Schülerhilfe, welche regelmässig Förderunterricht erhalten | Heilpädagogische Schülerhilfe im Urteil der Schüler: <br> - allgemein positives Urteil über den Förderunterricht <br> - Wahrnehmung der individuellen Betreuung und der schulischen Unterstützung während der Förderstunden <br> - kritische Punkte: Verlassen der Klasse, Wechsel von der Klein- zur Grossgruppe, Förderunterricht und Stigmatisierung |

| | | |
|---|---|---|
| *Fahrni* 1989 | 369 Eltern und 28 Regelklassenlehrpersonen der 3. und 4. Klasse sowie 10 Schulische Heilpädagogen (9 Schulorte der deutschsprachigen Schweiz) | <u>Meinungsumfrage</u> zur Heilpädagogischen Schülerhilfe bei Eltern, Regelklassenlehrpersonen und Heilpädagogen: Themen: <br>- Information über das Schulmodell <br>- Förderstunden <br>- spezifische Aspekte der Personengruppe <br>- Anregungen und Bedenken zum Modell |
| *Niedermann; Bless; Sassenroth* 1992 | Betroffene Eltern, Regelschullehrpersonen, Logopädinnen, Schulpsychologe, lokale Schulbehörden und Schulinspektoren aus Schulen im Tätigkeitsgebiet von 2 Heilpädagogen (7 Schulgemeinden Deutschfreiburgs) | <u>Meinungsumfrage</u> zu Erfahrungen mit dem Heilpädagogischen Stützunterricht: Themen: <br>- Information <br>- Arbeit des Schulischen Heilpädagogen <br>- Zusammenarbeit zwischen den Fachpersonen <br>- Reaktionen auf den Heilpädagogischen Stützunterricht <br>- Bilanz und Weiterentwicklung der Schulform |
| *Haeberlin; Jenny-Fuchs; Moser Opitz* 1992 | 4 Kindergärtnerinnen und 4 Heilpädagoginnen <br><br> 2 Schulorte mit je einem Sonderschullehrer/einer Sonderschullehrerin und je 3 Lehrpersonen | Probleme und Chancen der erlebten <u>Zusammenarbeit</u> werden auf der Grundlage ausführlicher Gespräche mit an der Integration Beteiligten zusammengetragen. |

- *Finanzielle Auswirkungen der Integration:*

Zutter (1990) vergleicht aufgrund einer Erhebung im deutschsprachigen Teil des Kantons Freiburg die jährlichen Kosten eines Kindes in der Regelklasse mit Heilpädagogischer Schülerhilfe oder in der Sonderklasse (Kleinklasse) für Lernbehinderte. Es handelt sich hierbei um einen punktuellen Kostenvergleich, der jedoch aufgrund der Stichprobe einerseits und aufgrund der geographischen Lage der betroffenen Schulorte andererseits nicht generalisiert werden kann. Für den Kostenvergleich beider Schulformen sind folgende Kostenarten ausgewählt worden:
a) die Lohnkosten der Lehrpersonen, da in beiden Schulformen unterschiedliche Lehrkräfte eingesetzt werden
b) die Gebäudeaufwendungen, da die Regelklasse mit Heilpädagogischer Schülerhilfe andere Raumstrukturen erfordert als die Sonderklasse
c) die Transportkosten, da in Sonderklassen ca. ein Drittel der Kinder auf einen Ortswechsel angewiesen ist
d) die Reisekosten der Heilpädagogischen Schülerhilfe, da diese Schulform eine Mobilität des Heilpädagogen bedingt.

Die Regelklasse mit Heilpädagogischer Schülerhilfe schneidet um 419 Franken pro Kind und Jahr (3.3%) besser ab. Allerdings sind die nahezu gleich hohen Gesamtkosten unterschiedlich verteilt. Für die Sonderklasse fallen relativ grosse Gebäude- und Transportkosten an, während die Regelklasse mit Heilpädagogischer Schülerhilfe einen sehr hohen Aufwand an Gehältern für Lehrpersonen mit sich bringt. "Kostenmässig stellt sich somit bei einem Variantenentscheid nicht die Frage nach der billigsten Lösung, sondern vielmehr danach, wofür das Geld eingesetzt werden sollte. Eine reflektierte Antwort müsste sich meiner Meinung nach am Auftrag der Schule orientieren. Damit rückt der reine Kostenaspekt zwangsläufig in den Hintergrund" (*Zutter* 1990, 450). Trotz der bereits erwähnten eingeschränkten Übertragbarkeit dieser Ergebnisse dürfte unseres Erachtens davon ausgegangen werden, dass die Integration Lernbehinderter in "Regelklassen mit Heilpädagogischer Schülerhilfe" kaum höhere Kosten verursachen dürfte als die Beschulung in Sonderklassen. Zudem muss berücksichtigt werden, dass diese integrierende Schulform im deutschsprachigen Teil des Kantons Freiburg mit relativ guten Bedingungen realisiert wurde, so dass diese nicht als "integrative Billiglösung" betrachtet werden kann.

*- Wirkung der Integration auf begabte Schüler:*
Ergänzend zu den meisten bisher dargestellten Studien richtet sich das Interesse in der folgenden Forschungsarbeit auf die Entwicklung "guter" oder "begabter" Schüler in Integrationsklassen. Sowohl bei der Bewertung von integrierenden Schulformen als auch in öffentlichen Informationsveranstaltungen zum Thema Integration wird immer wieder mit ängstlicher Besorgnis die Befürchtung geäussert, dass die Eingliederung schwacher oder behinderter Kinder in die Regelschule Nachteile für die "guten" Regelschüler haben könnte.

In einer Stichprobe von 175 Regelschülern und 175 Schülern aus Regelklassen mit Heilpädagogischer Schülerhilfe des vierten Schuljahres wurde mit demselben Untersuchungsinstrumentarium wie in der Studie von *Haeberlin; Bless; Moser; Klaghofer* (1991) die Entwicklung begabter Schüler bezüglich der Schulleistungen, der sozialen Stellung (Fremd- und Selbsteinschätzung), des subjektiven Befindens und des Begabungskonzeptes untersucht. Schüler, welche einen Intelligenztestwert über IQ 115 erreichten, wurden als begabte Schüler betrachtet. Die Ergebnisse der durchgeführten Varianzanalysen zeigen sowohl in Längs- als auch in Querschnittvergleichen keine statistisch bedeutsamen Unterschiede zwischen den begabten Schülern in Integrationsklassen oder in gewöhnlichen Regelklassen (*Bless; Klaghofer* 1991, 215-223). Bezüglich der untersuchten Merkmale gibt es keine Hinweise, die auf eine hemmende Wirkung der Integration auf die Entwicklung der begabten Schüler hindeuten. Befürchtungen dieser Art scheinen unbegründet zu sein.

- *Langzeitwirkungen der schulischen Separation auf ehemals Lernbehinderte:*
*Blöchlinger* (1991) geht der Frage nach, ob lernbehinderte oder schulleistungsschwache Kinder von Vorteil in Sonderklassen oder in gewöhnlichen Regelklassen beschult werden. Zur Beantwortung dieser Fragestellung untersucht und vergleicht *Blöchlinger* 28 Männer, welche die Regelschule besucht hatten, obwohl im Rahmen schulpsychologischer Gutachten ein Übertritt in die Hilfsschule empfohlen worden, jedoch aus diversen Gründen nie zustande gekommen war, mit 23 Männern, die die Hilfsschule besucht hatten. Der Vergleich beider Gruppen (23- bis 35-jährige Männer) umfasste die in Tabelle 3 aufgeführten Bereiche. Die Daten wurden mittels eines standardisierten Interviews und Schulleistungstests erhoben.

In den Bereichen familiäre Situation, Sozialstatus, Selbstbild und Selbstwertgefühl sowie Lebenszufriedenheit ergaben die angestellten Vergleiche keine bedeutsamen Unterschiede. Rückblickend auf die eigene Schulzeit sind die Hälfte der ehemaligen "Regelschüler" und 40% der ehemaligen Hilfsschüler zufrieden. Rund ein Drittel der ehemaligen Hilfsschüler erklärt, dass der Entscheid, sie in die Hilfsschule zu überweisen, "falsch" gewesen sei. Die erbrachten aktuellen Leistungen als Erwachsene in den eingesetzten Schulleistungstests sprechen gegen eine separierte Schulung. Die ehemaligen "Regelschüler" sind den ehemaligen Hilfsschülern bezüglich der Lese- und Rechtschreibfertigkeiten sowie bezüglich des Rechnens deutlich überlegen. Auch die berufliche Laufbahn spricht gegen die separierte Beschulung. Drei Viertel der ehemaligen "Regelschüler" haben im Gegensatz zu 43% der ehemaligen Hilfsschüler haben eine "normale" Berufslehre abgeschlossen. 39% der ehemaligen Hilfsschüler und 7% der ehemaligen "Regelschüler" absolvierten eine Anlehre. 64% der "Regelschüler" konnten im Gegensatz zu 48% der Hilfsschüler jenen Beruf erlernen, den sie auch erlernen wollten. Verdienstmässig bestehen jedoch zwischen den Gruppen keine Unterschiede. Obwohl die Zufriedenheit über die eigene berufliche Situation und den Lohn bei den ehemaligen Hilfsschülern bedeutend höher ist, schätzen die "Regelschüler" den Stellenwert der Arbeit in ihrem Leben, ihre Entwicklungsmöglichkeiten und die Chancen auf dem Arbeitsmarkt höher ein als die ehemaligen Hilfsschüler. Zudem leisten mehr "Regelschüler" als Hilfsschüler Militärdienst, was im schweizerischen System der Milizarmee (mit der Verpflichtung aller Männer zu Militärdienst) trotz berechtigter Einwände zum Konzept der Diensttauglichkeit als Indiz für die physische und psychische Belastbarkeit der Betroffenen interpretiert werden kann. Die ehemaligen Hilfsschüler schätzen ihren Gesundheitszustand besser ein als die "Regelschüler" ein, bezeichnen sich im Gegenzug jedoch eher als psychisch anfällig. Bezüglich der Teilhabe am gesellschaftlichen Leben sind die "Regelschüler" aktiver, und deutlich weniger unter ihnen sind vorbestraft. Der Autor kommt in Anbetracht der dargestellten Ergebnisse zum Schluss, dass sich für die untersuchte Population (ehemalige Schüler mit eher leichten Lernbehinderungen), gemessen an den gängigen gesellschaftlichen Normen, eine Beschulung in der Regelschule im Gegensatz zur Überweisung in die Hilfsschule als vorteilhaft erwiesen hat. Allerdings darf unseres Erachtens die Generalisierbarkeit der vorliegenden Ergebnisse nicht überstrapaziert werden. Die untersuchte, nicht nach Zufall zusammengestellte Stichprobe entspricht lediglich 17.3% der Gesamtpopulation, die im Kanton St. Gallen für die Untersuchung zur Auswahl stand, weshalb mögliche Einflüsse im Sinne einer selektiven Beteiligung der Interviewpartner nicht voll auszuschliessen sind. Bemerkenswert ist jedoch das Anliegen der Forschungsarbeit, nämlich die Langzeitwirkungen der separierten Beschulung zu untersuchen.

- *Integrationsfördernde Bedingungen:*
Die Studie von *Bächtold; Coradi; Hildbrand* und *Strasser* (1990), welche bereits in früheren Kapiteln erwähnt wurde, befasst sich unter anderem mit dem "... Prozess der Integration, mit den Vorgängen der Beteiligten, mit dem Scheitern und Gelingen der Kooperation und deren Bezug zum Integrationserfolg, mit der Erfassung der optimalen Bedingungskonstellationen. Dabei werden die Auswirkungen systemischer Bedingungen, aber auch die Bedingungen zur Veränderung solcher Bedingungsstrukturen untersucht ..." (*Grissemann* 1991, 46). Über "Interdependenzanalysen" (Korrelationsanalysen, vgl. *Bächtold; Coradi; Hildbrand; Strasser* 1990, 129, Anmerkung 91) werden Zusammenhänge zwischen den erhobenen Variablen und Klassen mit erfolgreicher respektiv weniger erfolgreicher Integration berechnet. Statistisch signifikante Korrelationen werden interpretiert und schliesslich zur Überprüfung von "Interdependenzmodellen" herangezogen.

Die Autoren der Studie kommen zum Schluss, dass folgende Bedingungen und Voraussetzungen erfolgreiche Integrationsbemühungen unterstützen:
- Unter den Beteiligten und im Kollegium besteht ein annähernder Konsens, dass eine teilweise oder gemeinsame Unterrichtung von Schülern mit Schulschwierigkeiten in Regelklassen möglich und richtig sei;
- transparente und kooperative Führungsstruktur; die Beteiligten haben eine klare Rollendefinition für die Aufgaben der Bezugsklassen- und Fördergruppenlehrer, die Schule besitzt Organe für die Zusammenarbeit, und die Beteiligten entwickeln Verfahren, wie diese gestaltet werden kann;
- Problembearbeitung im Team aller Beteiligten (verbindliche Formen der Zusammenarbeit);
- gute materielle Bedingungen (Ausstattung);

- Problemschüler besuchen einen hohen Anteil des Unterrichts in einer Bezugsklasse (Regelklasse) unter Berücksichtigung der individuellen Unterstützungsbedürfnisse;
- unterstützendes Lernklima mit einem individualisierenden und differenzierenden Unterricht;
- Mitverantwortung und Entscheidungskompetenzen des Kollegiums bei der Gestaltung der Schule;
- Einbezug der Eltern.

(*Bächtold, Coradi, Hildbrand, Strasser* 1990, 147-150)

In einem weitgefassten Sinne kann unter dem Aspekt der integrationsfördernden Bedingungen auch die interessante Untersuchung von *Moulin* (1992) zum Vergleich des Verhaltens im Unterricht von Regel- und Sonderklassenlehrpersonen betrachtet werden. Mittels systematischer Beobachtungen per Videoaufnahmen und deren entsprechender Analyse wurde das Lehrerverhalten von je zehn Lehrpersonen untersucht. Grundlage bildeten zwei Aufnahmen à 50 Minuten pro Klasse. Vom Autor mitbeabsichtigt ist, über beobachtete Unterschiede im Lehrerverhalten Informationen pädagogischer Art zusammentragen zu können, die der Erarbeitung eines Ausbildungskonzeptes zur Vorbereitung von Regelklassenlehrpersonen auf die Integration dienen. Die Hauptergebnisse zeigen, dass bezüglich des Verhaltens im Unterricht beide Lehrergruppen als relativ heterogen bezeichnet werden müssen. Es gibt zwar Überschneidungen aber, von der Tendenz her kann davon ausgegangen werden, dass die Sonderklassenlehrer ihren Unterricht eher individualisierend gestalten. Interessant ist der markante Unterschied zwischen beiden Gruppen bezüglich der Art, wie Fragen gestellt, Informationen vermittelt und die Schülerreaktionen oder -antworten weiter benützt werden. Sonderklassenlehrpersonen bevorzugen im Vergleich zu den Regelklassenlehrpersonen eine individuelle Interaktion mit dem Schüler. Sie richten ihre Fragen mehrheitlich nicht an die gesamte Klasse, sondern an den Schüler direkt, und zwar seinen individuellen Fähigkeiten entsprechend formuliert. Derselbe Unterschied ist auch bei der Vermittlung von Informationen festzustellen. Während Regelklassenlehrpersonen bei falschen Schülerantworten mehrheitlich dieselbe Frage an die Klasse oder andere Schüler weiterleiten, ist zu beobachten, dass Sonderklassenlehrer die falsche Schülerantwort pädagogisch weiternutzen und beispielsweise demselben Schüler weitere Fragen stellen, damit dieser schliesslich zur korrekten Antwort gelangen kann. Als Weiterführung der Untersuchung von *Moulin* (1992) wäre es unseres Erachtens interessant, über ein experimentelles Design und eine Längsschnittstudie zu erfahren, inwiefern die gefundenen Unterschiede auf die unterschiedliche Lehrerbildung (Prä-post-Vergleich) oder/ und auf das unterschiedliche pädagogische Gegenüber (Zusammensetzung der Schülerschaft) zurückgeführt werden können.

*- Integration in der Beurteilung von Beteiligten:*
*Moser* (1989) befasste sich mit der Frage, wie Schüler in Regelklassen mit Heilpädagogischer Schülerhilfe den Förderunterricht, als besondere Massnahme dieser Schulform, beurteilen. 40 vom Förderunterricht betroffene Schüler des 5. und 6. Schuljahres wurden mittels halbstandardisierten Interviews über die Situation sowohl im Regelklassenunterricht als auch im Förderunterricht befragt. Das Ergebnis zeigt einerseits, dass der Förderunterricht im allgemeinen von den betroffenen Schülerinnen und Schülern als unterstützende Massnahme wahrgenommen und geschätzt wird. Die befragten Schüler bezeichnen bezüglich des Förderunterrichts folgende Merkmale als positiv: spielerisches Lernen, gutes Erklären durch den Schulischen Heilpädagogen, Wahrnehmen der Hilfe und Unterstützung sowie Befreiung von der Angst, ausgelacht zu werden. Andererseits wird aber auch deutlich, das die Schüler im Einzel- oder Kleingruppenunterricht das soziale Netz der Klasse vermissen. Zudem befürchten einige Schüler, dass sie durch das Verlassen der Klasse für den Förderunterricht etwas Schönes oder Wichtiges im Klassenunterricht verpassen. Der Autor kommt zum Schluss, dass sich die Heilpädagogische Schülerhilfe bis auf wenige kritische Einwände durch die betroffenen Schüler problemlos in die Regelschule integriert hat und von den Schülern geschätzt und als das aufgenommen wird, was sie sein will: eine Hilfe für lernbehinderte Kinder in der Regelklasse (*Moser* 1990, 222).

*Fahrni* (1989) führte bei 369 Eltern (Rücklaufquote 69.7%), 28 Regelklassenlehrpersonen (Rücklaufquote 96.5%) und zehn Schulischen Heilpädagogen (Rücklaufquote 90.9%), welche in Regelklassen mit Heilpädagogischer Schülerhilfe arbeiten, eine schriftliche Befragung zu folgenden Themen durch: Information über das Schulmodell, Förderstunden, spezifische Aspekte (je nach befragter Personengruppe) und Anregungen und Bedenken zur Schulform. Bevor die Hauptergebnisse zusammenfassend diskutiert werden, kann man allgemein sagen, dass sich die grosse Mehrheit der Eltern von Kindern mit Fördermassnahmen, der Regelklassenlehrpersonen und der Schulischen Heilpädagogen zu allen Fragen positiv geäussert hat.

Unterschiedlich fällt die Zufriedenheit der Eltern mit der Schulsituation ihres Kindes aus. Eltern von Kindern ohne zusätzliche Fördermassnahmen scheinen mit der Schulsituation zufriedener zu sein als Eltern von Kindern mit zusätzlichen Fördermassnahmen, was generell bei Eltern von Kindern mit Lernschwierigkeiten der Fall sein dürfte. Ferner scheint die Art, wie Eltern über das neue Schulmodell informiert werden, einen Zusammenhang zu haben mit deren

Informationszufriedenheit und letzteres mit deren Zufriedenheit mit der Schulsituation ihrer Kinder. Zwischen den untersuchten Schulorten bestehen Unterschiede bezüglich der Informationszufriedenheit der Eltern, was auf einen Einfluss des unterschiedlichen Vorgehens deutet. Die Arbeitszufriedenheit der Lehrpersonen weist keinen Zusammenhang mit ihrer Informationszufriedenheit auf.

Die grosse Mehrheit der befragten Personen ist der Meinung, dass sich die Heilpädagogische Schülerhilfe positiv auf das geförderte Kind auswirkt. Zudem sind sowohl die Mehrheit der Eltern von Kindern ohne zusätzliche Fördermassnahmen (nichtbehinderte Kinder) als auch die Regelklassenlehrpersonen der Meinung, dass sich die Heilpädagogische Schülerhilfe, allgemein betrachtet, nicht negativ auf das Kind ohne Förderstunden auswirkt. Die Erwartungen aller Personengruppen bezüglich der Schulleistungen scheinen am höchsten zu sein. Die Eltern von Kindern mit zusätzlichen Fördermassnahmen erwarten diesbezüglich ein Verschwinden der Schulschwierigkeiten; die Regelklassenlehrpersonen sehen die vom Lehrplan geforderten Klassenziele im Vordergrund und sorgen sich am ehesten darum, dass die geförderten Kinder diese Ziele doch nicht erreichen können. Die Schulischen Heilpädagogen unterstreichen schliesslich, dass die Erwartungen an ihre Arbeit vor allem im schulischen Leistungsbereich liegen. Einige unter ihnen vertreten jedoch die Ansicht, dass nebst den stark bewerteten sprachlichen und kognitiven Fertigkeiten auch die soziale und emotionale Entwicklung der betreuten Kinder zu berücksichtigen ist.

Ferner unterstreichen die befragten Personen die Wichtigkeit der Zusammenarbeit. Die Kooperation zwischen Regelklassenlehrperson und dem Schulischen Heilpädagogen wird als Bedingung für den Erfolg der Heilpädagogischen Schülerhilfe betrachtet. An den meisten Schulen scheint die Zusammenarbeit zufriedenstellend zu funktionieren.

Zusammenfassend scheinen sich durch die Befragung folgende Schwierigkeiten herauszukristallisieren: Das Ziel der Heilpädagogischen Schülerhilfe scheint weder klar noch realistisch formuliert zu sein. Während Eltern froh sind, dass ihr Kind nicht mehr die Sonderklasse für Lernbehinderte besuchen muss (vor allem wenn sich diese im Nachbardorf befindet), scheinen einige beteiligte Lehrpersonen die Schülerhilfe eher für Kinder zu sehen, welche Teilleistungsstörungen aufweisen und durch die Schülerhilfe schnell den Anschluss an die Klasse finden, als für Kinder, die traditionellerweise in die Sonderklasse für Lernbehinderte überwiesen werden. Aufgrund diverser Äusserungen kommt unseres Erachtens zum Ausdruck, dass in der befragten Stichprobe die Idee der Integration nicht konsequent aufgenommen worden ist. Dadurch besteht die Gefahr, dass die Heilpädagogische Schülerhilfe primär zur Unterstützung schwacher Regelschüler beigezogen wird und Kinder mit erheblichen Lernbehinderungen oder Verhaltensauffälligkeiten trotzdem ausgesondert werden. Damit dürfte seitens einiger Regelklassenlehrpersonen die latente Tendenz verstärkt werden, auch Schüler mit "leichteren" Problemen der Heilpädagogischen Schülerhilfe zu delegieren, obwohl deren Betreuung eigentlich in ihren Aufgabenbereich gehört.

Im deutschsprachigen Teil des Kantons Freiburg äusserten sich Eltern von Kindern mit zusätzlichen Fördermassnahmen, Regelklassenlehrpersonen, Schulische Heilpädagogen, Logopädinnen, Schulpsychologen, Vertreter der lokalen Schulbehörden und Schulinspektoren zu ihren Erfahrungen mit der Regelklasse mit Heilpädagogischer Schülerhilfe (*Niedermann; Bless*; *Sassenroth* 1992). Die Meinungsumfrage wurde mittels eines Interviews mit Gesprächsleitfaden zu folgenden Themen durchgeführt: Information über die neue Schulform, Arbeit des Schulischen Heilpädagogen, Zusammenarbeit der verschiedenen Fachpersonen, Zuweisungsverfahren, Bewertung der Betreuung und Reaktion auf die Heilpädagogische Schülerhilfe, Bilanz und Weiterentwicklung der Regelklasse mit Heilpädagogischer Schülerhilfe aus der Sicht der Beteiligten. Aus Platzgründen seien hier die geäusserten Erfahrungen und Meinungen nur kurz zusammengefasst:

In Übereinstimmung mit der Arbeit von *Fahrni* (1989) wird die in Deutschfreiburg praktizierte heilpädagogische Betreuung als eine notwendige und gut funktionierende Einrichtung zur Förderung von Kindern mit verzögerter Entwicklung wahrgenommen. Bei einer allfälligen geographischen Ausdehnung des Schulmodells, welche gewünscht wird, ist, um auf eine Identifikation aller Beteiligten zählen zu können, vermehrt an eine Modellentwicklung "von unten", das heisst in Zusammenarbeit mit allen Beteiligten, zu denken. Die Informationstätigkeit darf nicht nur auf die Phase vor Einführung der Schulform beschränkt werden, sondern sie ist fortzuführen, damit neue Eltern, Lehr- und Fachkräfte, die zu einem späteren Zeitpunkt damit konfrontiert werden, gut informiert sind. Damit ist zu erwarten, dass einerseits Vorurteile abgebaut und andererseits realistische Erwartungen aufgebaut werden können. Im allgemeinen zeigt sich, dass Regelklassenlehrpersonen und Eltern vermehrt in die heilpädagogische Betreuung miteinbezogen werden sollten. Die eigentliche Arbeit mit dem Kind muss durch regelmässige Absprachen klar geregelt werden, damit Mehrfachbehandlungen durch verschiedene Fachkräfte, welche oft zu einer Überbelastung der betroffenen Kinder führen, vermieden werden können. Aus der Sicht der Beteiligten kommt der Zusammenarbeit eine besondere Bedeutung zu. Die Bereitschaft dazu scheint vorhanden zu sein, doch wird gewünscht, dass die Beteiligten besser darauf vorbereitet werden. Zudem fordern einzelne der

Befragten, dass die Zusammenarbeit unter den Fachkräften eine institutionalisierte Form erhält, damit Abgrenzungsprobleme nicht entstehen oder gelöst werden können. Ebenfalls übereinstimmend mit *Fahrni* (1989) zeigt sich, dass auch hier die Idee der Integration unseres Erachtens nicht konsequent aufgenommen wurde. Scheinbar bereitet der Gedanke, dass es als normal zu betrachten ist, wenn nicht alle Kinder zur gleichen Zeit und im gleichen Tempo gleich viel und gleich gut lernen, den meisten Beteiligten (ausser bei den Schulischen Heilpädagogen) Mühe. Die Integration von Kindern mit Lern- und Entwicklungsstörungen erfordert ein hohes Ausmass an individualisierendem Unterricht (auch bezüglich der Ziele). Das Erkennen und Bejahen dieses Umstandes bildet unseres Erachtens eine wesentliche Voraussetzung zur Integration.

- *Integration und Zusammenarbeit:*
Auf der Grundlage ausführlicher Gespräche mittels Interview (mit Gesprächsleitfaden, dessen Themen aufgrund theoretischer Überlegungen zusammengestellt wurden) versuchen *Haeberlin, Jenny-Fuchs und Moser Opitz* (1992) zu beschreiben, wie Lehrpersonen Kooperation zwischen Regel- und Sonderpädagogik in integrativen Kindergärten und Schulklassen erfahren, mit welchen Problemen sie diesbezüglich konfrontiert werden, welche Chancen und Vorteile sie in ihrer Zusammenarbeit erleben können und welche Rahmenbedingungen sie als zentral erachten. Die Befragung von vier Kindergärtnerinnen und vier Heilpädagoginnen, welche im Rahmen integrativer Bemühungen zusammenarbeiten einerseits und sechs Regelklassenlehrpersonen sowie zwei Schulischen Heilpädagogen aus zwei Schulorten andererseits bildet die Datengrundlage. Im Vorwort der Publikation wird explizit darauf hingewiesen, dass unter einer gewissen Einbusse empirischer Objektivität und Generalisierbarkeit das Buch "... nicht über statistisch analysiertes, repräsentatives Datenmaterial berichtet; sondern es wird auf der Grundlage ausführlicher, protokollierter Gespräche mit zusammenarbeitenden Lehrpersonen in Kindergarten und Schule inhaltsanalytisch interpretierend herausgearbeitet, wie sich Zusammenarbeit im pädagogischen Alltag gestaltet" (*Haeberlin; Jenny-Fuchs; Moser Opitz* 1992, 6). Demzufolge liegen nicht Forschungsergebnisse zur Zusammenarbeit in integrativen "Settings" im traditionellen Sinne vor, sondern die erfahrene Praxis der Kooperation (Alltagserfahrungen einiger weniger Lehr- und Fachpersonen) wird geordnet und interpretiert. Aussagen aus den Interviews werden dabei folgenden theoretisch angenommenen Problemen der Kooperation zugeordnet: Rollenprobleme, verschiedene Einstellungen und Werte, neue Unterrichtssituation, Ausbildungsproblematik, Kommunikationsschwierigkeiten, Grenzen und Strukturen.

Die Autorinnen kommen bezüglich der Kooperation zu folgenden Interpretationen und/oder Schlussfolgerungen (*Haeberlin; Jenny-Fuchs; Moser Opitz* 1992, 129-135):
- Integration im Kindergarten und in der Schule ist ohne zufriedenstellende Zusammenarbeit nicht denkbar.
- Hauptvoraussetzung für eine erfolgreiche Zusammenarbeit ist die Bereitschaft der beteiligten Fach- und Lehrpersonen, sich für Integration und Zusammenarbeit, "... letztlich also für die Vision einer humanen Schule und Gesellschaft, zu engagieren." (*Haeberlin; Jenny-Fuchs; Moser Opitz* 1992, 130)
- Die neue Arbeitssituation erfordert von den Beteiligten ein neues Rollen- und Aufgabenverständnis, was wiederum Kreativität, Flexibilität und Offenheit voraussetzt. Wesentlich scheint dabei zu sein, dass sich Kindergärtnerin und Heilpädagoge beziehungsweise Regelschullehrperson und Sonderschullehrer als gleichberechtigte Partner gegenüberstehen. Die Autorinnen fordern deshalb, dass sich das beschriebene Rollen- und Aufgabenverständnis in Ausbildung, Pflichtenheft und Anforderungsprofil niederschlagen muss.
- Der Unterricht in Form eines "offenen Unterrichts" verlangt, wenn dieser kooperationsorientiert sein soll, unter anderem Pflichtenhefte für die Beteiligten, die dem grösseren Zeitaufwand für gemeinsame Vorbereitungen und Absprachen Rechnung tragen.

## 2.2 Vergleich der Ergebnisse mit internationalen Forschungen

Anliegen dieses Kapitels ist es zu überprüfen, inwiefern die in Kapitel 2.1 dargestellten Forschungsergebnisse, welche unter schweizerischen Bedingungen (z.B. Schulsystem) gewonnen wurden, durch internationale Forschungen bestätigt und/oder ergänzt werden können. Dabei beziehen wir uns vorwiegend auf Publikationen, welche den Forschungsstand zu bestimmten Fragestellungen im Sinne eines Überblickes zusammentragen. In früheren Arbeiten des INTSEP-Forschungsprogrammes des Heilpädagogischen Instituts der Universität Freiburg (*Bless* 1989, *Haeberlin; Bless; Moser; Klaghofer* 1991, *Haeberlin* 1991) sind bereits zu einigen der nachfolgenden Themenbereiche detaillierte Forschungsüberblicke erarbeitet worden, so dass im vorliegenden Kapitel nicht ausführlich auf die Methodenkritik der erwähnten Forschungsarbeiten eingegangen wird.

## 2.2.1 Wirkungen der Integration im sozialen Bereich

Lernbehinderte Kinder in Regelklassen weisen im allgemeinen im Vergleich zu ihren Mitschülern eine niedrige soziometrische Stellung auf. Dieser Befund wird in der internationalen Forschungsliteratur auf eindrückliche Weise bestätigt. In einem Forschungsüberblick zu dieser Fragestellung konnten, vorwiegend aus dem englischen und vereinzelt auch aus dem deutschsprachigen und skandinavischen Raum, 24 Studien zusammengetragen werden, welche die soziale Akzeptanz lernbehinderter Kinder in Regelklassen mit zusätzlichen Massnahmen mittels soziometrischer Methoden untersucht haben (*Bless* 1989, 367-368). 20 Studien bestätigen die schweizerischen Ergebnisse eindeutig (*Armstrong; Johnson; Balow* 1981, *Bless* 1986, *Bruininks* 1978a, *Bruininks* 1978b, *Bryan* 1974, *Bryan* 1976, *Bryan; Bryan* 1978, *Flicek; Landau* 1985, *Garrett; Crump* 1980, *Gottlieb* und Mitarbeiter 1972-1975, *Gottlieb; Gottlieb; Berkell; Levy* 1986, *Haeberlin; Bless; Moser; Klaghofer* 1991, *Hagelgans; Selbmann* 1976, *Horowitz* 1981, *Hutton; Polo* 1976, *Iano; Ayers; Heller; McGettigan; Walker* 1974, *Perlmutter; Crocker, Cordray; Garstecki* 1983, *Scranton; Ryckmann* 1979, *Sheare* 1978, *Siperstein; Bopp; Bak* 1978), eine Studie zum Teil (*Prillaman* 1981), und drei Arbeiten kommen zu anderen Resultaten (*Bruininks; Rynders; Gross* 1974, *Bursuck* 1983, *Sainato; Zigmond; Strain* 1983). Die schweizerischen Ergebnisse werden auch durch neuere Untersuchungen bestätigt (vgl. *Fox* 1989, *Sabornie; Marshall; Ellis* 1990, *Roberts; Zubrick* 1992). *Chambers* und *Kay* (1992) bemerken, dass Ergebnisse zur sozialen Stellung in Abhängigkeit der in den Untersuchungen verwendeten Erhebungs- und Auswertungsverfahren betrachtet werden müssen. Während soziometrische Studien in der Regel die ungünstige soziale Stellung Lernbehinderter in Integrationsklassen als Befund ergeben, scheinen Untersuchungen, welche systematische Beobachtungen, Interaktionsanalysen (vgl. auch Meta-Analyse von *Wang; Baker* 1985-1986) oder Lehrereinschätzungen zur Datenerhebung benützen, zu positiveren Schlüssen zu kommen, was insgesamt bezüglich der sozialen Stellung zu einem uneinheitlichen Bild der Forschungsergebnisse führt, was von diversen Autoren auch beklagt wird. Allerdings ist zu bemerken, dass von Untersuchungen, welche unabhängig von der oder zusätzlich zur Fremdeinschätzung durch die Mitschüler über soziometrische Erhebungsverfahren auch Selbsteinschätzungen der Beziehungen zu den Mitschülern als Datengrundlage verwenden, ebenfalls ungünstige Ergebnisse vorliegen (*Haeberlin; Bless; Moser; Klaghofer* 1991 und *Randoll* 1991). Demnach sind Untersuchungsergebnisse zur sozialen Stellung mehrheitlich negativ, wenn die Daten der Erhebungen direkt von den Betroffenen oder von ihren Mitschülern stammen, und umgekehrt scheinen sie positiver zu sein, wenn die Daten auf Zuordnungen von aussenstehenden Erwachsenen (z.B. Lehrern, Forschern) auf bestimmte Beobachtungs- oder Analysekategorien beruhen. Unseres Erachtens ist diesem Umstand mit entsprechender Vorsicht zu begegnen, und Untersuchungsergebnisse, welche auf Daten beruhen, die von den Kindern direkt abgegeben werden, sind stärker zu gewichten. Diese Sichtweise gründet auf der Annahme, dass soziale Interaktionen in Schulklassen und somit die Möglichkeit für lernbehinderte oder behinderte Kinder, soziale Akzeptanz durch die Mitschüler zu erfahren oder diese wahrzunehmen, weitgehend von den subjektiven Einstellungen und Wahrnehmungen der Mitschüler abhängt.

Das dargestellte ungünstige Ergebnis bezüglich der sozialen Integration von Lernbehinderten kann nicht auf alle Behinderungsarten generalisiert werden. Auch diese Annahme wird in ausländischen Studien bestätigt. So berichten beispielsweise *Dumke; Schäfer* (1992), *Preuss-Lausitz* (1990), *Maikowski; Podlesch* (1988) und *Wocken* (1987) von relativ günstigen sozialen Stellungen von Kindern mit verschiedenartigen Behinderungen (z.B. Körper-, Geistigbehinderte) in ihren Klassen, welche vergleichbar sind mit jenen ihrer Mitschüler sind (vgl. auch *Kennedy; Bruininks* 1974 für integrierte schwerhörige Kinder). Allerdings scheint entsprechend der Übersicht über angloamerikanische Forschungen von *Goetze* (1990) die soziale Stellung verhaltensgestörter Kinder jener der "Lernbehinderten" zu entsprechen.

Ferner sollte der relativ ungünstige generelle Befund zur sozialen Stellung vor allem lernbehinderter und verhaltensauffälliger Kinder in Integrationsklassen nicht den Eindruck erwecken, dass nichtbehinderte Kinder immer beliebt sind und ein hohes soziales Ansehen geniessen. Auch unter den Regelschülern kommen Gruppen wenig anerkannter und abgelehnter Kinder vor (vgl. *Benkmann; Pieringer* 1991, 100-101).

Schliesslich können Ergebnisse über Versuche, die soziale Kompetenz der Schüler in Integrationsklassen im Hinblick auf eine Verbesserung der sozialen Stellung von Behinderten zu fördern, als möglicher Weg zur Verbesserung betrachtet werden. Zwei Ansätze, das sogenannte Training sozialer Fertigkeiten (Social Skills Training) und Konzepte zum kooperativen Lernen, scheinen hierzu laut amerikanischen Untersuchungen einen gewissen Erfolg zu versprechen (vgl. *Benkmann; Pieringer* 1991, 106-113).

2.2.2    Wirkungen der Integration im emotionalen Bereich

Im Rahmen der Integrationsforschung wurden unter anderem im Bereich emotionaler Faktoren insbesondere die Wirkungen der gemeinsamen Schulung auf das generelle Selbstkonzept und auf das Begabungskonzept untersucht. Das generelle Selbstkonzept wird häufig durch Skalen ermittelt, in denen Aussagen über persönliche Eigenschaften, zum äusseren Erscheinungsbild, zur sozialen Akzeptanz und zu Fertigkeiten und Fähigkeiten gemacht werden. Bezüglich des generellen Selbstkonzepts stellt *Chapman* (1988) in einer Meta-Analyse von 21 Studien fest, dass die Ergebnisse widersprüchlich sind und somit keine eindeutige Befundlage vorliegt (vgl. auch Überblick von *Madden; Slavin* 1983). Zum Begabungskonzept lernbehinderter Kinder in Integrationsklassen ist die Befundlage hingegen eindeutig. Sowohl *Chapman* (1988) wie *Benkmann; Pieringer* (1991) und auch *Haeberlin* (1991) kommen in ihren Forschungsüberblicken zum Schluss, dass Lernbehinderte in Integrationsklassen im Vergleich zu ihren Mitschülern und im Vergleich zu Lernbehinderten in Sonderklassen ein signifikant niedrigeres Begabungskonzept aufweisen (vgl. auch *Randoll* 1991 und *Morvitz; Motta* 1992). Allerdings scheint nach *Krampen* (1983), *Lauth; Wilms* (1982) und *Rheinberg; Enstrup* (1977) das anfänglich hohe Begabungskonzept der Lernbehinderten im Schonraum der Sonderklassen gegen Ende der Schulzeit wiederum deutlich zu sinken, was darauf hinweist, dass das Begabungskonzept dem Bezugsgruppeneffekt unterworfen zu sein scheint.

Wie verhält es sich mit dem Selbstkonzept von Kindern mit anderen Behinderungen? *Kyle* (1993, 212-214) beschreibt in seinem Übersichtsartikel, dass gehörlose Kinder in Integrationsklassen ein relativ schwaches allgemeines Selbstkonzept aufweisen, was er auf die ständigen Vergleichsmöglichkeiten mit hörenden Kindern zurückführt. Die Integration von Körperbehinderten scheint sich entsprechend den Untersuchungen von *Teplin; Howard* (1981), *Harvey; Greenway* (1984) und *Lalkhen; Norwich* (1990) wie folgt auf ihr Selbstkonzept auszuwirken: Körperbehinderte Kinder scheinen durch die gemeinsame Schulung und somit durch die ständige Interaktion mit nichtbehinderten Kindern im Vergleich zu Körperbehinderten in Sonderschulen ein stärkeres Bewusstsein ihrer körperlichen Andersartigkeit zu entwickeln. Sie werden demnach in Integrationsklassen verstärkt auf ihre körperlichen Behinderungen aufmerksam. Auf der anderen Seite interpretiert *Stukàt* (1993, 266) die gefundenen Ergebnisse in dem Sinne, dass in integrativen Umgebungen diverse psychologische Faktoren (z.B. realistische Wahrnehmung der eigenen Situation), welche für eine positive Selbstbeurteilung (allgemeines Selbstwertgefühl) relevant zu sein scheinen, in grösserem Masse ausgebildet werden als in separierenden "Settings".

Die dargestellten Ergebnisse zum Selbstkonzept behinderter Kinder in Integrationsklassen zeigen, dass je nach vorliegender Behinderung spezifische Aspekte in den Vordergrund der Betrachtung treten. Das Verlassen des Schonraumes

"Sonderschule" hin in den ständigen sozialen Austausch mit nichtbehinderten Kindern übt unweigerlich einen Einfluss auf die Selbstwahrnehmung und somit auf die Selbstbeurteilung der Behinderten aus, was in Anbetracht realistischerer Einschätzungen, auch wenn sie mehrheitlich eher als ungünstig gewertet werden, nicht ausschliesslich als Argument gegen die Integration gewertet werden kann.

Analysiert man Forschungsarbeiten, welche die Entwicklung von Faktoren der Schülerpersönlichkeit von Lernbehinderten in integrierenden und separierenden Schulformen vergleichen, so ergibt sich ein sehr vielseitiges und zum Teil uneinheitliches Bild der Befunde, da nicht immer genügend Studien zur Verfügung stehen, die in jedem Fall Generalisierungen zulassen (*Haeberlin; Bless; Moser; Klaghofer* 1991 und *Kniel* 1978).

Untersuchungen zur sozialen Reife, zur Entwicklung der Gesamtpersönlichkeit (erhoben mit dem California Test of Personality), zur allgemeinen Angst, zur Stärke des Leistungsmotivs und zur Höhe des Anspruchsniveaus ergeben keinerlei Unterschiede zwischen beiden Beschulungsarten. Bezüglich der Wirkung der Schulungsformen auf die Aggressivität, auf die Bildung von Feindseligkeit und auf die Furcht vor Misserfolg zeigen die analysierten Untersuchungen widersprüchliche Ergebnisse. Der Stand der Forschung erlaubt hierzu noch keine gesicherten Aussagen.

Demzufolge muss zum aktuellen Zeitpunkt davon ausgegangen werden, dass weder die Integration noch die Separation im Hinblick auf die Entwicklung verschiedener Bereiche der Schülerpersönlichkeit der anderen Beschulungsart überlegen zu sein scheint.

### 2.2.3   Wirkungen der Integration auf die Schulleistungen

Zu diesem Thema wird vorwiegend auf folgende Forschungsüberblicke und Meta-Analysen zurückgegriffen: *Semmel; Gottlieb; Robinson* (1979), *Kniel* (1979), *Carlberg; Kavale* (1980), *Leinhardt; Pallay* (1982), *Madden; Slavin* (1983), *Wang; Baker* (1985-1986), *Haeberlin* (1991), *Haeberlin; Bless; Moser; Klaghofer* (1991), *Benkmann; Pieringer* (1991) und *Dumke* (1993).

Aufgrund der angeführten Überblicksarbeiten muss davon ausgegangen werden, dass Lernbehinderte und Kinder mit einer leichten geistigen Behinderung in Integrationsklassen im Vergleich zu Schülern in Sonderklassen zumindest ebenso gute und in einigen Forschungsarbeiten eher bessere Lernfortschritte erzielen. In diesem Sinne werden die Ergebnisse von *Haeberlin; Bless; Moser; Klaghofer* (1991) auch international bestätigt. Dabei gilt es zu bedenken, dass die Forschungsarbeiten in unterschiedlichen Schulformen unterschiedlicher

Schulsysteme und Kulturen gewonnen wurden. Einzig *Carlberg; Kavale* (1980) kommen bei ihrer Analyse älterer Untersuchungen zum Schluss, dass Kinder mit Lernbehinderungen und/oder Verhaltensstörungen in Sonderklassen eher positivere Lernergebnisse erzielen als in Integrationsklassen. Auf der anderen Seite weisen Kinder mit geistiger Behinderung in Integrationsklassen grössere Lernfortschritte auf als in Sonderklassen. In neueren Überblicken wird allerdings eindeutig festgehalten, dass Lernbehinderte in Integrationsklassen bessere Leistungen erzielen (*Leinhardt; Pallay* 1982, *Madden; Slavin* 1983, *Wang; Baker* 1985-1986).

*Wang; Baker* (1985-1986) und *Dumke* (1993) weisen zudem darauf hin, dass dieselben Ergebnisse auch bei hörbehinderten, geistigbehinderten und mehrfachbehinderten Kindern sowie Kindern mit Down-Syndrom festzustellen sind. *Kyle* (1993, 212) bemerkt in seinem Forschungsüberblick bezüglich gehörloser Kinder, dass oberflächlich betrachtet die Untersuchungen für eine grössere Effizienz der Integration sprechen, dass aber aufgrund methodischer Mängel diesen Ergebnissen mit Skepsis zu begegnen ist. Aussagen zur Effizienz integrativer Schulformen auf die Lernentwicklung von körperbehinderten Kindern sind aufgrund der grossen Variation der Behinderungen und deren Auswirkungen sehr schwierig. Es ist praktisch nicht möglich, vergleichbare Kinder als Kontrollgruppe zu finden. Der Einfluss integrativer versus separativer Beschulung ist in Anbetracht der grossen Streuung im Leistungsstand einerseits und zwischen den verschiedenen Körperbehinderungen andererseits sekundär. Insgesamt kann deshalb keine besonders positive Wirkung zugunsten einer der beiden Beschulungsarten nachgewiesen werden (*Stukàt* 1993, 259).

Allgemein betrachtet lässt sich bezüglich der Lernfortschritte feststellen, dass mindestens von einem Patt der Beschulungsarten (Integration versus Separation) und keineswegs von einem Vorteil der Sonderschulen ausgegangen werden muss. Vielmehr gibt es eine beachtliche Anzahl von Belegen, die bei einzelnen Behinderungen (z.B. Lernbehinderungen, leichten geistigen Behinderungen, Hörbehinderungen) auf die grössere Effizienz integrativer Schulformen hinweisen. Dies gilt insbesondere dann, wenn individuell auf die integrierten Kinder eingegangen werden kann (vgl. *Madden; Slavin* 1983).

In den USA wurden verschiedene Unterrichtsprogramme und Strategien zur Förderung der Schulleistungen behinderter Kinder in Integrationsklassen erforscht. Im Vordergrund stehen dabei das ALEM-Programm (Adaptive Learning Environments Model), das TAI-Programm (Team Assisted Individualization), das "Peer Tutoring" und die "Peer Kooperation" als Strategien zur Förderung schulischer Leistungen in Integrationsklassen.

ALEM basiert auf Ergebnissen der Lernpsychologie und des effektiven

Lehrens. Danach lernt jedes Kind in seiner Weise und benötigt sein eigenes Curriculum. Den individuellen Unterschieden Rechnung tragend, wird jedem Kind eine angepasste Lernumwelt geschaffen. ALEM umfasst ein pädagogisches System, das Lehr- und Lernstrategien miteinander verbindet. Weitere Informationen hierzu bei *Benkmann; Pieringer* (1991, 119-121). TAI ist ein spezielles Programm zur Förderung der Mathematikleistungen. Dieses Programm kombiniert kooperatives Lernen in heterogenen Gruppen mit individualisiertem Lernen. Effizienzuntersuchungen von *Wang* und Mitarbeitern scheinen auf positive Wirkungen des ALEM-Programms bezüglich der Leistungsentwicklung hinzuweisen (*Wang; Birch* 1984a, *Wang; Peverly; Randolph* 1984 und *Wang; Birch* 1984b). Allerdings wurden nach *Hallahan; Keller; McKinney; Lloyd; Bryan* (1988) bei der Überprüfung von ALEM wichtige forschungsmethodische Anforderungen nicht berücksichtigt, so dass die Ergebnisse mit Vorsicht aufzunehmen sind. Die forschungsmethodisch einwandfreie Überprüfung der Effizienz von TAI durch *Slavin* und Mitarbeiter zeigt, dass nach etwa einem halben Jahr deutliche Leistungseffekte, welche auf das Programm zurückgeführt werden können, sichtbar werden (*Slavin; Madden; Leavey* 1984 und *Slavin; Leavey; Madden* 1984).

Als ergänzende Strategien des Unterrichts haben sich das "Peer Tutoring" und die "Peer Kooperation" aufgrund einiger Befunde für lernschwache und verhaltensauffällige Kinder als vielversprechend erwiesen. Allerdings ist hierzu die Forschungslage noch unzureichend. "Peer Tutoring" scheint eher ein Verfahren zur Festigung und Übung von Kulturtechniken und Wissen zu sein. Zum Erwerb sachlicher Zusammenhänge, welche höhere kognitive Fähigkeiten erfordern (z.B. Problemlösen, Texte analysieren, usw.), bietet sich eher die Strategie der "Peer Kooperation" an (vgl. *Benkmann; Pieringer* 1991, 132-144).

Die dargestellten Ergebnisse deuten darauf hin, dass mit bestimmten Unterrichtsprogrammen und -strategien die Lernfortschritte behinderter Kinder in Integrationsklassen noch optimiert werden können. Sie sind jenen wenigen Forschungsarbeiten zuzuordnen, die die Frage zu beantworten versuchen, wie Integration sinnvoll zu bewerkstelligen ist.

### 2.2.4 Wirkungen der Integration in diversen Bereichen

*- Auswirkungen auf nichtbehinderte Schüler:*
In Diskussionen oder Informationsveranstaltungen zur gemeinsamen Schulung behinderter und nichtbehinderter Kinder wird immer wieder die Frage geäussert, ob Integration denn nicht auf Kosten der Entwicklung der nichtbehinderten Kin-

dern erfolge. Wie bereits erwähnt wurde, konnten *Bless; Klaghofer* (1991) keinerlei Anhaltspunkte dafür finden, dass durch die Integration von Lernbehinderten die "begabten" Mitschüler in ihrer Lernentwicklung, aber auch bezüglich sozialer und emotionaler Faktoren benachteiligt würden. Ausländische Untersuchungen bestätigen, dass in Integrationsklassen bezüglich der Schulleistungen keinerlei Nachteile für nichtbehinderte Kinder erwachsen (*Wocken* 1987, *Unterleitner* 1990 und *Dumke* 1991). Dabei muss zudem berücksichtigt werden, dass die Integrationsklassen, welche im Ausland Gegenstand der Untersuchungen waren, nicht auf lernbehinderte Kinder beschränkt sind, sondern auch Kinder mit geistiger Behinderung und anderen Behinderungen aufnehmen. Demzufolge scheinen die Ergebnisse auch dann gültig zu sein, wenn die Integration in einer weitergehenden Form als in der Schweiz realisiert wird. Trotz der grossen Heterogenität in Integrationsklassen kann eine angemessene Förderung aller Kinder erreicht werden. Damit widersprechen diese Befunde dem "Mythos" homogener Lerngruppen, wonach Leistungssteigerung durch die Verringerung der Leistungsstreuung innerhalb der Schulklassen optimaler erreicht werden soll. Als Teilerklärung der dargestellten Befunde dürfte der Umstand eine Rolle spielen, dass im Gegensatz zu leistungshomogenen Schulklassen, in welchen eine erhöhte Tendenz zum lehrerzentrierten Klassenunterricht besteht, der Unterricht in Integrationsklassen, bedingt durch die grosse Heterogenität der Schülerschaft, individueller gestaltet werden muss, was vermutlich zu einigermassen guten Entwicklungschancen für alle Schüler führen dürfte.

- *Langzeitwirkungen der schulischen Integration versus Separation:*
Während *Blöchlinger* (1991), unter Berücksichtigung der ungenügenden Generalisierbarkeit seiner Ergebnisse, zum Schluss kommt, dass für (ehemalige) Schüler mit einer leichten Lernbehinderung im Hinblick auf ihre künftige berufliche und gesellschaftliche Situation der Verbleib in der Regelschule einer Überweisung in die Sonderklasse für Lernbehinderte vorzuziehen ist, berichtet *Hauer* (1990) für Lernbehinderte von folgenden Ergebnissen: "Sowohl die Befunde über die berufliche und ausserberufliche Integration als auch über die psychosoziale Situation zeigen, dass nur ein sehr geringer Unterschied zwischen beiden Vergleichsgruppen existiert. So lässt sich z.B. tendenziell eine etwas grössere Zufriedenheit der ehemaligen Sonderschüler(innen) mit bescheidenen Lebensverhältnissen und ein etwas eingeschränkter Interaktionsumfang der Frauen, die die Sonderschule besucht hatten, feststellen. Diese Befunde stützen zwar nicht die Aussagen jener Autoren, die für die Sonderschulabgänger im nachschulischen Leben die grosse Gefahr einer sozialen Isolation sehen ..., sie widerlegen jedoch auf ganz eindeutige Weise die Annahmen der Sonderschulbe-

fürworter, dass die speziell beschulten Lernbehinderten im späteren Leben besser in die Gemeinschaft integriert wären als jene, die keine heilpädagogische Betreuung erfahren haben" (*Hauer* 1990, 347).

Unter Berücksichtigung beider Untersuchungsergebnisse darf vorläufig angenommen werden, dass die Separation von Lernbehinderten im Schonraum der Sonderklasse zur Vorbereitung auf ihre nachschulische Lebenssituation in Beruf und Gesellschaft die diesbezüglichen Erwartungen nicht zu erfüllen vermag. Allerdings sind zu dieser Fragestellung noch zahlreiche Forschungsarbeiten notwendig, damit gesicherte Aussagen gemacht werden können.

*- Integration in der Beurteilung von Beteiligten:*
Einstellungen scheinen einen bedeutenden Einfluss auf den Integrationsprozess zu haben. In Überblicksarbeiten zur Forschungssituation im Zusammenhang mit Integration die Einstellung von Beteiligten oft diskutiert. Trotzdem ist zu berücksichtigen, dass das Erfassen der Einstellungen von Eltern und Lehrpersonen nicht nur durch forschungsmethodische Probleme der Einstellungsmessung erschwert wird, sondern auch durch die unterschiedlichen persönlichen Erfahrungen mit Behinderungen, welche die einzelnen Personen haben machen können (*Hegarty* 1993, 199). Trotzdem soll hier auf Arbeiten, die die Beurteilung integrativer Beschulung von Eltern und Lehrpersonen untersuchen, eingegangen werden.

Während in Deutschland *Feuser; Meyer* (1987), *Munder* (1983) und *Wocken* (1987) nur Eltern von Kindern in Integrationsklassen und *Heinrich* (1990) Eltern, für die sich in den nächsten Jahren die Einschulungssituation für ihr, beziehungsweise eines ihrer Kinder ergibt, befragten, haben einige Forscher auch Vergleichsgruppen in ihre Untersuchung einbezogen (*Dumke; Krieger; Schäfer* 1989, *Jost* 1992 und *Reicher* 1991). Entsprechend den schweizerischen Ergebnissen lassen die Befunde ziemlich einheitlich eine positive Einstellung der Eltern zur Integration erkennen. Auch hier ist zu berücksichtigen, dass in Deutschland (mit Ausnahme von *Jost* 1992) die untersuchten Stichproben Klassen aufweisen, die sich nicht nur auf die Integration von Lernbehinderten beschränken. Interessant ist dabei, dass mit zunehmender Nähe zu Integrationserfahrungen die Einstellungen der Eltern positiver sind, so dass man aufgrund der Untersuchungsergebnisse folgende Rangreihe bilden kann: Eltern behinderter Kinder äussern die positivste Einstellung und werden gefolgt von den Eltern nichtbehinderter Kinder in Integrationsklassen. Anschliessend folgen Eltern aus Parallelklassen von Schulhäusern, in denen Integrationsklassen geführt werden und schliesslich Eltern von Schulhäusern ohne Integrationserfahrung. Die grössere Distanz zur Integration scheint zu einer günstigeren Beurteilung der Sonderschulen zu führen. Die Befunde aus Deutschland deuten zudem auf einen

Zusammenhang zwischen der Einstellung und der Behinderungsart sowie deren Schweregrad hin.

Arbeiten aus dem englischen Sprachraum stützen die bereits dargestellten Befunde aus Deutschland mehrheitlich, jedoch nicht eindeutig (vgl. *Greenwood* 1985, 219, und *Hegarty* 1993, 199). Zum Teil zu gegenteiligen Ergebnissen kommen *Hayes; Gunn* (1988), die allerdings in einer eingeschränkten Stichprobe von 105 Eltern und 41 Lehrern, welche lediglich aus zwei Primarschulen stammen, gewonnen wurden. Die Eltern jener Schule, die nur in der ersten Klasse integrativen Unterricht eingeführt hatte, weisen eine negativere Einstellung zur Integration auf als die Eltern der anderen Primarschule ohne Integration. Auf der anderen Seite stellen die Autorinnen den bereits erwähnten positiven Zusammenhang zwischen der Menge gemachter Erfahrungen mit behinderten Kindern und der positiven Einstellung zur Integration ebenfalls fest. Ergänzend sei noch erwähnt, dass in den Untersuchungen von *Turnbull; Winton* (1983) und *Miller; Strain; Boyd; Hunsicker* (1992) über eine sehr positive Einstellung von Eltern zu integrativen Einrichtungen im Kindergarten- und Vorschulbereich berichtet wird, so dass bezüglich des Vorschulbereichs im Vergleich zur Schule von einheitlicheren Ergebnissen ausgegangen werden muss, was nicht weiter erstaunt.

Zur weiteren Präzisierung der Frage der Einstellungen von Eltern zur Integration sei die Feststellung von *Hegarty* (1993, 199) angefügt, dass Eltern von Kindern mit schweren und mehrfachen Behinderungen gegenüber der integrativen Beschulung am ängstlichsten zu sein scheinen. *McDonnell* (1987, zitiert nach *Jenkinson* 1993, 329-330) beispielsweise befragte 250 Eltern von Kindern mit schweren und mehrfachen Behinderungen, welche je zur Hälfte in einer Sonderschule und einer Integrationsklasse beschult wurden. Die Ergebnisse legen nahe, dass Eltern von Sonderschülern im allgemeinen einer möglichen Integration ihrer Kinder in eine Regelklasse negativ gegenüberstehen. Sie befürchten, dass ihre schwer behinderten Kinder körperlichen und verbalen Aggressionen ausgesetzt sind, von anderen Kindern gehänselt, in negative Aktivitäten hineingezogen, in der Schule mit nur wenigen nichtbehinderten Freunden isoliert werden und dass sie eine schlechtere pädagogische Betreuung erhalten als in Sonderschulen. Im Gegensatz dazu berichten die Eltern schwer behinderter Kinder in Integrationsklassen nur über wenig negative Ereignisse und unterstützen und verteidigen die integrative Beschulung ihrer Kinder. Auch diese Untersuchung stützt die Annahme, dass Eltern von Kindern mit schweren Behinderungen, welche in einer integrationsfernen Umwelt beschult werden, sich gegenüber der Integration ängstlich äussern. Demzufolge ergibt sich in Übereinstimmung mit *Dumke* (1993) als praktische Konsequenz die Notwendigkeit einer umfassenden Aufklärung der Eltern ohne bisherige Integrationserfahrungen.

Nebst der Einstellung der Eltern wird in der Literatur der Einstellung von Lehrpersonen im Hinblick auf den Erfolg des integrativen Unterrichts aus naheliegenden Gründen grosse Bedeutung beigemessen. Ähnlich wie beim Thema Elterneinstellung weisen deutsche Forschungsarbeiten zur Lehrereinstellung ein relativ positives Bild auf. Bis zu zwei Dritteln der Lehrpersonen ohne Integrationserfahrung geben an, grundsätzlich bereit zu sein, in einer Klasse mit integrativem Unterricht zu arbeiten. Allerdings zeigt die Feinanalyse der Daten, dass diese Lehrpersonen der Meinung sind, dass die Integration nur in Abhängigkeit der Behinderungsart und deren Schweregrad realisierbar ist. Sie vertreten zudem die Ansicht, dass die Integration von Kindern mit Behinderungen nur möglich ist, falls diese zielgleich (Erfüllen des Lehrplanes) unterrichtet werden können (ähnliche Aussagen wurden auch in den dargestellten Untersuchungen aus der Schweiz gemacht; vgl. Kapitel 2.1.4 *Fahrni* 1989 und *Niedermann; Bless; Sassenroth* 1992). Die Ergebnisse weisen ferner auf den scheinbaren Widerspruch hin, dass sich die Bereitschaft von Lehrpersonen zum integrativen Unterricht von ihrer subjektiven Vorstellung, nicht ausreichend kompetent zu sein, stark unterscheidet. Die Autoren begründen damit die Forderung nach sorgfältiger Weiterbildung. Lehrpersonen, welche bereits Erfahrungen mit integrativem Unterricht haben, zeichnen sich hingegen relativ einheitlich durch eine positive Beurteilung der Integration aus. Allerdings weisen diese darauf hin, dass sie ihre Mitarbeit von der Einhaltung bestimmter Rahmenbedingungen (z.B. ausreichende Versorgung mit "Sonderschullehrer-Stunden", kleine Klassenbestände) abhängig machen (*Dumke; Krieger; Schäfer* 1989, 149-152).

Amerikanische Untersuchungen zeigen bezüglich der Lehrereinstellung wiederum ein ambivalentes Bild, wobei auch Jahre nach der gesetzlichen Einführung der Integration eher negative Einstellungen zu überwiegen scheinen. Während beispielsweise in der Untersuchung von *Stephens; Braun* (1980) 61% der Regelschullehrpersonen der Integration geistigbehinderter, körperbehinderter, sinnesgeschädigter und erziehungsschwieriger Kinder positiv gegenüberstehen, befürworten bei *Hudson; Graham; Warner* (1979) lediglich 47%, bei *Childs* (1981) 38% und bei *Horne* (1983) 50% die Integration. Nach *Thompson; Arora* (1985) haben vom Prinzip her die meisten Lehrpersonen eine positive Einstellung zur Integration. Geht es aber um die praktische Durchführung, so sind Regelklassenlehrpersonen insbesondere dann eher zurückhaltend, wenn diese nicht sorgfältig definiert ist.

Unter Berücksichtigung der Forschungsüberblicke von *Greenwood* (1985, 219-222), *Williams* (1993, 312-314) und insbesondere von *Dumke; Krieger;*

*Schäfer* (1989, 70-82) können zusammenfassend folgende zusätzliche Aussagen gemacht werden: Der Zusammenhang zwischen der Einstellung gegenüber Behinderten und der Erfahrung im Umgang mit ihnen scheint sich auch hier ein weiteres Mal zu bestätigen. Der Schweregrad der Behinderung, aber auch die Behinderungsart beeinflussen die Bereitschaft zur Integration. Körperbehinderte und Sinnesgeschädigte werden hinsichtlich der Möglichkeit zur Integration am positivsten bewertet. Die Geistigbehinderten stellen jene Gruppe dar, die in Integrationsprogrammen am wenigsten akzeptiert wird. Je schwerer die Behinderung ist, desto negativer ist die Einstellung von Lehrpersonen zur Integration. Zur Präzisierung dieser Aussage sei noch speziell auf die Untersuchung von *Pliner; Hannah* (1985) hingewiesen, deren Ergebnisse darauf hindeuten, dass Lehrpersonen hinsichtlich der Integration von Körper-, Seh-, Hörbehinderten und Verhaltensauffälligen nur dann negativ eingestellt sind, wenn deren schulische Leistungsfähigkeit niedrig ist und somit der Unterricht nicht zielgleich erfolgen kann. Sind ihre Schulleistungen gut, so befürworten die befragten Lehrpersonen die Integration dieser Kinder, falls zusätzlich zum Unterricht Unterstützung bereitgestellt wird.

Die genannten Überblicksarbeiten berichten relativ einheitlich über den Einfluss der wahrgenommenen Kompetenz auf die Einstellung der Regelklassenlehrpersonen zur Integration, wobei sich die Mehrheit der Lehrpersonen für den integrativen Unterricht als nicht genügend qualifiziert hält. Der Einfluss schulbezogener Variablen auf die Einstellung der Lehrpersonen, z.B. Klassengrösse, -stufe, für die Unterrichtung behinderter Kinder zur Verfügung stehende Zeit, Erfahrung mit Team-teaching, Unterstützung durch die Verwaltung und durch die Schuldienste sowie die Verfügbarkeit von Materialien, wird teilweise bestätigt.

Ergänzend zu Befunden zur Einstellung von Eltern und Lehrern zeigen die Ergebnisse von *Potthast* (1992), dass sich Grundschulrektoren insgesamt positiv zur Integration sprachgestörter Kinder äussern. Allerdings schliessen sie eine schnelle Realisierung der Integration aufgrund der fehlenden Voraussetzungen in der Grundschule aus. Der Vergleich mit Leitern von Sprachheilschulen macht deutlich, dass trotz der allgemein hohen Zustimmung zur Integration in beiden Vergleichsgruppen die Grundschulleiter signifikant häufiger positive Einstellungen äussern. Unseres Erachtens bestehen gewisse Parallelen zwischen dem ersten Ergebnis und dem Umstand, dass Regelschullehrer im Grundsatz für die Integration einstehen, aber dass, sobald Integration auch realisert werden soll, die positive zugunsten einer eher skeptischen Haltung zurückgeht.

## 2.3 Zusammenfassung

*Soziale Akzeptanz*: Die diesbezüglichen Ergebnisse schweizerischer Forschungsbemühungen werden international weitgehend bestätigt. Unabhängig von der konkreten Schulform und vom Schulsystem ist von einer eher schwierigen sozialen Stellung von behinderten Kindern, die in Regelklassen beschult werden, auszugehen. Mit grosser Deutlichkeit muss erkannt werden, dass insbesondere lernbehinderte und verhaltensauffällige Kinder zu jener Gruppe gehören, die in Integrationsklassen von ihren Mitschülern im allgemeinen schlecht akzeptiert werden, was die Forderung nach Erforschung effizienter Strategien zur Verbesserung der sozialen Situation unterstreicht. Dieser unerfreuliche Befund gilt jedoch nicht für alle Behindertengruppen. Untersuchungen zur sozialen Stellung von Schwerhörigen, Seh-, Körper- und Geistigbehinderten weisen darauf hin, dass diese in Integrationsklassen durchaus soziale Akzeptanz erfahren. Zudem muss berücksichtigt werden, dass auch nichtbehinderte Regelschüler sozial isoliert sein können. Die Überweisung von behinderten Kindern in den Schonraum der Sonderklasse kann nicht als befriedigende Massnahme zur Lösung des Problems der sozialen Isolation von Behinderten betrachtet werden, da es Hinweise darauf gibt, dass beispielsweise in Sonderklassen für Lernbehinderte ähnliche Mechanismen wie in Regelklassen die Beliebtheitsrangordnung der Kinder zu determinieren scheinen. Zudem kommt häufig bereits schon der Umstand, eine Sonderklasse zu besuchen, einer sozialen Isolierung gleich, da damit häufig eine Entwurzelung aus der Wohnumwelt des Kindes verbunden ist.

Systematische Beobachtungen und Interaktionsanalysen ergeben für Lernbehinderte und Verhaltensauffällige in Integrationsklassen ein weit positiveres Bild als Untersuchungen, die vorwiegend soziometrische Befragungen als Erhebungsmethode benützen. Damit kann unseres Erachtens der allgemein als ungünstig einzustufende Befund zur sozialen Stellung nicht widerlegt werden, doch weisen diese Forschungsarbeiten darauf hin, dass man sich die soziale Stellung integriert beschulter Kinder mit Behinderungen, insbesondere mit Lernbehinderungen oder Verhaltensauffälligkeiten, nicht als völlig isoliertes Dasein in Regelklassen ohne Interaktionsmöglichkeiten vorstellen darf.

Zur Verbesserung der sozialen Stellung von Behinderten in Integrationsklassen machen amerikanische Untersuchungen auf zwei Ansätze im Sinne von pädagogischen Strategien aufmerksam. Die mit dem Training sozialer Fertigkeiten (Social Skills Training) und mit Strategien des kooperativen Lernens erzielten Ergebnisse dürfen mit etwas Zurückhaltung als erfolgversprechend bezeichnet werden. Allerdings ist unseres Erachtens der diesbezügliche Forschungsbedarf noch gross.

*Emotionaler Bereich*: Zur Wirkung der Integration auf emotionale Faktoren wurden insbesondere das allgemeine Selbstwertgefühl und das Begabungskonzept (Teilbereich des allgemeinen Selbstkonzeptes) untersucht. Die Ergebnisse hierzu sind widersprüchlich und müssen nach Behinderungsart und Selbstwertbereich differenziert betrachtet werden.

Während zum allgemeinen Selbstwertgefühl von integrierten Lernbehinderten eine widersprüchliche Befundlage vorliegt, weisen letztere im Vergleich zu Lernbehinderten in Sonderklassen trotz mehrheitlich grösseren Lernfortschritten ein bedeutend tieferes Begabungskonzept auf. Bezüglich der Integrationsfrage ist dies nicht zwingend oder ausschliesslich als negativ zu beurteilen, denn im Vergleich zu den Sonderschülern schätzen sich Lernbehinderte in Integrationsklassen entsprechend der Realität tiefer ein. Sie erbringen in ihrer Bezugsgruppe tatsächlich schlechtere Schulleistungen als nichtbehinderte Schüler. Die eigentlich realitätsinadäquate Selbsteinschätzung der Sonderschüler bezüglich ihrer schulischen Leistungsfähigkeit mag unter motivationspsychologischen Gesichtspunkten für den Lernerfolg wichtig sein, doch ist hier der erwartete Effekt nicht nachweisbar. Zudem sinkt das anfänglich hohe Begabungskonzept der Sonderklassenschüler gegen Ende der Schulzeit wiederum deutlich.

Im Gegensatz zu integrierten Gehörlosen, die im Vergleich zu Gehörlosen in Sonderschulen eher ein tieferes allgemeines Selbstwertgefühl aufweisen, zeichnen sich Körperbehinderte in Integrationsklassen durch ein positives allgemeines Selbstwertgefühl aus. Trotzdem bildet sich bei ihnen durch den ständigen Austausch mit Nichtbehinderten ein stärkeres Bewusstsein ihrer körperlichen Andersartigkeit heraus.

Die dargestellten Ergebnisse unterstreichen, dass je nach Behinderungsart spezifische Aspekte in den Vordergrund der Betrachtung treten, so dass die Wirkung der Integration auf Selbstwertgefühle der Behinderten nicht global beurteilt werden kann. Diesbezüglich kann unseres Erachtens nicht eindeutig für oder wider die Integration argumentiert werden.

Die schweizerischen Untersuchungen zur Wirkung integrativer Schulformen auf das subjektive Befinden sowie eine Replikation in Deutschland deuten sowohl bei Lernbehinderten als auch bei Schwerhörigen nicht auf einen bedeutsamen Einfluss der Integration hin. Es konnte lediglich die Tendenz festgestellt werden, dass über die Zeit ein leichtes Absinken der Schullust in Sonderklassen für Lernbehinderte nicht im gleichen Masse vorhanden zu sein scheint wie in Regelklassen.

Die derzeitige, noch nicht befriedigende Forschungslage zur Wirkung der Integration auf verschiedene Bereiche der Schülerpersönlichkeit wie soziale Reife, Angst, Leistungsmotiv, Aggressivität, Bildung von Feindseligkeit und Furcht vor

Misserfolg deutet nicht auf die Überlegenheit einer der beiden Beschulungsarten hin.

*Lernentwicklung*: Aufgrund der gesamten Forschungslage muss bezüglich der Lernentwicklung mindestens von einem Patt der Beschulungsarten (Integration versus Separation) und keineswegs von einem Vorteil der Sonderbeschulung ausgegangen werden. Neuere Untersuchungen hingegen bestätigen relativ eindeutig den positiven Einfluss der Integration auf die Lernentwicklung von Kindern mit diversen Behinderungsarten (z.B. Lernbehinderte, Verhaltensauffällige, Geistigbehinderte, Hörbehinderte, Kinder mit Mehrfachbehinderungen), sofern individuell auf die integrierten Kinder eingegangen wird. Ergebnisse amerikanischer Untersuchungen deuten zudem darauf hin, dass mit bestimmten Unterrichtsprogrammen (ALEM, TAI) und -strategien (Peer Tutoring, Peer Cooperation) die Lernfortschritte behinderter Kinder noch optimiert werden können. Schliesslich deuten Studien zu Langzeitwirkungen integrativer und separierender Beschulungsarten bezüglich schulischer Fertigkeiten eher auf einen Vorteil der gemeinsamen Beschulung hin.

Im Hinblick auf die Hauptfragestellung der vorliegenden Untersuchung muss erwähnt werden, dass keine Forschungsarbeiten gefunden werden konnten, welche die spezifische Wirkung zusätzlicher (heil)pädagogischer Massnahmen auf die Lernfortschritte behinderter Kinder explizit und mittels eines angepassten Forschungsdesigns untersuchen. Ähnliche Forschungen wurden lediglich zur Evaluierung der oben erwähnten besonderen Unterrichtsprogramme oder -strategien (ALEM, TAI, usw.) betrieben.

*Nichtbehinderte Mitschüler*: Die häufig geäusserte Befürchtung, dass durch die Integration von Behinderten Nachteile für die Entwicklung der nichtbehinderten Mitschüler erwachsen, ist unbegründet. Die vorgelegten Forschungsergebnisse liefern hierzu keinerlei Anhaltspunkte.

*Langzeitwirkungen der Integration*: Die wenigen Forschungsarbeiten, welche Langzeitwirkungen der Integration beziehungsweise der schulischen Separation untersuchen, deuten auf einen leichten Vorteil der gemeinsamen Schulung hin. Allerdings ist der Forschungsbedarf zu längerfristigen Auswirkungen der Beschulungsart noch sehr gross, so dass bisherige Schlussfolgerungen mit entsprechender Vorsicht aufzunehmen sind.

*Einstellungen zur Integration*: Die Einstellung von Eltern zur Integration ist insgesamt als positiv zu betrachten, wenn auch Forschungen insbesondere aus dem englischen Sprachraum zum Teil zu gegenteiligen Befunden gekommen sind. Der oft bestätigte Zusammenhang zwischen der Einstellung und konkreten Integrationserfahrungen oder Erfahrungen mit Behinderten weist auf die Notwendigkeit einer umfassenden Aufklärung der Eltern hin.

Die Einstellungen von Lehrpersonen zur schulischen Integration von Behinderten müssen insgesamt als ambivalent bezeichnet werden. Ähnlich wie bei den Eltern weisen zahlreiche Forschungsarbeiten auf den Zusammenhang zwischen positiver Einstellung zur Integration und Erfahrungen mit Behinderten oder Integrationsklassen hin. Viele Lehrpersonen befürworten die Idee der Integration im Grundsatz. Geht es aber um die praktische Durchführung, so äussern sich Lehrpersonen im allgemeinen eher zurückhaltend. Es ist zu vermuten, dass sich diese Zurückhaltung zum Teil durch die in einigen Untersuchungen geäusserte Vorstellung, für die Integration nicht ausreichend kompetent zu sein, erklären lässt.

Auffallend ist, dass Untersuchungen aus dem deutschen Sprachraum im Vergleich zu nordamerikanischen Forschungsarbeiten bezüglich der Einstellung von Eltern und von Lehrpersonen gegenüber der Integration zu integrationsfreundlicheren Ergebnissen kommen. Inwiefern dies mit der Art und Weise, wie die Integration initiiert und eingeführt wurde, zusammenhängt, kann nur vermutet werden. Während beispielsweise in den Vereinigten Staaten und in einzelnen Provinzen Kanadas die Integration per Gesetz (quasi von "oben nach unten") eingeführt wurde, ist dieser Prozess vor allem in Deutschland eher als eine Bewegung von der Basis her zu verstehen (Eltern, Lehrpersonen, lokale Initianten). Einen Zusammenhang mit der Einstellung der Betroffenen kann unseres Erachtens mit Vorsicht vermutet werden.

Nach *Langfeldt* umfasst Integrationsforschung weitgehend pädagogische Evaluationsforschungen, welche langfristig versuchen, mindestens zwei Fragen zu beantworten:
"1. Welche Vorraussetzungen fördern oder hindern integrative Erziehung und Unterrichtung?
2. Welche Folgen haben integrative und separierende Erziehung und Unterrichtung?" (*Langfeldt* 1991, 1)

Der Forschungüberblick zeigt deutlich, dass bisher vor allem der zweiten Frage Vorzug gegeben wurde, was vermutlich vor allem auf die polarisierende Integrationsdebatte der letzten 15 Jahre zurückzuführen ist.

Die vorliegende Untersuchung befasst sich durch die Bearbeitung der einleitend beschriebenen ersten Fragestellung vordergründig mit einem kleinen Ausschnitt aus den besprochenen Forschungsthemen, nämlich der spezifischen Wirkung heilpädagogischer Zusatzmassnahmen für lernbehinderte oder schulleistungsschwache Kinder auf deren Lernentwicklung und somit, in Anlehnung an *Langfeldt* im weiteren Sinne mit der Frage nach den Folgen der Integration. Mit der thematisch breiten Abhandlung des Forschungsstandes zur Integration im Rahmen des Kapitels 2 soll deshalb ausdrücklich unterstrichen werden, dass wir die Frage der Lernentwicklung zwar als wichtiges, jedoch nicht ausschliessliches Kriterium zur Beurteilung von Schulformen betrachten. Die zweite Fragestellung ist als vorbereitende Arbeit zur Erforschung von Bedingungen und Vorgehensweisen, welche die Lernentwicklung von lernbehinderten und/oder schulleistungsschwachen Kindern im Rahmen der gemeinsamen Unterrichtung beeinflussen, zu verstehen. Damit soll eine Grundlage für weiterführende Forschungsarbeiten im Sinne der Frage 1 nach *Langfeldt* geschaffen werden.

# 3. Die "Regelklasse mit Heilpädagogischer Schülerhilfe"

Obwohl in der Schweiz nach wie vor sogenannt lernbehinderte Kinder mehrheitlich und mancherorts ausnahmslos von der Regelklasse ausgesondert und in eine Sonderklasse für Lernbehinderte (Hilfsklasse, Förderklasse, Kleinklasse usw.) überwiesen werden, ist in den letzten zehn Jahren die unverkennbare Tendenz zu erkennen, dass zahlreiche Schulorte eine in die Regelklasse integrierte Beschulung von Kindern mit vorübergehenden oder langdauernden Lernschwierigkeiten anstreben und auch organisiert haben. Am häufigsten ist die Schulform "Regelklasse mit Heilpädagogischer Schülerhilfe" eingerichtet worden, welche vor allem in ländlichen und somit dünnbesiedelten Regionen vorzufinden ist. Je nach Gemeinde oder Kanton wird diese Schulform nicht "Regelklasse mit Heilpädagogischer Schülerhilfe" genannt, obwohl die realisierten Beispiele einander sehr ähnlich sind. In der deutschsprachigen Schweiz sind Benennungen wie Heilpädagogischer Stützunterricht, Ergänzungsunterricht, Heilpädagogischer Zusatzunterricht, Pädagogische Schülerhilfe usw. üblich. Die beabsichtigte Begriffsvielfalt unterstreicht einerseits die föderalistische Struktur der schweizerischen Bildungspolitik, und andererseits scheint sie zugleich den lokalen oder kantonalen Initiatoren integrativer Schulformen zu ermöglichen, sich von anderen "Pionieren" abzugrenzen. Der Übersicht halber und in Anlehnung an frühere Publikationen (*ZBS* 1982, *Wyrsch* 1987, *Haeberlin; Bless; Moser; Klaghofer* 1991) bleiben wir für die vorliegende Arbeit beim bereits eingeführten Begriff.

## 3.1 Formale Aspekte der "Regelklasse mit Heilpädagogischer Schülerhilfe"

*Struktur und Organisation*: Die "Regelklasse mit Heilpädagogischer Schülerhilfe" unterscheidet sich von den üblichen Regelklassen insbesondere dadurch, dass hier Kinder mit vorübergehenden und langdauernden Lernschwierigkeiten, sogenannte Lernbehinderte und Kinder mit Teilleistungsschwächen, gemeinsam mit Regelschülern unterrichtet werden. Diese Kinder erhalten jedoch direkt oder indirekt zusätzliche Hilfen durch eine in Schulischer Heilpädagogik qualifizierte Lehrperson (im weiteren Schulischer Heilpädagoge genannt). Die angebotenen Hilfen können schwerpunktmässig eher auf die Lehrperson der Regelklasse in

Form von Beratung und Unterstützung und/oder auf die unmittelbare Unterstützung der Kinder mit Lernschwierigkeiten ausgerichtet sein. Die direkten Hilfen werden im Unterricht integriert und/oder ausserhalb des Klassenzimmers individuell oder in Kleingruppen ein- bis sechsmal wöchentlich angeboten. Der Schulische Heilpädagoge betreut in der Regel mehrere Klassen und je nach lokaler Bevölkerungsdichte und Umfang des Arbeitspensums mehrere Schulhäuser beziehungsweise Schulorte. Die Finanzierung der "Heilpädagogischen Schülerhilfe" wird in erster Linie von den Trägern der lokalen Schulsysteme übernommen (*Mettauer*, 1991, 39). Die Schulischen Heilpädagogen unterstehen in den meisten Kantonen denselben Aufsichtsbehörden wie die Lehrpersonen der Regelschule. Die bisher dargestellte organisatorische Struktur dürfte im wesentlichen den gemeinsamen Nenner der konkreten Realisierungen dieser Schulform ausmachen. Damit ist bereits angetönt, dass die "Regelklasse mit Heilpädagogischer Schülerhilfe" nicht einheitlich, sondern flexibel, den lokalen Gegebenheiten angepasst und/oder die vorhandenen Ressourcen berücksichtigend, realisiert wurde und wird.

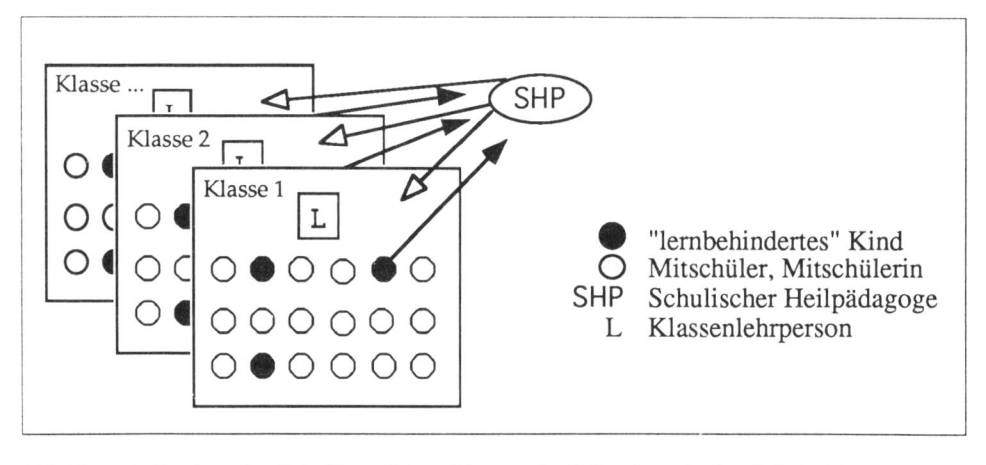

*Abbildung 1:* Struktur der Schulform "Regelklasse mit Heilpädagogischer Schülerhilfe"

*Abgrenzung:* In der deutschsprachigen Schweiz stellt die "Regelklasse mit Heilpädagogischer Schülerhilfe" eine von fünf mehr oder weniger verbreiteten Beschulungsarten für "lernbehinderte" Kinder dar: *Sonderklassen für Lernbehinderte* und *Kooperative Sonderklassen*, welche mit Regelklassen zusammenarbeiten und eine Teilintegration der Kinder mit "Lernbehinderungen" (z.B. einzelne Lektionen pro Woche) ermöglichen, sondern "Lernbehinderte" aus dem Regelschulsystem aus und sind deshalb als separierende Schulformen zu bezeichnen. Dies gilt auch für die zweite Schulform, da hier trotz bestimmter Formen der Kooperation die angesprochenen Kinder mehrheitlich separiert unterrichtet werden. Die Zusammenarbeit findet in der Regel nur in Fächern wie Turnen, Werken, Singen und höchst selten in einem Hauptfach statt. Oft werden gemeinsame Feste, Ausflüge, Lager und leider selten gemeinsame Unterrichtsprojekte durchgeführt, so dass von einer eher bescheidenen Teilintegration der betroffenen Kinder ausgegangen werden muss. Die Kooperation der Sonderklassen mit Regelklassen ist meistens auf die persönliche Initiative der Sonderklassenlehrperson zurückzuführen.

Die *Gemischte Kleinklasse*, die *Regelklasse mit Heilpädagogischer Schülerhilfe* und die *Zürcher "Integrationsklassen"* gelten als integrierende Schulformen. In der "Gemischten Kleinklasse" werden sowohl Regelschüler als auch lernbehinderte Kinder über die gesamte Unterrichtszeit zusammen in derselben Klasse gefördert (vgl. *ZBS* 1982, 34-36). Üblicherweise zählt diese Kleinklasse zwölf Schüler, von denen maximal drei "Lernbehinderungen" aufweisen. Die Klasse wird von einem ausgebildeten Schulischen Heilpädagogen geführt. Diese Schulform ist jedoch nur im Kanton Wallis in Brig, Visp und Siders realisiert worden. Die "Zürcher Integrationsklassen" stellen eigentlich einen Ausbau der "Kooperativen Sonderklassen" in Richtung einer Vergrösserung der Integrationszeit für schwache Kinder dar, denn diese besuchen den Regelschulunterricht und werden "nur" für die Kernfächer Mathematik und Sprache von der Regelklasse (Stammklasse) ausgesondert und in einer Fördergruppe, die im Prinzip einer Sonderklasse gleichkommt, zusammengefasst (*Bächtold; Coradi; Hildbrand; Strasser* 1990, 36-44). Allerdings erlaubt und erfordert diese Schulform eine sehr enge Kooperation mit der Regelklasse, welche je nach Kooperationsgrad einiger Lehrerteams bis zum eigentlichen Team-Teaching reichen kann. Wird dies erreicht, so ist der Vergleich der Fördergruppe mit einer Sonderklasse im Sinne einer separaten Schulkultur nicht mehr haltbar. Hierzu seien die Leserinnen und Leser auf *Thomann* und *Leuthard* (1994) verwiesen, welche die entstandene Kooperationsarbeit in dieser Schulform ausführlich beschreiben.

*Regelklassen ohne zusätzliche Massnahmen* für Kinder mit Lernschwierigkeiten sind nichts anderes als gewöhnliche Regelklassen, weshalb man hier nicht von einer Schulform für Lernbehinderte im eigentlichen Sinne sprechen kann. Trotzdem muss angenommen werden, dass zahlreiche Kinder, die als "lernbehindert" gelten, auf diese Weise beschult werden. Bezeichnenderweise wurde diese Schulform in der von *Sturny* (1984, 95) durchgeführten Bestandesaufnahme von keinem einzigen Kanton der Schweiz als Haupt- oder Nebenform zur Schulung schwacher Kinder angegeben. Sie wird treffenderweise auch "stille Integration" oder "intégration sauvage" genannt. In der vorliegenden Untersuchung bilden Kinder aus solchen Klassen die Kontrollgruppe.

In der italienisch- und französischsprechenden Schweiz sind ebenfalls Schulformen zu finden, die aufgrund ihrer Organisation der "Regelklasse mit Heilpädagogischer Schülerhilfe" sehr nahe kommen. Laut *Sturny* (1984, 106-108) wurde im Kanton Tessin unter dem Einfluss der italienischen Integrationsideologie bereits 1980 auf Versuchsbasis der "Sostegno pedagogico" eingeführt und 1990 per Schulgesetz ins Schulsystem aufgenommen. Für weitergehende Informationen verweisen wir die Leserinnen und Leser auf *Grossenbacher* (1993, 71-72). In der Westschweiz wird diese Schulform "Appui pédagogique" genannt und ist im Kanton Wallis sowie ansatzweise in einzelnen Regionen der Kantone Waadt, Freiburg und Jura realisiert. Allerdings sei darauf hingewiesen, dass je nach Region der Westschweiz (Genf und Neuenburg inbegriffen) die konkrete Realisierung des "Appui pédagogique" eher einem Stützunterricht im Sinne von Nachhilfeunterricht gleichkommt und deshalb nicht in jedem Falle mit der Konzeption der "Regelklasse mit Heilpädagogischer Schülerhilfe" vergleichbar ist.

Die kurze Beschreibung der schulischen Angebote für Kinder mit Lernschwierigkeiten erscheint uns im Hinblick auf die Frage der Übertragbarkeit von Aussagen oder Forschungsergebnissen, welche in "Regelklassen mit Heilpädagogischer Schülerhilfe" der deutschsprachigen Schweiz gewonnen wurden, als erforderlich. Integrierende Schulformen weisen unter sich erhebliche Unterschiede auf, so dass die Generalisierung von Ergebnissen auf die "Gemischte Kleinklasse", die "Zürcher Integrationsklassen" oder auf ähnliche Schulformen der italienisch- oder französischsprechenden Schweiz nicht unproblematisch ist und diesbezüglich eine klare Abgrenzung zur Erfüllung minimaler wissenschaftlicher Kriterien erforderlich ist.

*Zeitlicher Aspekt*: Die "Regelklasse mit Heilpädagogischer Schülerhilfe" umfasst die gesamte Primarschulzeit, welche in der Schweiz mehrheitlich sechs Jahre dauert. In den Kantonen Aargau, Basel-Land und Neuenburg zählt die Primarschulstufe fünf, in Bern, Basel-Stadt, Jura und Waadt vier Schuljahre (*Bundesamt für Statistik*, 1992, 13). Der Kanton Freiburg bildet zur Zeit insofern noch die Ausnahme, da hier die "Heilpädagogische Schülerhilfe" auf die ersten drei Schuljahre beschränkt ist (*Niedermann; Bless; Sassenroth*, 1992, 19). Erste Bemühungen, die teilweise auf der Primarstufe realisierte Integration von "Lernbehinderten" auch auf die Sekundarstufe 1 auszudehnen, beschreibt *Sigrist* (1992, 28-35). Im Gegensatz zu einzelnen Bundesländern in Deutschland (vgl. *Muth* 1992) wird jedoch die Diskussion um die Integration auf der Sekundarstufe 1 in der Schweiz äusserst diskret geführt. Als integrationsfreundlichste Beispiele dürften die "Scuola media" im Kanton Tessin oder die auf das Schuljahr 1993/94 geplante und unterdessen eingeführte "Integrierte Orientierungsstufe" in Lungern, Kanton Obwalden (vgl. *Sigrist* 1992) bezeichnet werden.

## 3.2 Entwicklung und Verbreitung der Schulform

Gesamtschweizerisch gesehen sind die Schulversuche im Kanton Tessin mit dem "Sostegno pedagogico" (1980) und im Centre scolaire d'Anniviers in der Walliser Gemeinde Vissoie mit dem "Appui pédagogique" als erste Realisierungen der "Regelklasse mit Heilpädagogischer Schülerhilfe" zu werten. Überhaupt scheinen sich die verantwortlichen Schulpolitiker der genannten Regionen im Vergleich zur deutschsprachigen Schweiz früher und offener mit integrierenden Beschulungsformen auseinandergesetzt zu haben. Andererseits sind in einzelnen Schulorten in bezug auf die konkrete Realisierung, im Sinne einer ernsthaften Umsetzung der konzeptuellen Überlegungen zur Schulform, einige Zweifel berechtigt. So sind beispielsweise Ende der 80er Jahre im französischsprechenden Teil der Kantone Wallis und Freiburg Lehrpersonen ohne oder mit nur geringer Unterrichtserfahrung und ohne heilpädagogische Ausbildung für die Arbeit als Schulische Heilpädagogen im Rahmen der Schülerhilfe angestellt worden. Solche Vorgehensweisen deuten darauf hin, dass die Komplexität und die Schwierigkeit der Aufgabenstellung in integrierenden Schulformen von einzelnen Verantwortlichen nicht erkannt wurden und werden. Eine Reduzierung der Aufgaben des Heilpädagogen (vgl. Kapitel 3.3) auf eine Hilfestellung, die sich nicht vom eigentlichen Nachhilfeunterricht unterscheidet, wird an diesem Beispiel durch die praktizierte Personalpolitik gefördert.

In der deutschsprachigen Schweiz wurden laut *Wyrsch* (1987, 16) die ersten "Regelklassen mit Heilpädagogischer Schülerhilfe" im Rahmen von Schulversuchen 1982 in Luterbach (SO), 1983 in Hergiswil (NW) und Steinen (SZ), 1985 in Leuk und Steg (VS), 1986 in Altendorf (SZ), Adelboden (BE), Würenlos (AG) und in Eschen im Fürstentum Liechtenstein eingerichtet.

Im Rahmen einer Bestandesaufnahme, welche 1990 ebenfalls in der deutschsprachigen Schweiz durchgeführt wurde, stellte *Seith* (1991, 284) fest, dass diese Schulform bereits in 59 Schulorten, verteilt auf die Kantone BE, FR, GR, LU, NW, OW, SO, SZ, UR, VS, ZH und das Fürstentum Liechtenstein, realisiert war.

Die Schweizerische Koordinationsstelle für Bildungsforschung (SKBF) führte Ende 1992 die zur Zeit aktuellste Bestandesaufnahme zur Entwicklung integrativer Schulformen in der Schweiz durch (*Grossenbacher* 1993, 43-82). Daraus geht hervor, dass mit Ausnahme der Kantone Aargau und Appenzell Innerrhoden alle Kantone der Schweiz integrative Beschulung teilweise anbieten oder sich zumindest im Rahmen von Planungs- oder Versuchsphasen damit beschäftigen (vgl. Abbildung 2).

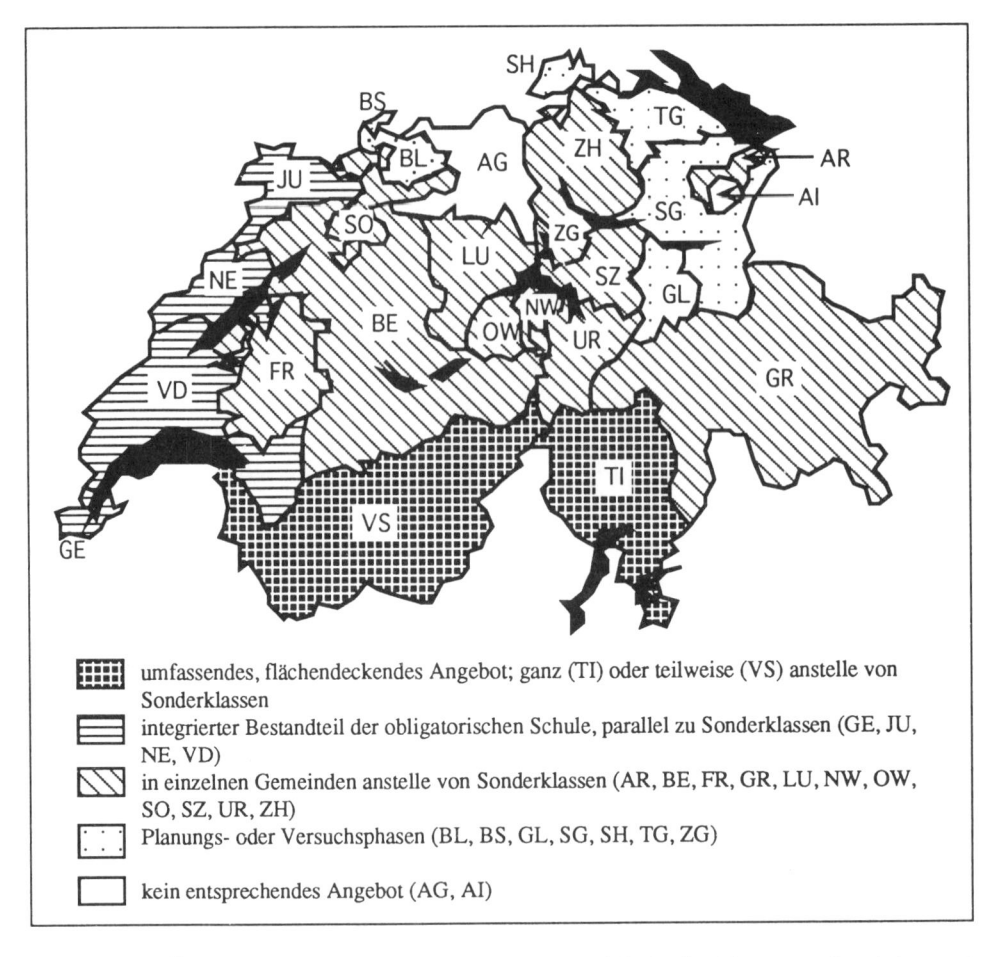

*Abbildung 2*: Übersicht über den Stütz- und Förderunterricht in den Kantonen (korrigiert und entnommen aus *Grossenbacher*, 1993, 46)

Bei der Betrachtung der Abbildung fällt auf, dass vom südlichen und westlichen hin zum nord-östlichen Teil der Schweiz die Bereitschaft zur praktischen Durchführung und/oder zur Auseinandersetzung mit integrativen Beschulungsarten abnimmt. Dazu ist allerdings anzufügen, dass, obwohl die Kantone Tessin und Wallis als Regionen mit einem flächendeckenden System von Stütz- und Förderunterricht anstelle von Sonderklassen für Lernbehinderte dargestellt sind, dies umfassend und für den gesamten Bereich der obligatorischen Schulzeit nur für den Kanton Tessin zutrifft. Der Kanton Wallis befindet sich lediglich auf einem ähnlichen Weg dazu, da die Struktur der "Regelklasse mit Heilpädagogischer Schülerhilfe" als ... "Ersatz für Sonderklassen ihrer Generalisierung entgegengeht" (*Grossenbacher* 1993, 79). Als den bisherigen Entwicklungstendenzen in Richtung Integration entgegengesetzt kann die Haltung des Kantons Aargau interpretiert werden. Auf Beginn des Schuljahres 1986/87 wurde in Würenlos ein zweijähriger Schulversuch bewilligt und auch gestartet. Trotz grundsätzlicher Zufriedenheit mit den erzielten Ergebnissen wurde diese Schulform nach einer einjährigen Verlängerung nicht weitergeführt und das Thema Integration aus nicht nachlesbaren Gründen scheinbar ad acta gelegt. Erst in jüngster Zeit dringen wiederum Informationen an die Öffentlichkeit, wonach sich auch der Kanton Aargau wiederum mit Fragen der Integration auseinanderzusetzen scheint (vgl. Workshop-Beitrag von *Sisti* am Bieler Kongress vom 6. und 7. Mai 1994 "Schweizer Schulen - Schulen für alle?").

Eine Bestandesaufnahme auf Schulortsebene ist zur Zeit nicht verfügbar. Schätzungsweise kann jedoch mit der entsprechenden Vorsicht davon ausgegangen werden, dass gesamtschweizerisch in zirka 200 Schulorten Integrationsformen, welche der "Regelklasse mit Heilpädagogischer Schülerhilfe" nahekommen, existieren. Der starke Trend hin zu einer integrierenden Beschulung von Kindern mit Lernschwierigkeiten, welcher zwischen 1986 und 1992 zu beobachten war, darf jedoch nicht im Sinne einer Neuorientierung in der Schulpolitik überbewertet werden, denn nach wie vor werden Kinder mit erheblichen Lernschwierigkeiten mehrheitlich von der Regelschule ausgesondert und in Sonderklassen für Lernbehinderte überwiesen. Integration bleibt trotz dieser rasanten Entwicklung eher die Ausnahme.

Kennzeichnend für einen grossen Teil der Schulorte, in denen "Regelklassen mit Heilpädagogischer Schülerhilfe" eingerichtet wurden, ist ihre Lage in dünnbesiedelten Gebieten, welche aus geographischen Gründen schwer erreichbar sind. Die Einrichtung dieser Schulform wurde bei der Mehrzahl der Schulorte in erster Linie aus pragmatischen und nicht aus pädagogischen Gründen vorgenommen. Dieser Hinweis erscheint uns im Hinblick auf eine Beurteilung der Schulform relativ wichtig. Im folgenden wird auf drei ausschlaggebende Motive für die Einrichtung der "Regelklasse mit Heilpädagogischer Schülerhilfe" hingewiesen:

- Die ersten Realisierungen sind mit hoher Wahrscheinlichkeit hauptsächlich auf den zu Beginn der 80er Jahre überproportionalen Schülerrückgang in den Sonderklassen für Lernbehinderte zurückzuführen. *Sturny* (1984, 80) stellt für die Zeit zwischen 1977 bis 1982 fest, dass sich der Regelschülerbestand gesamtschweizerisch um 8%, der Sonderklassenschülerbestand um 28% verkleinert hat. Sonderklassen für Lernbehinderte waren zu diesem Zeitpunkt vom Schülerrückgang mehr als dreimal stärker betroffen als Regelklassen. Weil die erforderliche Schülerzahl für eine Sonderklasse nicht mehr erreicht wurde, suchte man eine neue schulorganisatorische Lösung für die verbliebenen "Lernbehinderten". Diese fand man in der zusätzlichen heilpädagogischen Betreuung der schwachen Kinder parallel zum Regelklassenunterricht. *Grissemann* (1981) lieferte hierzu unter dem Begriff "Pädagogisch-therapeutische Schülerhilfe" die ersten Impulse und konzeptionellen Überlegungen.

- Ein weiteres, für einzelne Regionen ausschlaggebendes Motiv zur Einrichtung der "Regelklasse mit Heilpädagogischer Schülerhilfe" sind die langen Schulwege, die in ländlichen Gebieten den sogenannt lernbehinderten Kindern für den Besuch einer Sonderklasse zugemutet werden müssen. In der Tat wurde in einer repräsentativen Stichprobe für Regionen mit ländlichem Charakter festgestellt, dass sich jeder dritte Schüler (35.7%) einer Sonderklasse für Lernbehinderte täglich (einige unter ihnen sogar zweimal im Tag) in ein anderes Dorf begibt, um dort dem Unterricht in seiner Klasse folgen zu können. In "Regelklassen mit Heilpädagogischer Schülerhilfe" besucht nur jeder 27. Schüler (3.7%) eine Klasse in einem anderen Ort als seinem Wohnort (*Bless; Haeberlin; Moser* 1987, 596-597).

- Für die Realisierungen jüngeren Datums dürfte schliesslich hinzukommen, dass bereits Beispiele existierten und somit ohne grosses Risiko auf bestehende Erfahrungen zurückgegriffen werden konnte. Zudem hat in den letzten Jahren innerhalb betroffener Kreise eine breite Diskussion über die separierte respektiv integrierte Beschulung "Lernbehinderter" stattgefunden. Die Sonderklasse für Lernbehinderte wurde enttabuisiert, Kritik wurde laut, und das entschiedene Eintreten einiger Fachleute für die schulische Integration hat möglicherweise auch einiges zur Schaffung integrierender Schulformen beigetragen.

## 3.3 Aufgaben der Heilpädagogischen Schülerhilfe

Die wesentlichen Aufgaben, die der Schulische Heilpädagoge im Rahmen der Schülerhilfe zu erfüllen hat, werden in Anlehnung an *Moser* (1989, 68-73) unter den Stichwörtern *Förderunterricht* und *Zusammenarbeit* näher erläutert. Diese Darstellung wird gewählt, da sie am ehesten mit jenen konzeptionellen Überlegungen übereinstimmt, die den meisten Realisierungen in der Praxis zugrunde gelegen haben dürften. Hierzu ist zudem die Analyse der Pflichtenhefte der Schulischen Heilpädagogen von Interesse (*Seith* 1991, 289-293).

*Förderunterricht*: Der Hauptanteil der pädagogischen Massnahmen, welche im Rahmen der Heilpädagogischen Schülerhilfe ergriffen werden, ist direkt auf das Kind gerichtet. Diese Massnahmen werden häufig unter dem Begriff "Förderunterricht" zusammengefasst und können definiert werden als ein Unterricht, der die unterschiedlichen Begabungen und Fähigkeiten, die Eigenarten der

Schüler berücksichtigt. Demnach ist Förderunterricht nichts anderes als individualisierender Unterricht, der sich aus schulfachbezogenen Stützmassnahmen, pädagogisch-therapeutischen Massnahmen und individualisierenden Hilfen im Klassenzimmer zusammensetzt (vgl. Abbildung 3).

- Die *Stützmassnahmen*, welche individuell oder in Kleingruppen ausserhalb des Klassenzimmers stattfinden und Bestandteil des Förderunterrichts sind, werden in der Literatur auch "Remediales Lernen" oder "Lücken-schliessendes Lernen" genannt. Die Stützmassnahmen sind didaktische Trainings für einzelne Schüler oder Gruppen von zwei bis vier Kindern, welche die Behebung individueller Lernrückstände zum Ziel haben. Kinder mit Lernrückständen sollten dadurch den Anschluss an die Klasse möglichst schnell wieder erreichen (vgl. *Wyrsch* 1987, 12, *Drunkemühle* 1985, 11 und *Grissemann* 1981, 546). Der Stützunterricht zeichnet sich in diesem Sinne durch eine enge Verbindung zum Klassenunterricht aus. Damit bei bestimmten Schülern die Lerndefizite durch gezielte Massnahmen überwunden werden können, benötigt der Schulische Heilpädagoge genaue Kenntnisse über den hierarchischen Aufbau des Lernprozesses im Sinne von *Gagné* (1976). "Lernprozesse sind kumulativ aufgebaut, das heisst vorausgehende Lernerfahrungen sind notwendige, wenn auch nicht hinreichende Bedingungen für den weiteren Lernerfolg. Für jedes Lernziel lässt sich eine Hierarchie der notwendigen Vorkenntnisse konstruieren. Der Schulische Heilpädagoge muss deshalb diagnostizieren, bis zu welcher Stufe der Schüler den Lernprozess vollzogen hat und wo notwendige Vorerfahrungen fehlen. (...) Erst die Diagnose der Defizite im Lernprozess ermöglicht einen sinnvollen Stützunterricht" (*Moser* 1989, 70). Somit besteht die Aufgabe für den Heilpädagogen darin, mit dem Schüler die notwendigen Voraussetzungen für folgende, komplexere Aufgaben zu erarbeiten. Nach *Eisert* (1976, 257) sind die Stützmassnahmen auf die Schwächen des Kindes im Hinblick auf das Curriculum seiner Klasse auszurichten. Sie sind immer dann angebracht, wenn aufgabenspezifische Fähigkeiten Bedingung für Lernerfolg sind und wenn Lernprozesse für Schüler dadurch verhindert werden, dass bestimmte untergeordnete Fähigkeiten und Fertigkeiten, damit sind lehrrelevante Informationen gemeint, nicht vorausgesetzt werden können (vgl. *Salomon* 1975, 133).
- Die *pädagogisch-therapeutischen Massnahmen* werden ebenfalls ausserhalb des Klassenzimmers individuell und/oder in Kleingruppen durchgeführt. Für *Wyrsch* (1987, 12) setzen diese intensiven Fördermassnahmen dort an, "wo Ausfälle in bestimmten Bereichen ein schulisches Fortkommen erschweren, weil grundlegende Fähigkeiten (Basisfunktionen) fehlen, gehemmt oder gestört sind." Im Gegensatz zu den beschriebenen Stützmassnahmen stehen nicht mehr die Schwierigkeiten des Schülers im Regelklassenunterricht im Vordergrund,

sondern Defizite, die zu diesen Lernschwierigkeiten führen. "Während mit Stützmassnahmen aktuelle Unterrichtsprobleme kurzfristig behoben werden sollen, werden mit pädagogisch-therapeutischen Massnahmen grundlegende Fähigkeiten längerfristig gefördert. Der Schulische Heilpädagoge orientiert sich dabei nicht am Unterricht in der Regelklasse, sondern an den vorhandenen Möglichkeiten des Schülers" (*Moser* 1989, 71). Im Unterschied zu den Stützmassnahmen werden die pädagogisch-therapeutischen Massnahmen nicht speziell auf die Lerninhalte des Regelklassenunterrichts abgestimmt. Je nach Diagnose werden Funktionstrainings in Bereichen wie Wahrnehmung, Psychomotorik, soziale Kompetenz und andere mehr durchgeführt.

| Pädagogische Massnahmen im Förderunterricht | Ziele | Differenzierung |
|---|---|---|
| Stützmassnahmen<br><br>Schulische Fördermassnahmen | Der Schüler soll den Anschluss an die Klasse schaffen<br>↓<br>Anschluss an die Klasse | Kombination von innerer und äusserer Differenzierung |
| Pädagogisch-therapeutische Massnahmen<br><br>Heilpädagogische Intensivmassnahmen | Förderung von Ausfällen im schulischen Lernen<br><br>Funktionstraining<br>↓<br>Entwicklung | |
| Individualisierende Hilfe im Klassenzimmer | Kontakt zur Klasse<br><br>Ableitung von Förderprogrammen<br>↓<br>Förderdiagnose | innere Differenzierung |

*Abbildung 3*: Pädagogische Massnahmen im Förderunterricht (*Moser* 1989, 69)

- Die dritte Komponente des Förderunterrichts, die *individualisierende Hilfe im regulären Klassenunterricht* durch die Mitarbeit und Anwesenheit des Schulischen Heilpädagogen, erfordert sowohl von der Regelklassenlehrperson als auch vom Heilpädagogen ein hohes Mass an Kooperationsbereitschaft. Die Integration des "lernbehinderten" Kindes ist mit dieser Form des Förderunterrichts durch die vorgenommene innere Differenzierung auch auf unterrichtlicher Ebene realisierbar. Die Arbeit im Klassenzimmer eignet sich sowohl für die Beobachtung zur Vervollständigung von Diagnosen und die Prüfung der Effektivität von Fördermassnahmen als auch für die eigentliche Förderarbeit mit dem Kinde. Sofern die Regelklassenlehrperson dazu bereit ist, besteht damit die Möglichkeit, dass der Heilpädagoge Vorschläge und Rückmeldungen zum Unterricht einbringen kann oder dass zeitweise sogar die Rollen getauscht werden können. Die Wichtigkeit der Arbeit im Klassenzimmer im Rahmen der Heilpädagogischen Schülerhilfe wird dadurch unterstrichen, dass in allen Pflichtenheften der Schulischen Heilpädagogen explizit und zum Teil ausführlich darauf eingegangen wird (vgl. Analyse der Pflichtenhefte von *Seith* 1991, 289-293). Im Kanton Freiburg wird dieser Aufgabenbereich sogar an erster Stelle genannt.

*Zusammenarbeit*: Unter den Begriff Zusammenarbeit können die übrigen Aufgaben der Heilpädagogischen Schülerhilfe gestellt werden. Soll der Förderunterricht mehr als nur eine Entlastung des Regelschulunterrichts sein, so ist für dessen Planung eine inhaltliche und organisatorische Absprache zwischen der Regelklassenlehrperson und dem Schulischen Heilpädagogen unumgänglich. Einerseits muss die Klassenlehrperson wissen, welche Hilfe sie vom Heilpädagogen erwarten kann, andererseits muss dieser darüber im Bilde sein, welche Inhalte und Ziele den Unterricht in der Regelklasse bestimmen und wo der Schüler Schwierigkeiten hat. Nebst dieser absolut notwendigen Zusammenarbeit sind weitere Gespräche über Diagnose und Lernerfolg im Sinne von Fallbesprechungen von grossem Vorteil, wobei nicht nur das Kind Gegenstand des Gesprächs bleiben sollte, sondern auch die jeweils geleistete Arbeit mit dem Kinde, sei es im Förder- oder im Klassenunterricht. (*Haeberlin; Bless; Moser; Klaghofer* 1991, 45-46)

Beansprucht man zur Förderung eines Kindes veschiedene Dienste oder Fachleute wie den Schulpsychologischer Dienst, Logopäden, Psychomotorik-Therapeuten, Arzt usw., so bemüht sich der Schulische Heilpädagoge um die Koordination der erforderlichen interdisziplinären Zusammenarbeit. Er kennt das Kind gut und ist fachlich in der Lage, diese Koordinationsleistung zu erbringen.

Schliesslich stellt die Elternarbeit einen wichtigen Aufgabenbereich dar, wobei es hierbei ausdrücklich um Arbeit "mit" den Eltern und nicht um Arbeit "an" den Eltern geht. Diese geschieht in der Regel in Zusammenarbeit mit der Regelklassenlehrperson und mündet häufig in Informations- und/oder Beratungsarbeit. Einerseits soll dabei den Eltern die besondere schulische Situation ihres Kindes verständlich gemacht werden, und andererseits soll versucht werden, die Eltern für die aktive Mitarbeit an der Förderung des Kindes zu gewinnen (vgl. *Wyrsch* 1987, 9).

In Ergänzung zur bisherigen Beschreibung der Aufgabenstellung, welche, wie eingangs des Kapitels erwähnt, relativ gut mit jenen Konzeptionen übereinstimmt, die den "Regelklassen mit Heilpädagogischer Schülerhilfe" zugrunde liegen dürften, sei auf die *Freiburger Projektgruppe* hingewiesen, die ihre Aufgabenstellung im Projekt zur Heilpädagogischen Begleitung in Kindergarten und Regelschule in vier Dimensionen fasst: Umfeld- und Systemorientierung, Individualisierung, Förderdiagnostik und Zusammenarbeit und Interdisziplinarität (vgl. *Freiburger Projektgruppe* 1993, 52-58). Im Unterschied zur "Regelklasse mit Heilpädagogischer Schülerhilfe" wird die Heilpädagogische Arbeit im Rahmen dieses Projekts praktisch ausschliesslich im Klassenzimmer während des Regelschulunterrichts vollbracht. Zudem findet hier Integration auf Wunsch der im Quartier lebenden Eltern statt. Sie können zwischen der Integration in der Quartierschule oder der Beschulung in der Sonderschule wählen. Prinzipiell wird hier die Integration allen behinderten Kindern unabhängig von Schwere und Art der Behinderung ermöglicht. Diese grundlegenden Unterschiede dürften unter anderem für die andersartige Konzeption der Aufgabenstellung verantwortlich sein.

## 3.4 Hinweise zur konkreten Realisierung der Schulform

Das vorliegende Kapitel befasst sich mit der Frage, wie einige der konzeptionellen Forderungen, welche der "Regelklasse mit Heilpädagogischer Schülerhilfe" zugrunde liegen, in den bisherigen Realisierungen konkret umgesetzt wurden. Aus redaktionellen Gründen erlauben wir uns, auf Ergebnisse der in Kapitel 4 und 5 beschriebenen Untersuchung vorzugreifen, da diese interessante Hinweise zur Thematik dieses Kapitels liefern. Zur Information über die untersuchte Stichprobe sowie der eingesetzten Instrumente zur Datenerhebung sei die Leserin oder der Leser jedoch auf die erwähnten Kapitel verwiesen.

### 3.4.1 Allgemeine Rahmenbedingungen

In der Untersuchungsstichprobe arbeiten neun von 13 Heilpädagogen (70%) vollzeitlich. Die übrigen Pensen umfassen einen Beschäftigungsgrad von 30-

90% eines vollen Arbeitspensums. Nur ein Drittel der Schulischen Heilpädagogen arbeitet in Gemeinden, in denen ein weiterer Heilpädagoge dieselbe Funktion ausübt. Demzufolge muss die überwiegende Mehrheit der Fachpersonen vor Ort alleine mit der übertragenen Aufgabe zurechtkommen. Eine Zusammenarbeit oder ein fachlicher Austausch mit anderen Fachpersonen kann für die meisten Schulischen Heilpädagogen weder kurzfristig noch spontan mühelos stattfinden.

Durch das Hochrechnen aller Arbeitspensen auf eine volle Stelle (100%) können die Rahmenbedingungen der verschiedenen Schulorte miteinander verglichen werden. Gesamthaft betrachtet betreut ein Schulischer Heilpädagoge durchschnittlich 16 Kinder (Minimum 12 und Maximum 30 Kinder) aus acht verschiedenen Schulklassen (Minimum drei und Maximum 13 Klassen) des 1. bis 6. Schuljahres (im Kanton Freiburg nur 1. bis 3. Schuljahr) regelmässig. Allerdings ist an dieser Stelle zu bemerken, dass Heilpädagogen mit einer hohen Anzahl an betreuten Kindern diese Schülerinnen und Schüler zur Förderung sehr oft in Gruppen zusammenfassen. Zudem sind solche Heilpädagogen mehrheitlich und entgegen den Erwartungen für vergleichsweise wenige Klassen zuständig. Im Vergleich zur Untersuchung von 1986 bis 1989 (*Haeberlin; Bless; Moser; Klaghofer* 1991, 282-283) scheint sich die Betreuungsdichte durch Schulische Heilpädagogen in dieser Schulform insbesondere im negativen Extrem empfindlich verbessert zu haben. Damals wurde festgestellt, dass einzelne Schulische Heilpädagogen insgesamt bis 35 Kinder in einem Einzugsgebiet von bis zu 25 Klassen betreuten.

Die hin und wieder geäusserte Meinung, dass mit der "Regelklasse mit Heilpädagogischer Schülerhilfe" im Vergleich zur Sonderklasse für Lernbehinderte, welche in der Schweiz durchschnittlich etwa neun bis zehn Kinder zählt, heilpädagogische Lehrkräfte und damit Finanzen gespart werden können, da in der "Regelklassen mit Heilpädagogischer Schülerhilfe" bedeutend mehr Kinder betreut werden, ist aus folgenden Gründen zu relativieren:
- Schulische Heilpädagogen scheinen nach unseren Feststellungen in der Regel mehr Kinder zu betreuen als sie aufgrund der Vorgaben der Pflichtenhefte oder Ausführungsbestimmungen müssten. Allerdings enthalten die vorhandenen Reglementierungen nur ausnahmsweise diesbezügliche Richtzahlen. Als Beispiele seien hier angefügt: Das Pflichtenheft der Gemeinde Lungern (OW) schreibt vor, dass der Schulische Heilpädagoge zehn bis 15 Kinder zu betreuen hat (*Schulrat der Gemeinde Lungern* 1990, 1). Umgerechnet auf ein volles Pensum betreute die betreffende Person zum Zeitpunkt unserer Erhebung 18 Kinder. Im Kanton Freiburg ist im Pflichtenheft unter Punkt 2.4 vermerkt, dass ein Stützlehrer bis höchstens acht Kinder betreut (*Direktion für Erziehung und*

*kulturelle Angelegenheiten des Kantons Freiburg* 1989, 3), wobei in Wirklichkeit deren zwölf betreut werden.
- Es ist mit hoher Wahrscheinlichkeit davon auszugehen, dass in einem traditionellen Schulsystem, in welchem lernbehinderte Kinder in eine Sonderklasse für Lernbehinderte überwiesen werden, nie alle Kinder, welche in der "Regelklasse mit Heilpädagogischer Schülerhilfe" zusätzlich durch eine Fachperson betreut werden, ausgesondert würden. Mit anderen Worten betreut der Schulische Heilpädagoge im Sinne präventiver Massnahmen vereinzelt auch Kinder, die weniger gravierende Schulschwierigkeiten aufweisen als Lernbehinderte.

Zudem zeigt sich in der vorliegenden Untersuchung, dass lediglich vier Schulische Heilpädagogen (31%) nur in einem Schulhaus und somit in einem Lehrerteam tätig sind. Sieben Heilpädagogen (54%) arbeiten in zwei verschiedenen und zwei Heilpädagogen (15%) in drei respektive fünf verschiedenen Schulhäusern. Gleichzeitig begibt sich die Hälfte der Heilpädagogen zur Erfüllung ihrer Aufgabe mindestens in eine zweite Ortschaft. Diese "Wanderschaft" unterstreicht den ländlichen Charakter der Schulorte, welche die "Regelklassen mit Heilpädagogischer Schülerhilfe" eingerichtet haben.

Die Rahmenbedingungen für die Heilpädagogische Schülerhilfe könnten sicherlich noch verbessert werden, denn die Schulischen Heilpädagogen begeben sich zur Ausführung ihrer anforderungsreichen Aufgabe zum Teil von Klasse zu Klasse, von Schulhaus zu Schulhaus und einige unter ihnen von Schulort zu Schulort. Es ist dabei zu erwarten, dass mit steigender Klassenzahl auch die Schwierigkeiten, die heilpädagogische Tätigkeit im Einklang mit der Tätigkeit in der Regelklasse pädagogisch sinnvoll zu gestalten, steigen. Aus Diskussionen mit Betroffenen konnten wir erfahren, dass die Heilpädagogen ihre Rolle und Aufgabe zum Teil in Abhängigkeit von schwierigen versus günstigen Rahmenbedingungen unterschiedlich definieren. Höhere Mobilität bezüglich der Klassenzahl, der Schulhäuser und Schulorte geht scheinbar mit einer starken Ausrichtung der Arbeit auf Einzelförderung, welche losgelöst vom Geschehen in der Regelklasse quasi nebenbei abläuft, einher und umgekehrt. Mit anderen Worten scheint in Schulorten mit ungünstigeren Rahmenbedingungen ein erhöhtes Risiko zu bestehen, dass die Heilpädagogische Schülerhilfe zu einer Feuerwehrübung des Spezialisten im stillen "Therapiezimmer" oder zu einem Nachhilfeunterricht ausartet.

3.4.2    Ausbildung der Fachpersonen

Bei der Konzeption einer neuen Schulform, welche ein spezielles Augenmerk auf die Förderung schwacher oder behinderter Kinder legen soll, wird immer und ausdrücklich betont, dass zur Förderung dieser Kinder speziell ausgebildetes Fachpersonal notwendig sei. Diese Forderung wurde bereits bei der Gründung der "Hilfsschule" gegen Ende des letzten Jahrhunderts gestellt (*Schindler* 1979, 47). Auch die Schweizerische Invalidenversicherung (IV) verlangt von den Sonderschulen zur Anerkennung ihres Status, dass die Fachpersonen eine anerkannte und besondere (heilpädagogische) Ausbildung absolviert haben. Für die "Regelklasse mit Heilpädagogischer Schülerhilfe" ist im Handweiser der Kommission der Schweizerischen Erziehungsdirektorenkonferenz ebenfalls und bereits 1982 vermerkt: "... Die Grundidee ist, dass besonders geeignete und heilpädagogisch ausgebildete Lehrer im ambulanten Einsatz eine bestimmte Anzahl lernbehinderter Schüler fördern beziehungsweise deren Lehrer und deren Eltern beraten und unterstützen ..." (*ZBS* 1982, 21). Inwiefern diese Forderung in der konkreten Praxis realisiert ist, dürfte im Hinblick auf die Beurteilung, wie ernsthaft eine pädagogische Idee aufgenommen und umgesetzt wird, von grosser Bedeutung sein. Obwohl keine schweizerischen Untersuchungen vorliegen, kann aus Schulbesuchen und im Gespräch mit Beteiligten relativ schnell festgestellt werden, dass heute noch in zahlreichen Sonderklassen für Lernbehinderte (Hilfsklassen) und Klassen von IV-Sonderschulen, also Schulformen mit einer langen Tradition, diese Forderung trotz ihrer hohen Berechtigung nicht konsequent realisiert ist.

Wie verhält sich dies in der "Regelklasse mit Heilpädagogischer Schülerhilfe", in der sehr hohe Anforderungen an die heilpädagogisch tätige Fachperson gestellt werden? Lediglich neun von 13 als Schulische Heilpädagogen arbeitenden Fachpersonen (69%) unserer Stichprobe weisen die geforderte, abgeschlossene Ausbildung in Schulischer Heilpädagogik auf; vier Personen (31%) verfügen noch nicht über die notwendige berufliche Qualifikation. Zum Zeitpunkt der Untersuchung absolvieren zwei davon eine berufsbegleitende Ausbildung in Schulischer Heilpädagogik; eine weitere Person verfügt über eine Primarlehrerausbildung. Was jedoch als besondere Überraschung erwähnt werden muss, ist der Umstand, dass ein Klinischer Heilpädagoge (Diplom für ausserschulische Heilpädagogik) diese Tätigkeit ausführt, ohne je eine Lehrerausbildung absolviert zu haben. Nebenbei bemerkt, wird in dieser Schulform vom Schulischen Heilpädagogen erwartet, dass er in der Lage ist, Regelklassenlehrpersonen in ihrer Tätigkeit zu beraten (vgl. *Wyrsch* 1987, 11). Ohne dem naiven Glauben zu verfallen, dass ein Diplom automatisch mit einer qualitativ hochstehenden Arbeit einhergeht und umgekehrt, so ist im allgemeinen doch davon auszugehen, dass mit einer fundierten Ausbildung unerlässliche Voraussetzungen für diese anspruchsvolle Tätigkeit bereitgestellt werden können. Dieses Ergebnis stützt die Vermutung, dass bei der Realisierung dieser Schulform vereinzelt pädagogische Notwendigkeiten und Konzeptionen dem Pragmatismus geopfert werden.

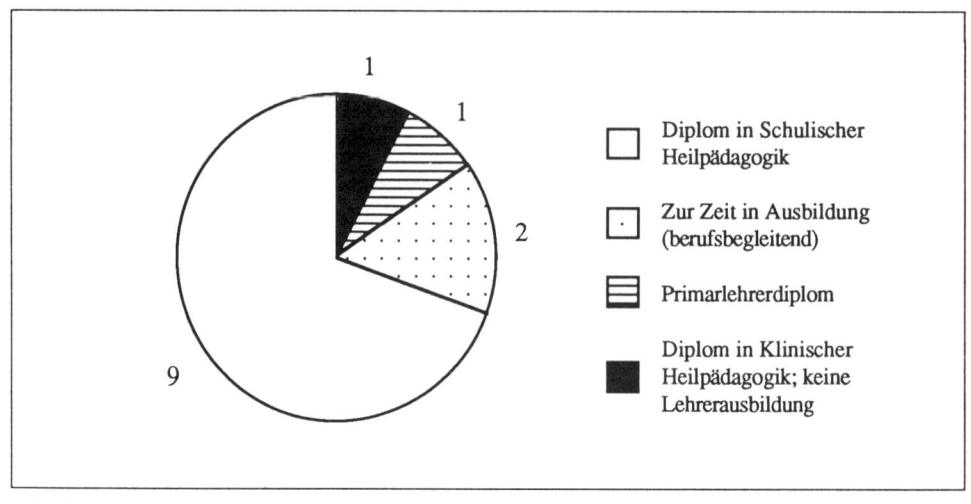

*Abbildung 4*: Ausbildung der als Schulische Heilpädagogen tätigen Personen

Auf der anderen Seite muss jedoch unterstrichen werden, dass die Fachpersonen über eine hinreichende Unterrichtserfahrung verfügen. So weisen die Schulischen Heilpädagogen zum Zeitpunkt der Untersuchung durchschnittlich 12.08 Jahre Unterrichtspraxis auf (Minimum sechs, Maximum 20 Jahre). Diese wurden sowohl in Regel- und/oder Hilfsklassen als auch in der aktuellen Funktion erworben. Ob damit bei einzelnen Fachpersonen die fehlende Ausbildung kompensiert werden kann, bleibt jedoch offen.

3.4.3    Verfügbarkeit zusätzlicher Förderangebote zum Regelklassenunterricht

"Regelklassen mit Heilpädagogischer Schülerhilfe" sind von ihrer Grundidee her bezüglich zusätzlicher Förderangebote gleich ausgestattet wie die übrigen Regelklassen. Auch hier erhalten die Kinder bei Bedarf durch diverse Schuldienste die notwendige Betreuung: zum Beispiel Schulpsychologie, Logopädie, Psychomotorik usw. Interessant ist nun die Frage, wie sich dies in der Praxis verhält. Zu diesem Zwecke vergleichen wir "Regelklassen mit Heilpädagogischer Schülerhilfe" des zweiten Schuljahres mit gewöhnlichen Regelklassen.

*Tabelle 4*: Verfügbarkeit zusätzlicher Förderangebote in Wochenminuten pro Klasse (2. Schuljahr)

| Zusätzliche Förderangebote | in **Regelklassen mit Heilpädagogischer Schülerhilfe** (37 Klassen; 706 Schüler) | in **Regelklassen** (64 Klassen; 1256 Schüler) |
|---|---|---|
| Heilpädagogische Schülerhilfe | 148 | - |
| Logopädie | 36 | 34 |
| Schulpsychologie | 1 | 1 |
| Psychomotorik | 4 | 5 |
| Legasthenie | 5 | 21 |
| Dyskalkulie | - | 7 |
| Unterricht für Fremdsprachige | 94 | 129 |
| Aufgabenhilfe | 30 | 10 |
| Nachhilfeunterricht | 15 | 14 |
| Einzelunterricht (Lehrperson) | 3 | 6 |
| anderes | 10 | 8 |
| **Total:** | **346** | **235** |

In Tabelle 4 ist das Datenmaterial so aufbereitet, dass pro Stützmassnahme die durchschnittliche Anzahl Wochenminuten pro Klasse angegeben ist. Der Gesamtvergleich zeigt, dass in "Regelklassen mit Heilpädagogischer Schülerhilfe" pro Woche nahezu zwei Stunden mehr Stützmassnahmen angeboten werden, was auf die Heilpädagogische Schülerhilfe zurückzuführen ist. Von besonderem Interesse ist die leichte strukturelle Veränderung gegenüber gewöhnlichen Regelklassen in Richtung einer Reduktion der involvierten Fachpersonen und somit der Bezugspersonen für die Kinder. Davon betroffen sind die Fachpersonen (Therapeuten) für Legasthenie und Dyskalkulie. Der Schulische Heilpädagoge, welcher die Betreuung von Teilleistungsstörungen entsprechend seinem Pflichtenheft weitgehend und vielerorts vollständig übernimmt, ist diesbezüglich fundiert ausgebildet (beispielsweise werden am Heilpädagogischen Institut der Universität Freiburg sowohl Studierende in Logopädie als auch in Schulischer Heilpädagogik bezüglich Legasthenie theoretisch wie praktisch gleich ausgebildet), so dass als pädagogisch sinnvolle Konsequenz auf die Legasthenie- und Dyskalkulie-Therapeutinnen, welche in der Regel eine dürftige Fortbildung in Kursform absolvieren, verzichtet werden kann.

Aufgrund der gesammelten Daten muss angenommen werden, dass der Schulische Heilpädagoge mancherorts den Unterricht für fremdsprachige Schüler teilweise übernimmt (vgl. Tabelle 4). Obwohl in beiden Schulformen praktisch gleich viele fremdsprachige Kinder vorzufinden sind, werden in "Regelklassen mit Heilpädagogischer Schülerhilfe" pro Woche und Klasse durchschnittlich 35 Minuten weniger Unterricht für fremdsprachige Kinder angeboten.

Die Aufgabenhilfe, der Nachhilfeunterricht oder der Einzelunterricht sind Massnahmen, die in jedem Fall durch diplomierte Regelschullehrpersonen und meistens durch die Klassenlehrpersonen selbst übernommen werden. In "Regelklassen mit Heilpädagogischer Schülerhilfe" fällt nebst der Reduzierung des Einzelunterrichts vor allem der hohe Anteil an Aufgabenhilfe auf. Weshalb letzteres so ist, kann aufgrund der vorhandenen Informationen nicht erklärt werden.

### 3.4.4 Durch die Heilpädagogische Schülerhilfe betreute Kinder

Im folgenden soll jene Schülerpopulation in "Regelklassen mit Heilpädagogischer Schülerhilfe" näher betrachtet werden, welche im Rahmen der zusätzlichen heilpädagogischen Massnahmen durch die Schulischen Heilpädagoginnen und Heilpädagogen betreut wird. Die nachfolgende Beschreibung widerspiegelt die Situation zu einem bestimmten Zeitpunkt während des Schuljahres (November). 48 Kinder (6.8% von 706 Schülern aus 39 Klassen des zweiten Schuljahres) erhalten regelmässig Unterstützung durch heilpädagogische Fachpersonen, was im Vergleich zur Bestandesaufnahme von *Seith* (1991, 285) eine leichte Erhöhung darstellt. Berücksichtigt man jene elf Klassen nicht, in welchen der Heilpädagoge aus diversen Gründen (zum Zeitpunkt der Erhebung) nicht regelmässig tätig ist, so erhöht sich der Anteil betreuter Kinder auf 8.9%. Diese Angaben weisen darauf hin, dass durch die Heilpädagogische Schülerhilfe auch Kinder betreut werden, welche in einem separierenden Schulsystem nicht in die Sonderschule für Lernbehinderte überwiesen würden. Nebst Kindern, die in der Schweiz üblicherweise als "lernbehindert" gelten, werden auch Kinder mit weniger gravierenden Lernschwierigkeiten oder anderen Problemen betreut.

Da die Heilpädagogische Schülerhilfe grundsätzlich für Kinder mit Lernschwierigkeiten, die sich vorwiegend in den schulischen Kernfächern Mathematik und Sprache äussern, eingerichtet wurde, soll aufgrund der Ergebnisse von Schulleistungsprüfungen in diesen Fächern beschrieben werden, welche Kinder heilpädagogisch betreut respektive nicht betreut werden.

Bemerkungen zu Abbildung 5: In den "Regelklassen mit Heilpädagogischer Schülerhilfe" lösen die Kinder im Durchschnitt 72.2% der gestellten Aufgaben, wobei der Gesamtschulleistungswert so berechnet wird, dass kein Untertest weder im Bereich Sprache noch im Bereich Mathematik übergewichtet wird. Der tiefste erreichte Wert ist 14, der höchste 100; die Standardabwei-

chung beträgt 14.8. Von 17 Kindern kann kein Gesamtschulleistungswert berechnet werden, da sie in einem der Untertests fehlende Daten aufweisen.
(Mathematik: Mittelwert 72.6; Standardabweichung 17.1; tiefster Wert 7; höchster Wert 100; Sprache: Mittelwert 71.7; Standardabweichung 16.8; tiefster Wert 14; höchster Wert 100)

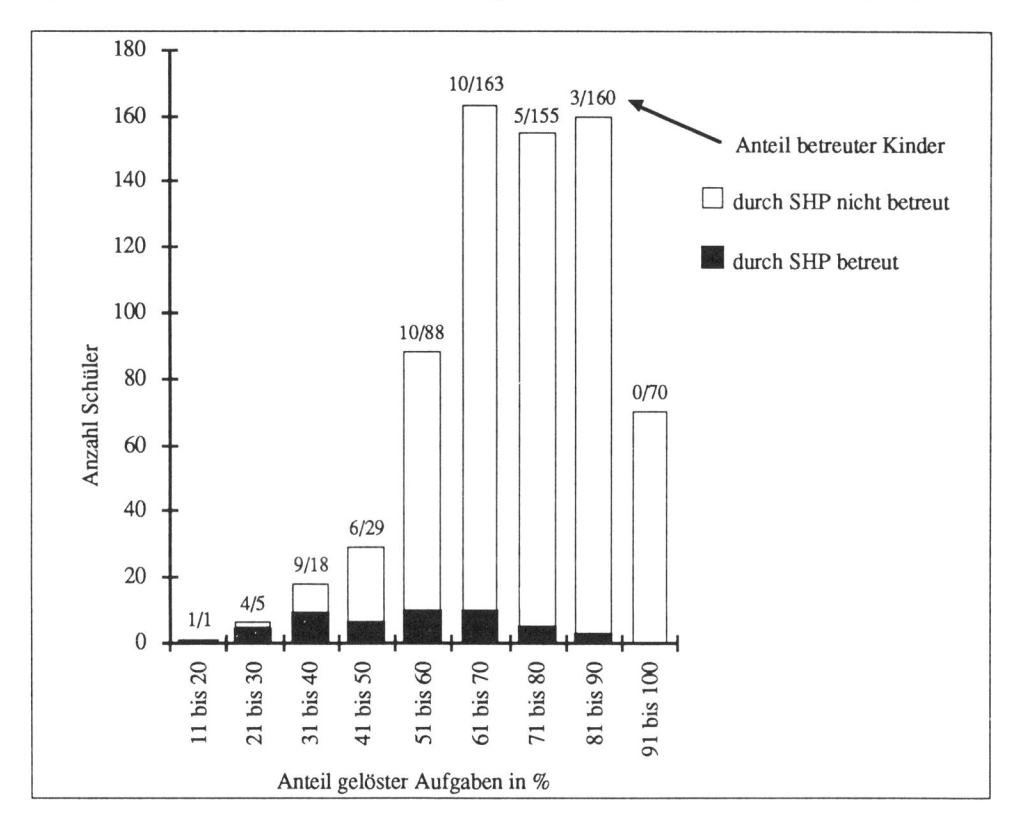

*Abbildung 5*: Verteilung der Gesamtschulleistungswerte (Anteil gelöster Aufgaben in Prozenten) in "Regelklassen mit Heilpädagogischer Schülerhilfe", mit besonderer Kennzeichnung der Kinder, welche durch den Schulischen Heilpädagogen regelmässig betreut werden

In Abbildung 5 wird die Verteilung der Gesamtschulleistungsergebnisse dargestellt, wobei der Anteil jener Kinder, welche durch heilpädagogische Fachpersonen regelmässig betreut werden, hervorgehoben wird. Dabei fällt auf, dass mit Ausnahme der Klasse "91 bis 100" auf der gesamten Verteilung Kinder zusätzlich betreut werden, und dass mit Ausnahme der Klasse "11 bis 20" auf der gesamten Verteilung Kinder zu finden sind, die nicht betreut werden. Diese Feststellung ist auf den ersten Blick doch etwas überraschend, da man von der Aufgabenstellung der Heilpädagogischen Schülerhilfe her erwarten würde, dass vor allem jene Kinder, die die schwächsten Schulleistungen in den Kernfächern aufweisen, betreut werden. Zur Illustration sei auf drei Kinder hingewiesen, welche zwischen 81% und 90% der gestellten Aufgaben lösen, also überdurchschnittlich gute Schüler sind und dennoch durch die Heilpädagogische Schülerhilfe betreut werden, währenddem gleichzeitig neun Kinder, welche lediglich einen Schulleistungswert zwischen 31 bis 40 aufweisen, keine Unterstützung durch die Schülerhilfe erfahren. Betrachten wir jene 53 Kinder, die deutliche Lernschwierigkeiten zu haben scheinen (Klassen "11 bis 20", "21 bis 30", "31 bis 40" und "41 bis 50"), so werden davon bloss 20 (zusätzlich zum Regelschulunterricht) betreut. Über gesammelte Daten, welche zum Teil in den folgenden Tabellen aufgeführt sind, soll nun versucht werden, einerseits diese Situation etwas zu durchleuchten und andererseits im Einzelfall zu beurteilen. Allerdings muss mit aller Deutlichkeit betont werden, dass unsere Schlussfolgerungen zur Frage, ob ein Kind betreut werden soll oder nicht, lediglich aufgrund der gesammelten Daten und im Vergleich zur Klassensituation des betreffenden Schülers zustande kommen. Es ist beispielsweise nicht auszuschliessen, dass wir in Kenntnis aller Bedingungen eines Schülers (wie sie dem Lehrpersonal in der Praxis zur Verfügung stehen) in einigen Fällen ähnliche Entscheide treffen würden. Aus diesem Grunde sind unsere Schlussfolgerungen als "Fragen an die Praxis" zu betrachten. Als solche dürfen sie ernst genommen werden, da sie in der Betrachtung einer relativ grossen Schülerzahl der gleichen Klassenstufe im positiven Sinne aus einer gewissen Distanz und in der Perspektive der Aufgabenstellung der heilpädagogischen Schülerhilfe, entstanden sind.

Tabelle 5 gibt über folgende Merkmale der Schüler Auskunft, welche durch die heilpädagogischen Fachpersonen betreut werden (Kinder, welche in Abbildung 5 den schwarzen Teil der Säulen ausmachen): Rangplatz innerhalb der Stichprobe (absteigend) bezüglich des erreichten Gesamtschulleistungswertes, erreichte Werte im Intelligenztest (CFT1), Gesamtschulleistung, Mathematik, Sprache, Rangplatz innerhalb der eigenen Schulklasse (absteigend) bezüglich Gesamtschulleistung, Mathematik und Sprache, Zielangaben des Heilpädagogen über Förderbereiche der konkreten Betreuungsarbeit, nach Prioritäten geordnet. Die letzte Kolonne beinhaltet unsere Schlussfolgerung zur Frage, ob aufgrund der vorliegenden Informationen nachvollzogen werden kann, dass das betreffende Kind durch den Heilpädagogen regelmässig betreut wird, oder ob die Betreuung zugunsten anderer Kinder überprüft werden sollte. Demgegenüber liefert Tabelle 6 Informationen über jene Schüler, die trotz tiefen Gesamtschulleistungswerten (≤ 50) durch die Heilpädagogen nicht betreut werden (Kinder, welche in Abbildung 5 durch den weissen Anteil der ersten vier Säulen dargestellt sind). Da letztere nicht durch die Schülerhilfe betreut werden, können keine Angaben über prioritäre Förderbereiche gemacht werden.

*Tabelle 5*: Rangplatz bezüglich der Schulleistungsergebnisse, Intelligenzquotient, Schulleistungsergebnisse, Klassenränge von Kindern, welche durch Heilpädagogen betreut werden

| Code | Rang N= 706 | Leistungen | | | | Klassenrang | | | | Förderbereiche der Betreuung: nach Prioritäten des Schul. Heilpädagogen geordnet | Erg. |
|------|------|-----|----|----|----|------|------|-----|----|--------------------------------|------|
|      |      | IQ  | SL | M  | SP | SL   | M    | SP  | N= |                                |      |
| 23704 | 571 | 104 | 87 | 96 | 78 | 14.5 | 19   | 5   | 20 | Kind mit fremder Muttersprache, kann sich trotz sprachlicher Schwierigkeiten verständigen | ? |
| 23104 | 525 | 95  | 84 | 85 | 82 | 11.5 | 10.5 | 10  | 20 | Sprache | ? |
| 23109 | 464 | 93  | 81 | 85 | 77 | 9    | 10.5 | 7.5 | 20 | Sprache / Persönlichkeit | ? |
| 23105* | 422 | 120 | 78 | 89 | 66 | 6.5 | 14.5 | 3   | 20 | Sprache / Persönlichkeit | ? |
| 23717 | 362 | 102 | 74 | 59 | 89 | 5.5 | 2.5  | 13  | 20 | visuelle Wahrnehmung / Raumorientierung / Mathematik / Selbstvertrauen | ? |
| 20511 | 330.5 | 91 | 72 | 59 | 84 | 14  | 4.5  | 15  | 18 | Motorische Schwierigkeiten / Schreibmotorik | √ |
| 23217* | 330.5 | 110 | 72 | 89 | 54 | 8 | 15.5 | 1   | 19 | Mathematik / <u>Sprache</u> / Persönlichkeit | √ |
| 23117* | 311.5 | 110 | 71 | 74 | 68 | 4  | 3.5  | 4   | 20 | Sprache | ? |
| 21502* | 289.5 | 102 | 70 | 67 | 73 | 4.5 | 3   | 8   | 12 | Mathematik / Persönlichkeit | ? |
| 22108 | 289.5 | 77 | 70 | 78 | 63 | 3.5 | 4   | 4   | 20 | Persönlichkeit / Familie / Sprache / Mathematik | ? |
| 21823* | 250.5 | 79 | 68 | 59 | 76 | 6  | 1   | 9   | 24 | Sprache / <u>Mathema.</u> / Motorik | √ |
| 22413 | 250.5 | 89 | 68 | 52 | 83 | 10 | 5   | 12.5 | 20 | Familie / Verhalten | ? |
| 23210* | 250.5 | 99 | 68 | 56 | 80 | 6  | 1.5 | 13  | 19 | Mathema. / Sprache / Verhalten | √ |
| 23719 | 250.5 | 89 | 68 | 67 | 68 | 2  | 7   | 1   | 20 | Sprache / Mathematik / auditive und visuelle Wahrnehmung | √ |
| 20605* | 216 | 93 | 66 | 56 | 77 | 3  | 2   | 3   | 6  | Sprache / Mathematik / Motorik | √ |
| 20801* | 181 | 91 | 64 | 52 | 76 | 6  | 6   | 9   | 18 | Mathematik / Motorik / Selbstvertrauen | ? |
| 20712 | 152.5 | 88 | 62 | 59 | 66 | 6.5 | 5  | 11  | 19 | Konzentration / Motivation / Verhalten | ? |
| 23101* | 152.5 | 77 | 62 | 48 | 76 | 1  | 1   | 6   | 20 | Mathematik / Motorik / Persönlichkeit | √ |
| 23404 | 133.5 | 83 | 60 | 59 | 62 | 9  | 9   | 8   | 15 | <u>Verhalten</u> / Selbstvertr. / Sprache | √ |
| 23904 | 133.5 | 97 | 60 | 74 | 47 | 3  | 8.5 | 2   | 16 | Sprache | ? |
| 20310 | 113 | 107 | 58 | 52 | 63 | 1  | 3   | 1   | 14 | - | √ |
| 22404* | 104.5 | 93 | 57 | 52 | 62 | 5  | 5   | 6.5 | 20 | Mathematik / Sprache | ? |
| 22401* | 97  | 99 | 56 | 63 | 48 | 4  | 8   | 3   | 20 | Mathematik / Sprache / Verhalten | √ |
| 22405* | 89  | 86 | 55 | 63 | 47 | 3  | 8   | 2   | 20 | Sprache | √ |
| 22905* | 89  | 101 | 55 | 41 | 69 | 5  | 3   | 9   | 21 | Sprache / Persönlichkeit | ? |
| 22908* | 79.5 | 91 | 54 | 52 | 56 | 4  | 7   | 4.5 | 21 | Sprache / Persönlichkeit | ? |

| | | | | | | | | | | |
|---|---|---|---|---|---|---|---|---|---|---|
| 23615 | 70 | 77 | 53 | 78 | 28 | 2 | 5.5 | 2 | 25 | Kind mit fremder Muttersprache, praktisch keine Deutschkenntnisse | √ |
| 22814* | 61.5 | 99 | 52 | 59 | 46 | 5 | 6.5 | 4 | 20 | Sprache / Persönlichkeit | ? |
| 22919 | 50 | -- | 50 | 44 | 56 | 2 | 4.5 | 4.5 | 21 | Mathematik | √ |
| 20919 | 41.5 | 79 | 47 | 44 | 50 | 1 | 2.5 | 2 | 24 | Sprache / Verhalten / Mathematik | √ |
| 20604* | 38 | 81 | 46 | 37 | 55 | 1 | 1 | 2 | 6 | Mathematik | √ |
| 21309 | 38 | 80 | 46 | 63 | 30 | 1.5 | 4.5 | 1 | 22 | Kind mit fremder Muttersprache, kann sich trotz sprachlicher Schwierigkeiten verständigen | √ |
| 21312 | 38 | 70 | 46 | 41 | 51 | 1.5 | 1 | 4 | 22 | Kind mit fremder Muttersprache, hat geringe Deutschkenntnisse | √ |
| 22416* | 27 | 80 | 43 | 26 | 60 | 2 | 1 | 5 | 20 | Sprache / Mathematik / Verhalten / Familie | √ |
| 21511* | 22.5 | 87 | 40 | 44 | 35 | 1 | 1 | 1.5 | 12 | Mathematik / Sprache / Persönlichkeit / Verhalten | √ |
| 20221 | 20 | -- | 39 | 37 | 41 | 1 | 1 | 1 | 23 | Mathematik / Sprache | √ |
| 20504* | 18.5 | 70 | 38 | 26 | 51 | 1 | 1 | 1 | 18 | Mathematik / Verhalten | √ |
| 23403 | 17 | 80 | 37 | 37 | 37 | 1 | 2 | 1 | 15 | Sprache / Persönlichkeit | √ |
| 22213 | 14.5 | 87 | 36 | 37 | 34 | 2 | 1.5 | 3 | 26 | Sprache / Mathematik | √ |
| 22313* | 14.5 | 98 | 36 | 48 | 24 | 1 | 3 | 1 | 25 | Mathematik / Sprache / Selbstvertrauen / Arbeitsverhalten | √ |
| 22411* | 14.5 | 93 | 36 | 48 | 24 | 1 | 3 | 1 | 20 | Sprache / Mathematik / Persönlichkeit | √ |
| 22818* | 10 | 91 | 34 | 41 | 26 | 1 | 1.5 | 1 | 20 | Sprache / Mathematik / Persönlichkeit | √ |
| 22009 | 8 | 74 | 33 | 30 | 36 | 2 | 1.5 | 2 | 24 | Konzentration / Sprache / Mathe. | √ |
| 22501 | 6 | -- | 29 | 33 | 25 | 1 | 1 | 2 | 24 | Sprache / Mathematik | √ |
| 21704* | 5 | 82 | 28 | 30 | 25 | 1 | 1 | 1 | 7 | Mathematik / Sprache / Persönlichkeit | √ |
| 23622 | 4 | 58 | 25 | 26 | 24 | 1 | 1 | 1 | 25 | Kind mit fremder Muttersprache, hat geringe Deutschkenntnisse | √ |
| 21209* | 3 | 84 | 24 | 22 | 25 | 1 | 1 | 1 | 27 | Sprache / Wahrnehmung / Mathe. | √ |
| 22701 | 1 | 54 | 14 | 7 | 21 | 1 | 1 | 1 | 8 | Kind mit fremder Muttersprache, hat geringe Deutschkenntnisse | √ |

* Schülerinnen und Schüler, welche in der Phase 2 der Studie teilnehmen.
IQ Intelligenztestwert
SL Gesamtschulleistungen (Prozentualer Anteil gelöster Aufgaben)
M Mathematik (Prozentualer Anteil gelöster Aufgaben)
SP Sprache (Prozentualer Anteil gelöster Aufgaben)
N= Anzahl Schüler in der eigenen Klasse (Klassenstufe bei mehrstufigen Klassen)
Erg. Schlussfolgerung, ob es aus unserer Sicht, aufgrund der vorhandenen Informationen, nachvollziehbar (√) beziehungsweise nicht nachvollziehbar (?) ist, dass das Kind regelmässig durch den Heilpädagogen betreut wird.

Rangplätze innerhalb der "Regelklassen mit Heilpädagogischer Schülerhilfe" und innerhalb der eigenen Klasse sind absteigend verteilt, so dass der Schüler mit dem niedrigsten Wert den Rangplatz 1 erhält.

Gesamthaft betrachtet kommen wir zum Schluss, dass bei 16 Kindern (33%) überprüft werden sollte, ob sie im Vergleich zu anderen Kindern zusätzlich zum Regelschulunterricht vom Heilpädagogen betreut werden sollen. Grundlage für diese Schlussfolgerung bilden im wesentlichen der hohe Rangplatz innerhalb der gesamten Stichprobe (demzufolge auch entsprechend hohe Schulleistungen in den Kernfächern) sowie der Umstand, dass in der eigenen Klasse weitere Kinder vorzufinden sind, die bedeutend tiefere Schulleistungswerte aufweisen, also Schüler mit grösseren Lernschwierigkeiten sind. Zudem ist die vom Heilpädagogen formulierte Zielsetzung der Förderarbeit im Vergleich zu den tatsächlich erbrachten Leistungen in die Betrachtung einzubeziehen. Damit nachvollzogen werden kann, wie unsere Schlussfolgerungen zustande gekommen sind, sei auf die folgenden zwei Beispiele hingewiesen. Aus Platzgründen verzichten wir auf die ausführliche Beschreibung jedes Schülers.

Beispiele: Schüler 23704 wird zusätzlich betreut, obwohl von den 706 Kindern der Stichprobe 570 tiefere Schulleistungswerte in den Kernfächern erzielen als er. Sein Gesamtschulleistungsergebnis von 87 entspricht innerhalb der Stichprobe einem Prozentrang von 83.5. Schüler 23704 weist zudem einen Intelligenztestwert von 104 auf, was auf eine durchschnittliche intellektuelle Begabung hinweist. In Mathematik erbringt er die zweitbesten, in Sprache die fünftschwächsten Leistungen innerhalb seiner Klasse. Allerdings sind seine Sprachleistungen (78) im Vergleich zur Stichprobe immerhin noch überdurchschnittlich (Durchschnitt: 71.7). Zudem spricht dieser Schüler eine fremde Muttersprache, wobei er sich nach Aussagen der Lehrperson trotzdem gut in Deutsch verständigen kann. Dieser Hinweis erklärt vermutlich die im Vergleich zur Mathematik etwas schlechteren Leistungen in Sprache. Insgesamt kann man sagen, dass der Schüler 23704 trotz seiner fremden Muttersprache ein durchschnittlicher Schüler ist, der zudem sehr gute Leistungen in Mathematik aufweist. Aus diesem Grunde ist aus unserer Sicht aufgrund der vorhandenen Informationen und im Vergleich zu anderen Mitschülern nicht nachvollziehbar, weshalb dieser Schüler zusätzlich zum Regelklassenunterricht durch den Heilpädagogen betreut wird. Aus derselben Klasse erhalten auch die Schülerinnen 23717 und 23719 heilpädagogische Unterstützung, wobei es unseres Erachtens bei 23719 aufgrund des im Vergleich zur Klasse tiefen Sprachergebnisses im Gegensatz zu 23717 nachvollziehbar ist, dass sie betreut wird. Allgemein muss bemerkt werden, dass diese Klasse insgesamt relativ hohe Ergebnisse in den Schulleistungstests erreicht.

Anders bei Schüler 20511: Im Vordergrund der Betreuung dieses Schülers stehen motorische Schwierigkeiten. Der Schüler erbringt im Rahmen seiner Klasse ansprechende Schulleistungen. Da dieses Kind zum Zeitpunkt der Erhebung nicht durch den Psychomotorik-Therapeuten betreut werden konnte, da der psychomotorische Dienst erst geplant, aber noch nicht eingerichtet war, ist es durchaus verständlich, dass der Heilpädagoge diese Aufgabe übernommen hat.

Bei der Betrachtung der Schüler konnten insgesamt keine systematischen Einflüsse des Geschlechts oder des Alters festgestellt werden. Für die Beurteilung wurde insbesondere der Vergleich zur eigenen Klasse stark gewichtet, da in der Praxis die Klasse sowohl für die Klassenlehrpersonen als auch für den Heilpädagogen eine wichtige Vergleichsgruppe darstellt. In diversen Gesprächen konnten wir feststellen, dass bei zahlreichen Kindern die Initiative für die Betreuung im Rahmen der Schülerhilfe von der Klassenlehrperson ergriffen wird.

Von besonderem Interesse sind jene Kinder, die *nicht* durch die heilpädagogische Schülerhilfe betreut werden. Hier stellt sich die Frage, ob es nachvollziehbar ist oder nicht, dass und warum ein bestimmtes Kind neben dem Regelschulunterricht nicht regelmässige Hilfe erfährt. Bei 17 von insgesamt 33 Kindern, welche einen Gesamtschulleistungswert unter 51 erreichen (Abbildung 5, Säulen 2 bis 4), können wir Erklärungen finden, weshalb sie nicht betreut werden (vgl. Tabelle 6). Bei sieben Kindern ist dieser Umstand im Vergleich zu anderen Kindern unseres Erachtens nicht nachvollziehbar. Neun Kinder stammen aus Klassen, in denen der Heilpädagoge zum Zeitpunkt der Erhebung kein Kind regelmässig betreute, so dass keine vergleichbare Beurteilung möglich ist, obwohl auch hier beim einen oder anderen Kind nicht nachvollzogen werden kann, weshalb der Heilpädagoge noch nicht beigezogen wurde. Es ist anzunehmen, dass vereinzelte Heilpädagogen zeitlich oder aufgrund dringenderer Bedürfnisse in anderen Schulklassen ihres Tätigkeitsgebietes nicht in der Lage waren, diese Kinder zu betreuen. Ferner ist nicht auszuschliessen, dass einige Klassenlehrpersonen die Lernschwierigkeiten dieser Kinder unterschätzen, nicht erkennen oder dass sie glauben, die Schwierigkeiten alleine lösen zu können. Allerdings muss betont werden, dass alle 33 Kinder sehr schwache Schulleistungen erbringen, so dass von erheblichen Lernstörungen ausgegangen werden muss. Die Beurteilung dieser Kindergruppe erfolgt aufgrund ähnlicher Überlegungen wie bei den weiter oben dargelegten Beispielen.

*Tabelle 6*: Rangplatz bezüglich der Schulleistungsergebnisse, Intelligenzquotient, Schulleistungsergebnisse, Klassenränge von Kindern, welche tiefere Schulleistungswerte erzielen als 51 (Abbildung 5: Säulen 1 bis 4) und welche nicht durch Heilpädagogen betreut werden

| Code | Rang N= 706 | Leistungen | | | | Klassenrang | | | | Bemerkung: | Erg. |
|---|---|---|---|---|---|---|---|---|---|---|---|
| | | IQ | SL | M | SP | SL | M | SP | N= | | |
| 207090 | 50 | 86 | 50 | 52 | 49 | 1 | 1.5 | 3.5 | 19 | Arbeitshaltung und Verhalten von 20712 fallen vermutlich mehr ins Gewicht als der Leistungsstand von 20709 | √ |
| 213210 | 50 | 78 | 50 | 63 | 36 | 3 | 4.5 | 2 | 22 | 21309 und 21312 sind in Mathematik wesentlich schwächer und haben eine fremde Muttersprache | √ |
| 21410 | 50 | 76 | 50 | 41 | 58 | 3 | 2 | 4.5 | 18 | Heilpädagoge betreut kein Kind der Klasse | - |

| | | | | | | | | | | |
|---|---|---|---|---|---|---|---|---|---|---|
| 220150 | 50 | 91 | 50 | 56 | 45 | 4 | 6 | 3 | 24 | Kind mit fremder Muttersprache, besucht Unterricht für Fremdsprachige | √ |
| 222010 | 50 | 87 | 50 | 41 | 58 | 3 | 3 | 8.5 | 26 | 22213 weist wesentlich tiefere Leistungen auf | √ |
| 228100 | 50 | 81 | 50 | 56 | 44 | 3 | 5 | 3 | 20 | 22818 weist tiefere, 22814 jedoch etwas bessere Leistungen auf | ? |
| 21008 | 45 | 91 | 49 | 52 | 46 | 1 | 3 | 1 | 24 | Kind mit fremder Muttersprache, besucht Unterricht für Fremdsprachige | √ |
| 220050 | 45 | 91 | 49 | 44 | 54 | 3 | 4 | 9 | 24 | Kind mit fremder Muttersprache, besucht Unterricht für Fremdsprachige | √ |
| 22606 | 45 | 97 | 49 | 48 | 50 | 3 | 4 | 4 | 24 | Heilpädagoge betreut kein Kind der Klasse | - |
| 234020 | 43 | 97 | 48 | 48 | 49 | 3 | 4.5 | 3 | 15 | 23403 weist bedeutend tiefere Leistungen auf, 23404 scheint besondere Bedürfnisse im Verhalten zu haben | √ |
| 21413 | 41.5 | 110 | 47 | 30 | 64 | 2 | 1 | 8 | 18 | Heilpädagoge betreut kein Kind der Klasse | - |
| 227060 | 38 | 95 | 46 | 56 | 36 | 2 | 3 | 2 | 8 | 22701 erbringt die schwächsten Leistungen der Klasse und hat zudem sehr geringe Deutschkenntnisse | √ |
| 239030 | 38 | 82 | 46 | 59 | 32 | 1 | 3 | 1 | 16 | 23904 weist in Mathematik, Sprache und Intelligenztest bedeutend bessere Werte auf | ? |
| 21101 | 34.5 | 87 | 45 | 48 | 42 | 1 | 1 | 1 | 7 | Heilpädagoge betreut kein Kind der Klasse | - |
| 228030 | 34.5 | 93 | 45 | 41 | 49 | 2 | 1.5 | 7 | 20 | 22818 weist insgesamt schlechtere, 22814 jedoch in Mathematik bessere Leistungen auf, wobei die Sprache etwa gleich ist | ? |
| 208180 | 31 | 98 | 44 | 52 | 35 | 2 | 6 | 1 | 18 | 20801 erzielt in Mathematik das gleiche Ergebnis, ist jedoch in Sprache bedeutend besser, wobei motorische Schwierigkeiten vorhanden sind | ? |
| 215030 | 31 | 103 | 44 | 52 | 35 | 2 | 2 | 1.5 | 12 | 21511 erzielt leicht schwächere Leistungen, 21502 hingegen weit bessere bei gleichem IQ | ? |
| 223150 | 31 | - | 44 | 44 | 43 | 2 | 1.5 | 3 | 25 | 22313 erzielt schlechtere Leistungen und scheint Schwierigkeiten mit dem Arbeitsverhalten und ein geringes Selbstvertrauen zu haben | √ |
| 229160 | 31 | 87 | 44 | 37 | 50 | 1 | 1.5 | 2.5 | 21 | 22919, 22908 und 22905 erzielen insgesamt bessere Ergebnisse | ? |
| 23810 | 31 | 78 | 44 | 56 | 33 | 1 | 2 | 1 | 13 | Heilpädagoge betreut kein Kind der Klasse | - |
| 21605 | 27 | 98 | 43 | 37 | 49 | 1 | 1 | 3 | 15 | Heilpädagoge betreut kein Kind der Klasse | - |

| | | | | | | | | | | |
|---|---|---|---|---|---|---|---|---|---|---|
| 22516◊ | 27 | 95 | 43 | 48 | 38 | 3 | 3 | 3 | 24 | 22501 weist schwächere Leistungen auf | √ |
| 23401◊ | 25 | 84 | 42 | 37 | 48 | 2 | 2 | 2 | 15 | 23403 erreicht in Sprache ein schlechteres Ergebnis; obwohl 23404 bessere Leistungen erbringt scheinen Verhaltensprobleme und mangelndes Selbstvertrauen im Vordergrund zu sein | √ |
| 20814◊ | 22.5 | 89 | 40 | 33 | 48 | 1 | 1 | 2 | 18 | 20801 erbringt bedeutend bessere Leistungen, trotz motorischer Schwierigkeiten und einem mangelnden Selbstvertrauen | ? |
| 21412 | 22.5 | 91 | 40 | 44 | 36 | 1 | 3.5 | 1 | 18 | Heilpädagoge betreut kein Kind der Klasse | - |
| 23001 | 22.5 | - | 40 | 59 | 22 | 1 | 1.5 | 1 | 22 | Kind mit fremder Muttersprache, besucht Unterricht für Fremdsprachige, Heilpädagoge betreut kein Kind der Klasse | √ |
| 22523◊ | 18.5 | 74 | 38 | 52 | 23 | 2 | 5 | 1 | 24 | 22501 zeigt in Mathematik bedeutend schlechtere Leistungen | √ |
| 21905 | 14.5 | 87 | 36 | 30 | 43 | 2 | 1 | 2 | 7 | Heilpädagoge betreut kein Kind der Klasse | - |
| 22615 | 12 | 76 | 35 | 41 | 29 | 2 | 3 | 2 | 24 | Kind mit fremder Muttersprache, besucht Unterricht für Fremdsprachige | √ |
| 21902 | 10 | 74 | 34 | 37 | 31 | 1 | 2 | 1 | 7 | Heilpädagoge betreut kein Kind der Klasse | - |
| 22226◊ | 10 | 81 | 34 | 37 | 32 | 1 | 1.5 | 2 | 26 | 22213 erbringt ähnlich schwache Leistungen | √ |
| 22011◊ | 7 | 65 | 32 | 30 | 34 | 1 | 1.5 | 1 | 24 | 22009 erbringt ähnlich schwache Leistungen | √ |
| 22620 | 2 | 89 | 22 | 30 | 14 | 1 | 1 | 1 | 24 | Kind mit fremder Muttersprache, besucht Unterricht für Fremdsprachige, Heilpädagoge betreut kein Kind der Klasse | √ |

◊ Schülerinnen und Schüler aus Klassen, in denen der Heilpädagoge ein Kind oder mehrere Kinder betreut.
IQ Intelligenztestwert
SL Gesamtschulleistungen (Prozentualer Anteil gelöster Aufgaben)
M Mathematik (Prozentualer Anteil gelöster Aufgaben)
SP Sprache (Prozentualer Anteil gelöster Aufgaben)
N= Anzahl Schüler in der eigenen Klasse (Klassenstufe bei mehrstufigen Klassen)
Erg. Schlussfolgerung, ob es aus unserer Sicht, aufgrund der vorhandenen Informationen, nachvollziehbar (√), beziehungsweise nicht nachvollziehbar (?) ist, weshalb das Kind nicht betreut wird;
(-) da der Heilpädagoge zur Zeit nicht in der Klasse arbeitet, kann kein Vergleich angestellt werden.

Rangplätze innerhalb der "Regelklassen mit Heilpädagogischer Schülerhilfe" und innerhalb der eigenen Klasse sind absteigend verteilt, so dass der Schüler mit dem niedrigsten Wert den Rangplatz 1 erhält.

Zusammenfassend kommen wir zum Schluss, dass bei 23 (16 betreuten und sieben nicht-betreuten) von insgesamt 81 Kindern (48 und 33) die Frage nach der Betreuung beziehungsweise Nicht-Betreuung durch die Heilpädagogische Schülerhilfe gestellt werden muss. Diese Anzahl, immerhin fast 30%, ist unseres Erachtens so hoch, dass von einem ernst zu nehmenden Problem bezüglich der Entscheidung über die Zuteilung zusätzlicher heilpädagogischer Massnahmen zu sprechen ist. Dies muss vor allem in bezug auf jene Kinder gesehen werden, die erhebliche Lernschwierigkeiten aufweisen und trotzdem nicht betreut werden. Beunruhigend ist nicht der Einzelfall, sondern die Summe aller Fälle, wobei Kinder von Klassen, in denen der Heilpädagoge nicht regelmässig tätig ist, in der Betrachtung nicht berücksichtigt wurden. In der Annahme, dass sich bei der erfolgten Beurteilung infolge unvollständiger Informationen über einzelne Schüler und ihre Situation einige Fehler eingeschlichen haben, können diese mit hoher Wahrscheinlichkeit das Gesamtergebnis trotzdem nur leicht beeinflussen.

Davon ausgehend, dass in der Praxis im Entscheidungsprozess, ob ein Kind im Rahmen der Heilpädagogischen Schülerhilfe gestützt werden soll oder nicht, viele Faktoren intervenieren und dass dieser Entscheidungsprozess somit zu einem sehr komplexen Vorgang wird, der schwer durchschaubar ist und in dem Fehlentscheide nie völlig auszuschliessen sind, muss in Anbetracht der Häufigkeit des angesprochenen Problems dennoch versucht werden, zugunsten von Kindern mit erheblichen Lernstörungen Prioritäten zu setzen und Verbesserungen zu erzielen. Bevor Vorschläge zur Verbesserung der Situation gemacht werden, interessiert jedoch, wer in der Praxis am Zuweisungsverfahren der Schüler beteiligt ist. Folgende Möglichkeiten werden von den befragten Heilpädagogen als übliche Wege dargestellt. Die Zuweisung erfolgt:

    a) in Absprache mit der Klassenlehrperson
    b) in Absprache mit dem Schulinspektor
    c) aufgrund einer schulpsychologischen Abklärung
    d) durch den Einbezug der Eltern im Entscheidungsprozess
    e) auf Antrag des pädagogischen Beraters des Sonderschulamtes

Die Befragung ergibt, dass insgesamt der Einfluss der Klassenlehrperson im Zuweisungsverfahren entscheidend zu sein scheint. Bei zirca einem Drittel der befragten Heilpädagogen erfolgt der Entscheidungsprozess praktisch "schulintern" (Klassenlehrperson - Heilpädagoge - Eltern). Mehrheitlich werden jedoch auch äussere Instanzen (Schulpsychologe - Schulinspektor - pädagogischer Berater) entweder konsequent oder von Fall zu Fall beigezogen. Als Extrembeispiele müssen einerseits der Kanton Bern, wo die Zuweisung in jedem Falle und ausschliesslich über eine schulpsychologische Abklärung (äussere Instanz) erfolgt, und andererseits das Fürstentum Liechtenstein erwähnt werden, wo die Entscheidung sehr "schulnah" in der Absprache zwischen Regelklassenlehrperson und Heilpädagoge gefällt wird. Das vorliegende Datenmaterial lässt keine Schlussfolgerungen bezüglich eines Zusammenhangs zwischen Zuweisungsverfahren und Zahl der "Fehlentscheidungen" zu, wobei bei extremer "Schulnähe" die Tendenz zu bestehen scheint, sich nicht ausschliesslich auf die Betreuung von Kindern mit erheblichen Lernschwierigkeiten zu beschränken. In einigen Gemeinden der Zentralschweiz erfolgt die Zuweisung vorerst "schulnah". Falls nach etwa sechs Monaten keine merklichen Arbeits- und Lernfortschritte erkennbar sind, muss das Kind zusätzlich durch den Schulpsychologen abgeklärt werden. Das schulinterne Zuweisungsverfahren wird hier nach einer Frist durch die Einschaltung einer "äusseren Instanz" ergänzt.

Zur Verbesserung der Zuteilung zusätzlicher Hilfen ist unseres Erachtens eine in jedem Falle durchzuführende schulpsychologische Abklärung durch eine Erziehungsberatungsstelle nicht empfehlenswert. Zum einen konnte im Rahmen der Studie "Wirkungen separierender und integrierender Schulformen auf schulleistungsschwache Schüler" festgestellt werden, dass in Sonderklassen für Lernbehinderte (Kleinklassen), in welchen jede Überweisung über eine schulpsychologische Abklärung abgewickelt wird, ebenfalls mit zahlreichen Fehlplazierungen zu rechnen ist (vgl. *Haeberlin; Bless; Moser; Klaghofer* 1991, 204-210). Zum anderen muss mit der schulpsychologischen Abklärung, neben einem Zeitverlust durch zum Teil lange Wartelisten, vor allem der Verlust der Möglichkeit präventiver Interventionen durch den Heilpädagogen hingenommen werden. Ein Kind würde erst zusätzliche Hilfen erhalten, wenn es durch die schulpsychologische Abklärung als genügend "schwach" oder "lernbehindert" diagnostiziert werden könnte. Mit anderen Worten müsste zugewartet werden, bis sich die Lernschwierigkeiten zu feststellbaren Lernstörungen entwickelt hätten, was eigentlich der Zerstörung eines der wichtigsten Vorteile der integrativen Beschulung gleichkommt.

Die Kombination eines unkomplizierten und "schulnahen" Verfahrens mit einem, nach (Ablauf einer bestimmten Frist), an eine "äussere Instanz" (Schulinspektor, -psychologe oder pädagogischer Berater) gebundenen Verfahren, wie dies in einigen Gemeinden der Zentralschweiz praktiziert wird, stellt zur Zeit vermutlich die bestmögliche Lösung dar. Damit können einerseits die präventiven Möglichkeiten der Schulform genutzt werden, und andererseits können eventuelle Gefahren, die eine "Selbstzuweisung" mit sich bringt, entschärft werden.

Eine leichte Verbesserung der Zuteilungsentscheide liesse sich zudem durch eine vermehrte Verlagerung der Betreuungsarbeit des Heilpädagogen vom separaten Raum im Schulhaus (hier findet sie zur Zeit mehrheitlich statt) in das Klassenzimmer erreichen. Allerdings beansprucht eine solche Verlagerung viel Zeit, da bei weitem noch nicht alle Beteiligten (Klassenlehrpersonen und Heilpädagogen) dazu bereit sind. Diese Verlagerung hätte nebst diversen pädagogischen Vorteilen zur Folge, dass sowohl die Klassenlehrperson als auch der Heilpädagoge die gesamte Klasse kennt und somit anfallende Entscheide vor dem Hintergrund der gesamten Klasse diskutiert werden könnten.

Parallel dazu dürften mögliche Fehlentscheide einerseits durch die Entwicklung weiterer förderdiagnostisch-orientierter Instrumentarien wie beispielsweise die strukturbezogenen Aufgaben zur Prüfung mathematischer Einsichten (*Kutzer; Probst* 1988 und 1991), das Inventar impliziter Rechtschreibregeln (*Probst* 1991), die Leseanalyse und Leseförderung von *Kamm* und Mitarbeiter (1987), die Abklärungshilfsmittel bei Rechenstörungen (*Niedermann; Lochmatter; Pfaffen* 1993) oder die Fehleranalyse bei schriftlichen Rechenverfahren (*Gerster* 1982) aufgefangen werden. Andererseits könnten diesbezügliche Weiterbildungsangebote der beteiligten Lehr- und Fachpersonen mithelfen, mögliche Fehlentscheide zu minimieren.

Schliesslich dürften im Rahmen der Aus- und Weiterbildungen gezielte Versuche, die Lehr- und Fachpersonen bezüglich eventueller Auswirkungen solcher "Fehlentscheide" zu sensibilisieren, ebenfalls der Sache dienen.

### 3.4.5 Betreuung fremdsprachiger Schüler

Wie bereits mehrmals erwähnt wurde, sind die "Regelklassen mit Heilpädagogischer Schülerhilfe" vor allem in dünnbesiedelten Regionen zu finden. Da sich die Immigration ausländischer Familien mehrheitlich auf die stark industrialisierten Ballungszentren konzentriert, ist in dieser Schulform im Vergleich zum schweizerischen Durchschnitt ein markant geringerer Anteil an femdsprachigen Kindern zu erwarten. Entsprechend Tabelle 7 weisen in den untersuchten "Regelklassen mit Heilpädagogischer Schülerhilfe" 10% der Schüler eine fremde (nicht schweizerdeutsche oder deutsche) Muttersprache auf. In gewöhnlichen Regelklassen aus vergleichbar dünnbesiedelten Regionen ist dieser Anteil mit 10.5% annähernd gleich. Der schweizerische Durchschnitt für die Primarschule und das Schuljahr 1991/92 dürfte bedeutend höher bei zirca 16% bis 18% liegen.

Diese Schätzung erfolgt aufgrund der statistischen Angaben des *Bundesamtes für Statistik* (1992, 46). In dieser Statistik sind die Schüler nicht nach der Muttersprache, sondern nach der Staatszugehörigkeit erfasst. Die Anzahl Kinder mit ausländischer Staatszugehörigkeit beträgt für die Primarschulen 77'713, wovon 3'180 Kinder aus Deutschland, Österreich und Liechtenstein abzuzählen sind, da sie ebenfalls Deutsch als Muttersprache haben. Dies ergibt insgesamt 74'533 Kinder, von denen angenommen werden kann, dass sie eine fremde Muttersprache sprechen: Diese Summe entspricht einem Anteil von 17.99% der Gesamtschülerzahl (414'129). Da einige dieser Kinder seit Geburt in der Schweiz leben (Kinder der sogenannt zweiten Generation sind) und von Beginn an auch Schweizerdeutsch gelernt haben, dürfte der reale Anteil etwas tiefer liegen.

*Tabelle 7*: Anzahl Kinder verschiedener Muttersprache in "Regelklassen mit Heilpädagogischer Schülerhilfe" und gewöhnlichen Regelklassen vergleichbar dünnbesiedelter Regionen

| Muttersprache | Regelklassen mit Heilpädagogischer Schülerhilfe | | gewöhnliche Regelklassen | |
|---|---|---|---|---|
| | N | % | N | % |
| Deutsch | 636 | 90.0 | 1'124 | 89.5 |
| Französisch | 8 | 1.1 | 4 | 0.3 |
| Italienisch | 14 | 2.0 | 18 | 1.4 |
| Spanisch | 0 | 0.0 | 5 | 0.4 |
| Protugiesisch | 2 | 0.3 | 3 | 0.3 |
| Jugoslawisch | 15 | 2.2 | 17 | 1.4 |
| Türkisch | 12 | 1.7 | 18 | 1.4 |
| andere | 19 | 2.7 | 67 | 5.3 |
| **Total:** | **706** | **100.0** | **1'256** | **100.0** |

Durch wen und wie intensiv werden Kinder mit einer fremden Muttersprache in der "Regelklasse mit Heilpädagogischer Schülerhilfe" im Vergleich zur gewöhnlichen Regelklasse betreut?

Kinder, welche trotz fremder Muttersprache nach Einschätzung der Klassenlehrpersonen ebenso gute Deutschkenntnisse wie Kinder mit Deutschschweizer Muttersprache aufweisen, werden in der folgenden Auswertung (vgl. Tabelle 8) nicht berücksichtigt. In den "Regelklassen mit Heilpädagogischer Schülerhilfe" verbleiben demzufolge noch 43 Kinder (respektive 41, da zwei Kinder ohne jegliche Deutschkenntnisse zum Zeitpunkt der Erhebung einen Intensivsprachkurs ausserhalb der Schule besuchten), in gewöhnlichen Regelklassen noch 74 Kinder mit mangelhaften bis sehr geringen Deutschkenntnissen.

Die Zusammenstellung in Tabelle 8 zeigt deutlich, dass in "Regelklassen mit Heilpädagogischer Schülerhilfe" Kinder mit fremder Muttersprache insgesamt intensiver betreut werden als in Regelklassen. Pro Woche und Kind sind dies im Durchschnitt stattliche 40 Minuten, welche insbesondere durch den Schulischen Heilpädagogen eingebracht werden. Ein weiterer Unterschied besteht darin, dass in "Regelklassen mit Heilpädagogischer Schülerhilfe" weniger Unterricht für Fremdsprachige, dafür mehr Zeit für die Aufgabenhilfe aufgewendet wird.

*Tabelle 8:* Durchschnittliche zusätzliche Betreuung zum Klassenunterricht in Wochenminuten pro Schüler mit fremder Muttersprache und schwachen Deutschkenntnissen

| Zusätzliche Förderangebote | in Regelklassen mit Heilpädagogischer Schülerhilfe | in Regelklassen |
|---|---|---|
| Heilpädagogische Schülerhilfe | 39 | 0 |
| Logopädie | 3 | 1 |
| Schulpsychologie | 1 | 0 |
| Psychomotorik | 2 | 0 |
| Legasthenie | 0 | 1 |
| Dyskalkulie | 0 | 0 |
| Unterricht für Fremdsprachige | 79 | 98 |
| Aufgabenhilfe | 23 | 6 |
| Nachhilfeunterricht | 0 | 3 |
| Einzelunterricht (Lehrperson) | 1 | 1 |
| anderes | 2 | 0 |
| **Total:** | **150** | **110** |

Bezüglich der Frage, ob die Unterstützung fremdsprachiger Schüler zum Tätigkeitsbereich des Schulischen Heilpädagogen gehört, kann man sicherlich geteilter Meinung sein. Unseres Erachtens sollte sich die Schule trotz der Übernahme neuer und zusätzlicher Aufgaben wie dem Unterricht für fremdsprachige Schüler nicht zu einer Erhöhung der Anzahl der an der Schularbeit beteiligten Personen verleiten lassen. Ziel der Schulentwicklung sollte sein, die Anzahl der Bezugspersonen der Kinder möglichst gering zu halten. Im Falle des Unterrichts mit fremdsprachigen Kindern ist es durchaus vorstellbar, dass dies der Schulische Heilpädagoge übernehmen kann, wenn ihm gleichzeitig ein kleineres Einzugsgebiet zugestanden wird, damit diese Betreuung nicht zu Lasten der Kinder mit Lernschwierigkeiten geht.

### 3.4.6 Leistungsbeurteilung und Lernzielabweichungen

Sobald Kinder mit Lernbehinderungen oder erheblichen Lernschwierigkeiten in ein Schulsystem integriert werden, in welchem die Leistung einen sehr hohen Stellenwert einnimmt und zudem die Beurteilung in der Regel an der Bezugsnorm "Klasse" vorgenommen werden muss, entsteht unweigerlich ein Problem bei der Leistungsbeurteilung dieser Kinder, die im Vergleich zur Klassengemeinschaft erhebliche Lerndefizite aufweisen. Ist der Massstab für die gesamte Klasse verbindlich, so können die Leistungen von Kindern mit Lernbehinderungen nur mit äusserst schlechten Noten bewertet werden, was zur Folge hat, dass sie keinen Aussagewert bezüglich der tatsächlichen Lernfortschritte haben und zudem für die betroffenen Schüler demotivierend sind. Damit eng verbunden ist ein weiteres Problemfeld, die vorgegebenen Lernziele. Die "Regelklasse mit Heilpädagogischer Schülerhilfe" wird in den meisten Beschreibungen als Schulform dargestellt, die dem Postulat der Integration verpflichtet ist (z.B. *Wyrsch* 1987, 5-7 und *Grossenbacher* 1993, 38). Die Integration von Kindern mit erheblichen Lernschwierigkeiten oder Behinderungen hat zur Folge, dass Lerngruppen entstehen, die schulleistungsmässig sehr heterogen sind. Auch wenn zahlreiche Forschungsarbeiten den grösseren Lernfortschritt integriert beschulter Kinder mit Lernbehinderunger im Vergleich zu Lernbehinderten in Sonderklassen belegen (vgl. *Haeberlin; Bless; Moser; Klaghofer* 1991, 108-128), kann deren Lernrückstand auf den schwächeren Teil der "normalen" Regelschüler nicht wettgemacht werden. Die schulorganisatorische Massnahme "gemeinsame Schulung" kann Lernbehinderungen oder erhebliche Lernschwierigkeiten nicht wegorganisieren. Demzufolge bringt die Integration, in letzter Konsequenz realisiert, unweigerlich einen neuen Umgang mit der Schülerbeurteilung - personbezogene im Gegensatz zur bisher praktizierten gruppen- oder klassenbezogenen Beurteilung - sowie ein Akzeptieren von Lernzielabweichungen mit sich. Die Lösungen, welche in der Praxis bisher gefunden wurden, stellen unseres Erachtens einen Gradmesser für die Ernsthaftigkeit, mit der die Idee der Integration in dieser Schulform umgesetzt wird, dar.

Eine konsequente Integrationspraxis verlangt keine Leistungsangleichung an eine von aussen bestimmte Norm, da jedes Kind entsprechend seinen Fähigkeiten und Entwicklungsmöglichkeiten geschult und gefördert wird. Das Erreichen des Klassenziels kann nicht als notwendige Bedingung für den Verbleib in der Klasse gelten. Zudem verlangt Integration von den Lehrpersonen eine Differenzierung von Lernzielen, Lerninhalten, Methoden und Medien; Individualisierung ist nicht nur bezüglich der Unterrichtsmethode, sondern auch bezüglich der Unterrichtsanforderungen und -ziele gefragt (*Freiburger Projektgruppe* 1993, 39).

Inwiefern in "Regelklassen mit Heilpädagogischer Schülerhilfe" die Integration im dargelegten Sinne ernst genommen wird, kann unter anderem anhand folgender Fragen überprüft werden:
- Wie individualisiert erfolgt die Schülerbeurteilung?
- Wie gross ist die Toleranz gegenüber Lernzielabweichungen?

*Schülerbeurteilung*: Im jeweiligen Einzugsgebiet der befragten Heilpädagogen wird die Schülerbeurteilung sehr unterschiedlich vorgenommen (vgl. Tabelle 9). Mit einer Ausnahme hat man überall versucht, das Problem der Schülerbeurteilung anzugehen. An diesen Beispielen ist jedoch mit aller Deutlichkeit zu erkennen, dass die verantwortlichen Schulbehörden nicht über den Schatten bisheriger Schulreglemente oder der bisherigen Praxis springen. Auch wenn vereinzelt versucht wird, individuelle Lösungen zu finden, so kann damit die Integrationsidee nicht konsequent umgesetzt werden, da diese Lösungen nicht für die gesamte Klasse gelten. Auffallend ist, dass nirgends eine personbezogene Schülerbeurteilung für die gesamte Klasse angestrebt wird. Wenn einzelne Kinder mittels Bericht beurteilt werden, so kann damit das Postulat der Beurteilung nach der individuellen Norm sicherlich eingelöst werden. Allerdings ist aus integrationspädagogischen Gründen nicht einzusehen, weshalb nur einzelne Kinder davon profitieren können.

Aus Platzgründen erlauben wir uns, die Leserinnen und Leser auf *Bartnizki, Christiani* (1987, 7-34) zu verweisen, welche diverse Formen der Leistungsbeurteilung unter Berücksichtigung ihrer pädagogischen Folgen diskutieren.

*Tabelle 9*: Überblick über die praktizierte Schülerbeurteilung

| Schülerbeurteilung | Bemerkung | Anzahl Einzugsgebiete |
|---|---|---|
| Klassenbezogene Benotung für alle Kinder | keine veränderte Schülerbeurteilung | 1 |
| Schulzeugnis der Sonderklassen für Lernbehinderte anstelle des Primarschulzeugnisses für Kinder, die heilpädagogisch gestützt werden | Sonderklassenzeugnis | 1 |
| Je nach Schweregrad der Lernschwierigkeiten in der Klasse übliche Benotung oder Zeugnis der Sonderklassen für Lernbehinderte | Anpassung des Zeugnisses und somit des Bewertungsmassstabs | 1 |
| Individueller Bericht für das 1. und 2. Schuljahr, übliche Benotung ab dem 3. Schuljahr | Veränderung der Beurteilung mit steigendem Alter | 2 |
| Je nach betreutem Kind übliche Benotung, individueller Bericht oder ein Vermerk im Zeugnis, dass das Kind heilpädagogisch betreut wird | Anpassung der Beurteilung an das Lernniveau des Kindes | 3 |
| Übliche Benotung oder individueller Bericht, falls das Kind den Klassendurchschnitt nicht erreicht, zu schlechte Noten hat, ein diagnostizierter Sonderklassenschüler ist oder ein reduziertes Programm befolgt | Anpassung der Beurteilung an das Lernniveau des Kindes nach vorgegebenen Kriterien | 5 |

*Toleranz gegenüber Lernzielabweichungen*: Die Befragung der Heilpädagogen ergibt, dass es in fünf von 13 Regionen vorkommen kann, dass Schüler trotz der Betreuung durch die Heilpädagogische Schülerhilfe in die nächstgelegene Sonderklasse für Lernbehinderte überwiesen werden. Über Gespräche konnten wir in Erfahrung bringen, dass es sich allerdings um eine sehr seltene Massnahme handelt, die insbesondere bei Kindern angewandt wird, die nach Aussagen der Beteiligten in der Klasse aufgrund ihres Verhaltens nicht mehr tragbar waren. Kinder, die am Ende eines Schuljahres das Klassenziel nicht erreichen, werden lediglich in zwei von 13 Regionen konsequent in die nächste Klasse befördert. Im übrigen wird die Beförderung in die nächste Klasse entweder mit einem reduzierten Programm oder mit einem Schulzeugnis der Sonderklasse für Lernbehinderte verknüpft, oder es wird generell eine Klassenrepetition in Betracht gezogen. Zieldifferentes Unterrichten wird bisher in dieser Schulform nur ausnahmsweise konsequent realisiert.

Zusammenfassend müssen wir feststellen, dass im Rahmen der "Regelklassen mit Heilpädagogischer Schülerhilfe" wichtige Elemente des Integrationsgedankens nicht konsequent in die Praxis umgesetzt werden. Weder das Problem der Schülerbeurteilung ist zufriedenstellend gelöst noch kann diese Schulform zur Zeit genügend Toleranz gegenüber Lernzielabweichungen aufbringen, obwohl beide Massnahmen als direkte Folge des Einbezugs von Kindern mit erheblichen Leistungsdifferenzen zu den Regelschülern erforderlich wären.

## 3.5 Zusammenfassung

Die "Regelklasse mit Heilpädagogischer Schülerhilfe" ist im Rahmen der schweizerischen Schullandschaft als eine integrierende Schulform zu bezeichnen. Schulleistungsschwache oder lernbehinderte Kinder werden dabei in eine Regelklasse integriert und gemeinsam mit den Regelschülern unterrichtet. Diese Kinder erhalten jedoch direkt oder indirekt zusätzliche Hilfen durch eine in Schulischer Heilpädagogik qualifizierte Lehrperson (Hilfs- und Sonderschullehrer). Diese Schulform ist in der Regel auf die Primarschulstufe beschränkt.

Obwohl lernbehinderte Kinder in der Schweiz nach wie vor allem in Sonderklassen für Lernbehinderte überwiesen werden, hat sich die "Regelklasse mit Heilpädagogischer Schülerhilfe" seit Beginn der 80er Jahre rasant verbreitet, so dass zur Zeit mit etwa 200 Ortschaften, in denen diese Schulform eingerichtet wurde, zu rechnen ist.

Die wesentlichen Aufgaben der Heilpädagogischen Schülerhilfe richten sich direkt auf das schwache Kind. Wichtigste Verpflichtung ist ein individualisierter Unterricht, der sich aus schulfachbezogenen Stützmassnahmen, pädagogisch-therapeutischen Massnahmen und individualisierenden Hilfen im Klassenzimmer zusammensetzt. Zum erweiterten Aufgabenbereich gehört die Beratung der Klassenlehrpersonen und der Eltern.

Vorgreifend auf einige Ergebnisse der vorliegenden Untersuchung wird die konkrete Umsetzung der Konzepte der "Regelklassen mit Heilpädagogischer Schülerhilfe" in die Praxis anhand einiger Themen beschrieben. Dabei zeigt sich:
- dass sich die äusseren Rahmenbedingungen (Stellendotation) im Vergleich zur Untersuchung von 1986-1989 verbessert haben,
- dass pro volle Stelle durchschnittlich 16 Kinder betreut werden, was mehr ist, als bestehende Richtlinien oder Pflichtenhefte vorschreiben,
- dass Schulische Heilpädagogen in der Regel Kinder aus Klassen von mehreren Schulhäusern und vereinzelt in mehreren Ortschaften betreuen,
- dass lediglich 69% der Heilpädagogen die erforderliche Ausbildung abgeschlossen haben,
- dass in "Regelklassen mit Heilpädagogischer Schülerhilfe" bezüglich der üblichen Verfügbarkeit zusätzlicher Förderangebote (Logopädie, Schulpsychologie, Psychomotorik, Legasthenie-, Dyskalkulietherapie usw.) dank der heilpädagogischen Stützmassnahmen gegenüber gewöhnlichen Regelklassen eine leichte Veränderung in Richtung einer Reduktion der involvierten Fachpersonen stattfindet,
- dass es unseres Erachtens bei einer beachtlichen Anzahl der Kinder, die vom Heilpädagogen betreut werden, im Vergleich zu anderen schwachen Kindern aufgrund der vorliegenden Daten nicht nachvollziehbar ist, weshalb gerade sie heilpädagogische Stützmassnahmen erhalten. Der Verdacht auf mögliche Fehlentscheide in der Zuweisung besonderer Hilfen muss ernst genommen werden,
- dass in "Regelklassen mit Heilpädagogischer Schülerhilfe" Kinder mit fremder Muttersprache im Vergleich zu gewöhnlichen Regelklassen intensiver betreut werden,
- dass wichtige Elemente einer konsequent durchgeführten Integration, die individuelle Schülerbeurteilung und die Toleranz gegenüber Lernzielabweichungen, in der Praxis nicht umgesetzt werden.

# 4. Fragestellung 1: Die Effizienz der Heilpädagogischen Schülerhilfe

Die Überprüfung der Fragestellung, ob sich die Heilpädagogische Schülerhilfe in der Unterstufe der Regelklasse im Hinblick auf die Lernförderung schulleistungsschwacher Kinder in den schulischen Kernfächern im Vergleich zur integrierten Beschulung ohne heilpädagogische Stützmassnahmen als effizient erweise, erfolgt mit Bezug auf die Ergebnisse der Ausgangsuntersuchung (vgl. Kapitel 1 und Kapitel 2. 1.3) anhand folgender allgemeinen Hypothese:

*Schulleistungsschwache Kinder in Regelklassen mit Heilpädagogischer Schülerhilfe des zweiten Schuljahres, welche zusätzlich zum Regelschulunterricht heilpädagogische Stützmassnahmen erhalten, weisen bezüglich der Mathematik- und Sprachleistungen einen grösseren Lernfortschritt auf als vergleichbare Kinder in gewöhnlichen Regelklassen.*

## 4.1    Untersuchungsplan

Das gewählte Vorgehen zur Beantwortung der Fragestellung lässt sich in zwei Phasen (vgl. Abbildung 6) einteilen: Die erste Phase diente der Erhebung einer Datengrundlage für die Paarbildung sowie der Bildung einer reduzierten Stichprobe. In diesem Zeitraum wurden die Schulleistungen in den Kernfächern Mathematik und Sprache, die Intelligenz sowie Daten zur Person des Schülers (Alter, Geschlecht, Nationalität u.a.) erhoben. Die Gesamtstichprobe (Ausgangsstichprobe) umfasste sowohl Kinder aus gewöhnlichen Regelklassen (RG) als auch aus "Regelklassen mit Heilpädagogischer Schülerhilfe" (RG+). Für die zweite Untersuchungsphase wurden aufgrund der gesammelten Daten mit Hilfe der Methode der Parallelisierung eine Experimental- (RG+) und eine Kontrollgruppe (RG) gebildet, welche die reduzierte Stichprobe darstellten. Dabei wurden aus der Gruppe der "RG+-Schüler" nur jene gewählt, die Heilpädagogische Schülerhilfe erhielten und bei denen der Heilpädagoge die Förderung der Mathematik- oder Sprachleistungen als erste Priorität für seine Betreuungsarbeit definiert hatte. Anschliessend wurden die Schüler und Schülerinnen dieser reduzierten Stichprobe zu zwei Messzeitpunkten in einem Intervall von 20 Wochen einzeln bezüglich ihres Lernstandes abgeklärt. Diese Einzelabklärung erfolgte für die Bereiche Mathematik und Sprache.

Der Vergleich der Entwicklungsverläufe beider Schülergruppen erlaubt es, gemäss der Fragestellung Rückschlüsse auf die Wirkung der Heilpädagogischen Schülerhilfe auf die Lernentwicklung der Kinder zu ziehen. Zur Überprüfung der Hypothese wurden die Schulform (RG und RG+) und die Messzeitpunkte (t1 und t2) als unabhängige, die Ergebnisse der Einzelabklärung (Schulleistung) als abhängige Variable betrachtet.

Weil die Schüler sich nicht in zufällig zusammengestellten, sondern natürlichen Gruppen befanden (Schulklassen), handelte es sich um eine quasiexperimentelle Untersuchung (vgl. *Bortz* 1984, 30). Für die erste Phase wurden aus ökonomischen Gründen ganze Klassen, sogenannte Klumpenstichproben, ausgewählt. Da wir nicht in der Lage waren, das "treatment" künstlich zu variieren, sondern es bereits natürlich variiert angetroffen hatten, da also die Schüler zufällig auf die beiden Gruppen mit und ohne Heilpädagogische Schülerhilfe verteilt waren, kann von einer *quasiexperimentellen Ex-post-facto-Untersuchung* gesprochen werden (vgl. *Bortz* 1984, 32).

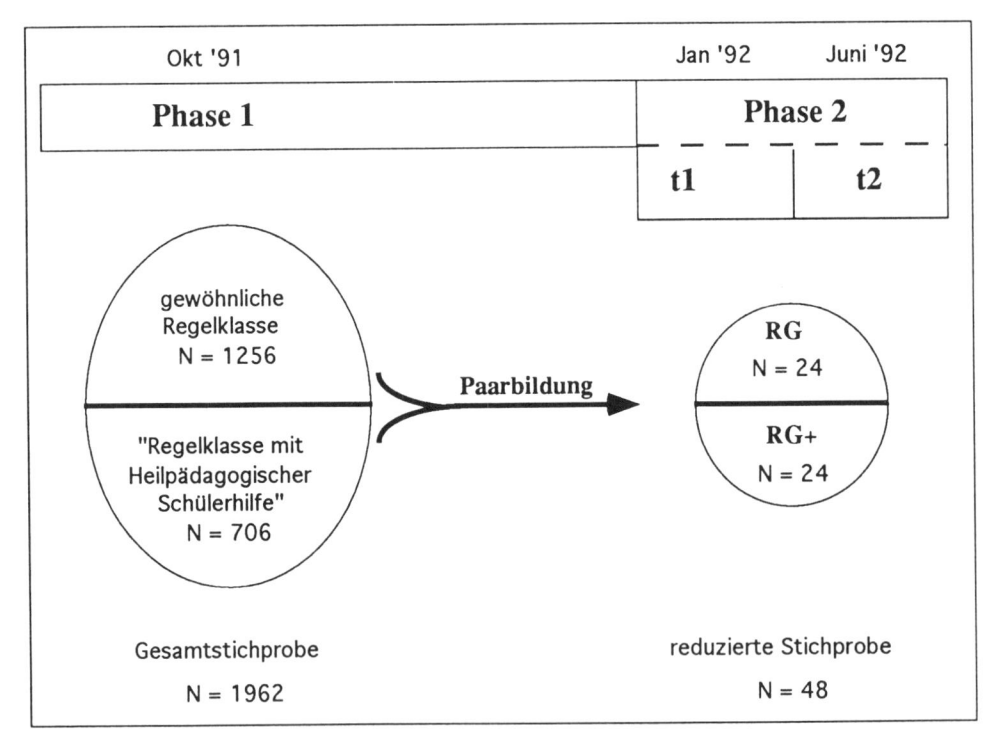

*Abbildung 6:* Phasen der Untersuchung

## 4.2 Messinstrumente

Zu Beginn werden in Tabelle 10 die Erhebungsinstrumente der ersten und zweiten Phase im Überblick dargestellt, die im Zusammenhang mit der behandelten Fragestellung eingesetzt wurden. Die rechte Spalte beinhaltet Angaben zu den als Grundlage dienenden Testinstrumenten, aus denen einzelne Aufgaben oder Aufgabenbereiche übernommen wurden, sowie zu deren Autoren.

*Tabelle 10:* Übersicht zum Messinstrumentarium (Phase1 und Phase 2)

| Messinstrument / Testbereich | Quelle / Grundlage |
|---|---|
| **Phase 1** | |
| - Schulleistungstest: Mathematik (A/B) Operatorenmodell, Mengendarstellungen, Grundoperationen... | – |
| - Schulleistungstest: Sprache (A/B) Textverständnis, Syntax, Rechtschreibung | – |
| - Intelligenztest: CFT 1 (A/B) | *Weiss; Osterland*([4]1980) |
| **Phase 2** (Einzelabklärung) | |
| Mathematik: Positionssystem; Addition/Subtraktion; Grundlage der Multiplikation und Division | *Kutzer; Probst* (1991): Strukturbezogene Aufgaben zur Prüfung mathematischer Einsichten (2. Teil) |
| Sprache: | |
| - Silben trennen | aus *Probst* (1991): Inventar impliziter Rechtschreibregeln (IiR) |
| - Morpheme | aus *Probst* (1991): Inventar impliziter Rechtschreibregeln (IiR) |
| - Sätze bilden | aus *Grimm; Schöler* (1978): Heidelberger Sprachentwicklungstest (HSET) |
| - Lesefertigkeit / Leseverständnis | aus *Wettstein* ([2]1987): Logopädischer Sprachverständnistest (LSVT) Auswertungskategorien nach *Grissemann* (1981): Zürcher Lesetest (ZLT) und nach *Dehn* (1988) |
| - Sprachverständnis | aus *Wettstein* ([2]1987): Logopädischer Sprachverständnistest (LSVT) |
| - Rechtschreibung | Auswertungskategorien nach *Dehn* (1988) |
| - Sichtwortschatz | aus *Probst* (1991): Inventar impliziter Rechtschreibregeln (IiR) |

### 4.2.1 Phase 1

Für die Paarbildung wurde in dieser Phase neben der Schulleistung auch die Intelligenz als Kontrollvariable erhoben. Zusätzlich wurden über einen Klassen- und einen Schülerbogen die nötigen Informationen bezüglich der Klassenzusammensetzung, des Alters und des Geschlechts der Schüler usw. eingeholt.

Aufgrund unseres Forschungsinteresses mussten die Schulleistungstests neben den üblichen Kriterien folgenden Anforderungen genügen:
- Da die Erhebung im Oktober vorgesehen war, mussten die Tests grundsätzlich auf den Schulstoff der 1. Primarklasse sowie auf jenen der ersten zwei Monate der 2. Primarklasse ausgerichtet sein.
- Bezüglich des Schulstoffes mussten die kantonalen Unterschiede angemessen berücksichtigt werden.
- Weil sich unser Interesse schwerpunktmässig auf die Resultate schulleistungsschwacher Schüler richtete, mussten die Erhebungsinstrumente so konstruiert sein, dass sie neben schwierigeren Aufgaben für gute Schüler vor allem im unteren Leistungsbereich ausdifferenzierten.
- Die Tests sollten bezüglich ihrer Gestaltung eine hohe Ansprechbarkeit aufweisen.
- Sie sollten genügend Abwechslung in den Aufgabenstellungen beinhalten.
- Sie sollen ökonomisch in der Durchführbarkeit sein, damit der Aufwand für die Lehrpersonen zumutbar war. Demnach kamen nur Instrumente in Frage, die sich prinzipiell als Gruppentests eignen.

Da die wenigen vorhandenen Schulleistungstests auf diesem Schwierigkeitsniveau eine oder mehrere dieser Anforderungen nicht erfüllten, konstruierten wir für Mathematik und für Sprache selbst je ein Instrument.

#### *4.2.1.1 Schulleistungstest Mathematik*

Eine Durchsicht der in den verschiedenen Kantonen angewendeten Lehrmittel liess uns, in Übereinstimmung mit einer Inhaltsübersicht zu den neuen Mathematiklehrmitteln der deutschsprachigen Schweiz nach *Lobeck* (1987, 4–7), folgendes feststellen: Die Schüler, welche zu untersuchen waren, hatten im Zahlenraum bis 20 gerechnet. Eine Ausnahme bildete das SABE-Lehrmittel, welches bereits in ganzen Zehnern bis 100 rechnete. Ferner ist in allen Lehrmitteln bis zum Zeitpunkt der Erhebung eine Behandlung der Grundoperationen Addition und Subtraktion vorgesehen. Die Verwendung von Relationszeichen (=, >, <) und die Darstellungsart mit dem Operatorenmodell waren Teil des behandelten Unterrichtsstoffes. Zudem beinhalteten alle Lehrmittel Übungen zum Rechnen mit Mengen.

Aufgrund dieser Angaben wurden zwei Parallelformen (A und B) konstruiert. Die Testaufgaben der beiden Formen wurden in Vorläufen an sechs Klassen (87 Schüler) erprobt. Alle Klassen stammten, ähnlich der Stichprobe, aus eher dünnbesiedelten Regionen der Schweiz und nahmen zudem nicht an der Untersuchung teil. Aufgrund dieser gesammelten Daten wurden Testaufgaben angepasst, verändert oder weggelassen. Die Endfassungen der beiden Parallelformen mit je 27 Items sind zur Illustration im Anhang verkleinert wiedergegeben. Die Durchführungszeit der Leistungsprüfung Mathematik sollte 50 Minuten nicht überschreiten. Bei der Auswertung wurde grundsätzlich für jedes richtig gelöste Item ein Punkt vergeben. Eine Ausnahme bildeten die Aufgaben 10, 11 und 12, bei denen die ganze Aufgabenstellung, welche mehrere Lösungsschritte beinhaltet, mit einem Punkt bewertet wurde. Diese Ausnahme in der Punktverteilung lässt sich damit begründen, dass bei Kettenrechnungen das Resultat jeweils von der richtigen Lösung der vorhergehenden Rechnung abhängig ist. Würde eine solche Aufgabe mit mehreren Punkten honoriert, wäre sie im Vergleich zu den anderen überbewertet. Die Form B des Instruments ist eine "Pseudo"-Parallelform, da lediglich die Zahlen abgeändert wurden. Dadurch blieb die eigentliche Aufgabenstellung bestehen und sowohl für die Form A als auch die Form B gleich.

Anhand der aus unserer Untersuchung (Phase 1) erhobenen Daten ergab eine anschliessende Überprüfung des Messinstruments folgende Eigenschaften: Mit dem T-Test liessen sich zwischen den Formen A und B keine signifikanten Unterschiede feststellen (vgl. Tabelle 11), so dass man von zwei parallelen Messungen sprechen kann und Schüler nicht durch die Testform benachteiligt beziehungsweise bevorzugt werden. Da die Gefahr besteht, dass bei einer zu hohen Anzahl an Probanden die Unterschiede zwischen Gruppen zufällig signifikant werden, wurden für dieses Verfahren nach dem Zufallsprinzip 200 Schüler aus der bestehenden Stichprobe ausgewählt. Dieser Richtwert wird von *Lienert* (1967, 314) empfohlen. Die Anzahl von 198 (89 + 109) Schülern (vgl. Tabelle 11) korrespondiert nicht mit dem besagten Richtwert, da unter den zufällig ausgewählten Schülern zwei Kinder den Mathematiktest wegen Abwesenheit nicht machen konnten (missings). Für die weiteren Berechnungen wurde wieder die vollumfängliche Stichprobe (N = 1962) verwendet, da sich dazu grosse Analysestichproben besser eignen (vgl. *Lienert* 1967, 107).

*Tabelle 11:* T-Test zum Vergleich der Parallelform (Mathematik)

|        | Mittelwert | Standardabweichung | Anzahl | t-Wert | p-Wert |
|--------|------------|--------------------|--------|--------|--------|
| Form A | 74.20      | 17.44              | 89     | .58    | .561   |
| Form B | 72.74      | 17.60              | 109    |        |        |

Zur Ermutigung der schwachen Schüler beginnt der Test mit leichteren Aufgaben (Zählübungen). Die Aufgaben werden anschliessend in der Tendenz immer schwieriger. An diesem Prinzip wird jedoch nicht strikt festgehalten, da die Items zusätzlich nach Themenkreisen (Grundoperationen, Mengendarstellungen usw.) geordnet sind. Das Anspruchsniveau der Testitems wird normalerweise mit einem *Schwierigkeitsindex* angegeben, der sich aus dem prozentualen Anteil der richtigen Antworten errechnet. Die Schwierigkeitsindizes liegen mit den Werten $.42 < p < .97$ (vgl. Tabelle 12) relativ hoch, obwohl sie nach *Lienert* (1967, 138) üblicherweise zwischen .20 bis .80 streuen sollten. Das heisst, es gibt relativ wenig ganz schwierige, dafür um so mehr leichtere Aufgaben. Dies erklärt sich aber durch unser Interesse, den Test so zu konstruieren, dass er vor allem im unteren Leistungsbereich differenziert. Damit können schulleistungsschwache oder lernbehinderte Schüler besser identifiziert werden.

*Tabelle 12:* Statistische Kennzahlen des Schulleistungstests Mathematik

|                      | Form A    | Form B    | Gesamt    |
|----------------------|-----------|-----------|-----------|
| Schwierigkeitsindex  | .42 – .96 | .42 – .97 | .42 – .97 |
| Trennschärfeindex    |           |           | .17 – .51 |
| Innere Konsistenz    |           |           | .81       |

Neben dem Schwierigkeitsindex zeigt Tabelle 12 einen Überblick über weitere Testgütemerkmalen, die berechnet worden sind. Der *Trennschärfeindex* bezeichnet die Differenzierungskraft einer Aufgabe, das heisst, wie stark durch eine Aufgabe zwischen stärkeren und schwächeren Schülern unterschieden werden kann. Die Trennschärfe wird zuweilen auch als "Aufgabenvalidität" bezeichnet und errechnet sich aus der Korrelation der Anzahl richtiger Antworten einer Aufgabe mit dem Gesamtergebnis (*Lienert* 1967, 39). Ein Trennschärfekoeffizient beispielsweise um 0 bringt zum Ausdruck, dass die Aufgabe von "starken" und "schwachen" Schülern etwa gleich häufig richtig beantwortet wurde. Die Trennschärfekoeffizienten liegen mit einer Streuung von .17 bis .51 in etwa im für Schulleistungstests üblichen Bereich (vgl. *Lobeck* 1987, 15). Neben der Aufgabenvalidität kann bei Schulleistungstests von einer *inhaltlichen*

*Validität* (Gültigkeit) ausgegangen werden (*Lienert* 1967, 16), weil der Test selbst das optimale Kriterium für das zu messende Persönlichkeitsmerkmal darstellt, und weil in unserem Fall die Aufgaben aufgrund des Unterrichtsstoffes in den Lehrmitteln ausgewählt wurden. In Tabelle 13 sind die Schwierigkeitsindizes und die Trennschärfe für die einzelnen Aufgaben wiedergegeben.

*Tabelle 13:* Schwierigkeitsindizes und Trennschärfe des Schulleistungstests Mathematik

| Item | Schwierigkeitsindizes | | | Trennschärfe |
|---|---|---|---|---|
| | Form A | Form B | Gesamt | Gesamt |
| 1 | .84 | .83 | .84 | .23 |
| 2 | .96 | .97 | .97 | .21 |
| 3 | .91 | .90 | .91 | .18 |
| 4 | .89 | .85 | .87 | .28 |
| 5 | .76 | .73 | .74 | .37 |
| 6 | .90 | .90 | .90 | .20 |
| 7 | .95 | .95 | .95 | .18 |
| 8 | .91 | .92 | .92 | .19 |
| 9 | .95 | .95 | .95 | .17 |
| 10 | .86 | .81 | .83 | .36 |
| 11 | .74 | .71 | .72 | .49 |
| 12 | .74 | .70 | .72 | .42 |
| 13 | .76 | .79 | .78 | .33 |
| 14 | .84 | .79 | .82 | .35 |
| 15 | .61 | .62 | .61 | .38 |
| 16 | .69 | .64 | .67 | .51 |
| 17 | .62 | .54 | .58 | .52 |
| 18 | .82 | .80 | .81 | .40 |
| 19 | .42 | .42 | .42 | .48 |
| 20 | .76 | .72 | .74 | .32 |
| 21 | .84 | .81 | .82 | .32 |
| 22 | .59 | .59 | .59 | .42 |
| 23 | .62 | .60 | .61 | .28 |
| 24 | .78 | .76 | .77 | .23 |
| 25 | .46 | .50 | .48 | .38 |
| 26 | .71 | .69 | .70 | .43 |
| 27 | .54 | .57 | .55 | .17 |
| | | | N = 1962 | |

Zur Bestimmung der *Reliabilität* (Zuverlässigkeit) des Instruments benützen wir ein Verfahren, das die Homogenität der Testaufgaben evaluiert und als innere Konsistenz nach *Cronbach* bezeichnet wird (vgl. *SPSS* 1990, 607, *Lienert*

1967, 15). Der so ermittelte Reliabilitätskoeffizient alpha von .81 in Tabelle 12 darf als hoch angesehen werden (*Haeberlin; Bless; Moser; Klaghofer* 1991, 184).

Genaue und leicht verständliche Instruktionen zur Durchführung der Schulleistungstests sollten dafür sorgen, dass eine möglichst hohe Durchführungsobjektivität angenommen werden kann (vgl. *Lienert* 1967, 13). Da die Mathematikaufgaben nur entweder richtig oder falsch gelöst werden können und die Gesamtauswertung einen numerischen Wert liefert, ist ein hohes Mass an Auswertungs- und Interpretationsobjektivität gewährleistet.

*4.2.1.2    Schulleistungstest Sprache*

Das Vorgehen zur Konstruktion dieses Schulleistungstests glich in etwa demjenigen für das Erhebungsinstrument in Mathematik. Es kamen jedoch unterschiedliche Schwierigkeiten hinzu: Durch die offiziellen Lehrmittel werden nicht alle Bereiche der Sprache abgedeckt. Manche Lehrkräfte verwendeten neben dem Schweizer Sprachbuch (Glinz), welches vorwiegend für grammatische Aufgabenstellungen eingesetzt wird, weitere Bücher für das Lesen ("Krokofant", "Der grosse Zwerg", "Lesespiegel", SJW-Hefte usw.) und die Rechtschreibung (Lehrgänge von Klett, Rechtschreibspiele von Lauster usw.) sowie eigenes Material. Wir entschlossen uns deshalb, zu unserer Information neben den offiziellen Lehrmitteln bestehendes Testmaterial aus logopädischen Untersuchungsverfahren durchzuarbeiten. Um ein Mindestmass an Durchführungs- und Interpretationsobjektivität zu gewährleisten, musste beispielsweise auf die Erhebung der Lesefähigkeit verzichtet werden. Es ist unmöglich, dass alle Lehrpersonen die Leistungen im Lesen gleich beurteilen, selbst wenn ein Kriterienkatalog zur Verfügung stehen würde. Ausserdem würde dies sehr viel Zeit in Anspruch nehmen und damit unsere Zusicherung für ökonomische Durchführbarkeit der Schulleistungstests übermässig strapazieren. Es war deshalb unerlässlich, auf das Textverständnis als Teilfunktion des Leseprozesses auszuweichen. Zur Sicherung der Durchführungsobjektivität musste im Bereich der Rechtschreibung auch auf ein Diktat im herkömmlichen Sinne verzichtet werden. Die Unterschiede in der Art des Diktierens und der Aussprache ("*Kutsche*"/"*Gh*utsche") wären zu gross gewesen. Die Verwendung von eindeutig interpretierbaren Zeichnungen als Ersatz für das Diktieren schien uns eine angemessene Lösung des Problems zu sein. Aus verschiedenen Lehrmitteln für die Sprache und aus Testinstrumenten des Fachbereichs Logopädie (Legasthenie) konnten wertvolle Hinweise für das Zusammenstellen der Aufgaben in den Bereichen Textverständnis,

Syntax und Rechtschreibung gewonnen werden. Zudem konnten aufgrund von Gesprächen mit Fachpersonen unseres Instituts bereits erste Veränderungen vorgenommen werden.

Für die Parallelform B wurde in den meisten Fällen lediglich die Anordnung der einzelnen Items innerhalb einer Aufgabenstellung variiert. Für die verbleibenden Aufgaben (Nr. 4, 6, 7) wurde eine möglichst hohe Ähnlichkeit angestrebt. Zum Beispiel mussten die Kinder aus vorgegebenen, getrennt angeordneten Buchstaben auf das richtige Wort schliessen. Das Lösungswort für Testform A war "Haus", für Testform B "Maus". Zudem wurde darauf geachtet, dass die räumliche Anordnung der Buchstaben genau übereinstimmt. Die beiden Testformen wurden zusammen mit den Mathematiktests in Vorläufen an sechs Klassen (N = 87) erprobt. Auch für den Sprachtest wurden aufgrund der gesammelten Daten Testaufgaben angepasst, verändert oder weggelassen. Die Endfassung beider Parallelformen des Sprachtests, mit je 30 auf 8 Aufgabenbereiche verteilte Items, ist zur Illustration im Anhang verkleinert wiedergegeben. Übereinstimmend mit der Itemzahl beträgt die maximal zu erreichende Punktzahl 30 Punkte. Die Testdauer für den Sprachtest beträgt 50 Minuten.

Wie bei der Mathematik wurde auch für den Vergleich der beiden Parallelformen des Sprachtests ein T-Test mit 200 zufällig ausgewählten Schülern der Ausgangsstichprobe durchgeführt. Die Ergebnisse in Tabelle 14 verdeutlichen, dass kein statistisch signifikanter Unterschied zwischen den beiden Formen A und B besteht. Auch hier erklärt sich die tatsächliche Anzahl von 198 Schülerinnen und Schülern durch zwei abwesende Kinder.

*Tabelle 14:* T-Test zum Vergleich der Parallelform (Sprache)

|        | Mittelwert | Standardabweichung | Anzahl | t-Wert | p-Wert |
|--------|-----------|-------------------|--------|--------|--------|
| Form A | 70.56     | 15.74             | 86     | .68    | .498   |
| Form B | 68.88     | 19.17             | 112    |        |        |

Zur Überprüfung der Gütekriterien des Messinstruments für die Sprache wurden mit der Gesamtstichprobe (N = 1962) die gleichen Verfahren angewendet wie beim Mathematiktest. Die *Schwierigkeitsindizes* streuen zwischen den Werten .36 bis .99. Im Vergleich zum Mathematiktest waren die einfachen Aufgaben nahezu gleich schwierig. Die schwierigsten Aufgaben wurden von 36% der Schüler (Form B: 35%) richtig gelöst. Die *Trennschärfeindizes* bewegen sich zwischen .17 und .49 und sind mit denen der Mathematik vergleichbar. Der *Reliabilitätskoeffizient für die Innere Konsistenz* ist mit einem Wert von .85 sehr hoch. In Tabelle 15 und 16 sind die üblichen Gütekriterien für den Sprachtest überblicksmässig aufgeführt.

*Tabelle 15:* Statistische Kennzahlen des Schulleistungstests Sprache

|  | Form A | Form B | Gesamt |
|---|---|---|---|
| Schwierigkeitsindex | .36 – .99 | .35 – .99 | .35 – .99 |
| Trennschärfeindex |  |  | .17 – .49 |
| Innere Konsistenz |  |  | .85 |

*Tabelle 16:* Schwierigkeitsindizes und Trennschärfe des Schulleistungstests Sprache

| Item | Schwierigkeitsindizes | | | Trennschärfe |
|---|---|---|---|---|
|  | Form A | Form B | Gesamt | Gesamt |
| 1 | .97 | .97 | .97 | .22 |
| 2 | .81 | .83 | .82 | .38 |
| 3 | .94 | .94 | .94 | .34 |
| 4 | .93 | .95 | .94 | .27 |
| 5 | .41 | .52 | .46 | .19 |
| 6 | .90 | .88 | .89 | .32 |
| 7 | .80 | .81 | .80 | .44 |
| 8 | .80 | .76 | .78 | .39 |
| 9 | .85 | .85 | .85 | .47 |
| 10 | .99 | .99 | .99 | .17 |
| 11 | .79 | .80 | .80 | .31 |
| 12 | .93 | .75 | .84 | .33 |
| 13 | .55 | .59 | .57 | .37 |
| 14 | .36 | .35 | .35 | .46 |
| 15 | .22 | .22 | .22 | .37 |
| 16 | .36 | .35 | .36 | .34 |
| 17 | .75 | .68 | .71 | .47 |
| 18 | .57 | .48 | .53 | .49 |
| 19 | .79 | .78 | .78 | .37 |
| 20 | .54 | .48 | .51 | .40 |
| 21 | .85 | .81 | .83 | .36 |
| 22 | .73 | .71 | .72 | .37 |
| 23 | .58 | .62 | .60 | .42 |
| 24 | .65 | .62 | .64 | .44 |
| 25 | .77 | .79 | .78 | .29 |
| 26 | .42 | .36 | .39 | .35 |
| 27 | .80 | .78 | .79 | .33 |
| 28 | .83 | .82 | .82 | .43 |
| 29 | .69 | .74 | .72 | .34 |
| 30 | .67 | .64 | .66 | .41 |
| | | | N = 1962 | |

Beim Schulleistungstest Sprache kann eine recht hohe inhaltliche Validität angenommen werden, da viele der Fähigkeiten, die geprüft wurden, auch im Schulalltag als relevant gelten. Wie bereits eingangs dieses Kapitels erwähnt, wurden jedoch gewisse Aufgabenstellungen im Interesse der Durchführungs- und Auswertungsobjektivität ausgeklammert. Aus dem gleichen Grund wurden schriftliche Instruktionen zur Durchführung des Sprachtests an die Lehrpersonen versandt. Ausserdem ist das Durchführen der Tests sehr einfach und unterscheidet sich kaum von der täglichen Unterrichtsarbeit. Da auch beim Schulleistungstest Sprache die Gesamtauswertung einen numerischen Wert liefert, können ungewollte Einflüsse bei der Interpretation ausgeschlossen werden (vgl. *Lienert* 1967, 14).

### 4.2.1.3 Intelligenztest CFT 1

Der Grundintelligenztest – Skala 1 (CFT 1) von *Weiss* und *Osterland* erschien 1980 in der 4. Auflage und stellt eine partielle Adaption des amerikanischen "Culture Fair Intelligence Tests – Scale 1" dar. Dieser Test eignet sich als Gruppenuntersuchung bei Kindern von fünf bis neun Jahren und soll laut Angaben der Autoren weitgehend frei sein von Einflüssen des Milieus beziehungsweise der regionalen und sozialen Herkunft sowie vorheriger Lernerfahrungen insbesondere im verbalen Bereich (vgl. *Weiss; Osterland* 1980, 4). Der Test wurde im Hinblick auf die Diagnose von Fähigkeiten wie das Erfassen von Denkproblemen in neuen Situationen anhand von sprachfreiem, figuralem Material, das Herstellen von formalen Beziehungen bei zeichnerischen Problemstellungen oder das Erkennen von Gesetzmässigkeiten und Regeln konstruiert.

Dem CFT 1 liegt die Intelligenztheorie von *Cattell* (1971) zugrunde, welche davon ausgeht, dass sich der Bereich der allgemeinen intellektuellen Leistungsfähigkeit (general ability) in zwei Intelligenzformen gliedern lässt. Bei *Cattell* werden sie als flüssiger (fluid general intelligence) und kristallisierter (crystallized general intelligence) Intelligenzfaktor bezeichnet. Der Faktor der "fluid general intelligence" kann in Übereinstimmung mit der Theorie als allgemeine Fähigkeit, Relationen bzw. komplexe Beziehungen in neuartigen Situationen zu erkennen, bezeichnet werden (*Cattell* 1971, 74). Nach *Weiss; Osterland* handelt es sich um einen "weitgespannten Faktor", weil seine integrierende Wirkung in nahezu allen Wahrnehmungs- und Denkbereichen bedeutsam wird (1980, 18). Demgegenüber ist der Faktor der "crystallized general intelligence" für den Bereich der primären Fähigkeiten, "verbal factor", "numerical ability", "reasoning" und "experimental judgement", bedeutsam (*Cattell* 1971, 98). Da der Intelligenztest weitgehend unabhängig von sprachlichen Vorkenntnissen und kulturellen Einflüssen ist und dementsprechend auch kein "schulisches Wissen" im engeren Sinne prüft, kommt die "crystallized general intelligence" kaum zum Tragen.

Um so stärker ist der Anteil der "fluid general intelligence", der Fähigkeit, Gesetzmässigkeiten, Serien, Klassifikationen, Analogien und Typologien zu erkennen und zu bilden. Das den fünf Subtests zugrunde liegende Design berücksichtigt einheitliche und grundlegende figurale Vorgaben, die sich nach *Weiss; Osterland* (1980, 18) als am geeignetsten erwiesen haben, kulturelle Vorerfahrungen des Individuums auf ein Mindestmass zu reduzieren.

Für den Entscheid, diesen Test einzusetzen, waren vier Gründe ausschlaggebend: *Erstens* waren wir der Ansicht, dass die speziellen Merkmale, welche das Instrument auszeichnen, dazu führen, dass ausländische Kinder bei der Durchführung nicht ausgeschlossen werden müssen. Wenn schon Benachteiligungen dieser Kinder bei den Schulleistungstests durch die Fremdsprachigkeit unumgänglich waren, sollten ihnen beim Intelligenztest weitgehend gleiche Bedingungen wie ihren Mitschülern eingeräumt werden. Die mündlichen Instruktionen sind leicht verständlich. *Zweitens* wurden mit dem CFT 20, einem Intelligenztest für Schüler ab 8 1/2 bis 18 Jahren aus der gleichen Serie, bei der ersten Untersuchung zur Integration von Lernbehinderten (*Haeberlin; Bless; Moser; Klaghofer* 1991) gute Erfahrungen gemacht. *Drittens* ist das Instrument, als Gruppenverfahren eingesetzt, ökonomisch in der Durchführbarkeit. Dennoch ist es ausreichend, um die Variable "Intelligenz" während des Parallelisierungsverfahrens kontrollieren zu können. *Viertens* ist der Test auf eine stärker differenzierende Intelligenzmessung im unteren Bereich der Verteilung ausgerichtet (*Weiss; Osterland;* 1980, 25)) und spricht damit die uns interessierende Population an.

Der Test liegt in zwei Parallelformen vor, wobei Form B ebenfalls eine "Pseudo"-Parallelform ist, da lediglich die Reihenfolge der einzelnen Items innerhalb eines Subtests verändert worden ist. Zudem sind zwei Durchführungsarten, die eine für Kindergarten, Vorschule und Grundschule Klasse 1, die andere für Grundschulen Klasse 2 und 3, möglich. Da wir Kinder der zweiten Primarschulstufe untersuchen wollten, entschlossen wir uns für Durchführungsart 2, die sich von der ersten vor allem durch die zur Verfügung stehende Zeit unterscheidet. In Abbildung 7 sind von uns ausgewählte, für den Schwierigkeitsgrad nicht zwingend repräsentative Itembeispiele mit Kurzbeschreibungen der einzelnen Subtests wiedergegeben.

Folgende Angaben zu den Testgütemerkmalen basieren auf den errechneten Werten der Testkonstrukteure für das zweite Grundschuljahr (vgl. *Weiss; Osterland* 1980, 23–39):

Test 1: Substitution – Unter die verschiedenen figürlichen Darstellungen sollen die entsprechenden vorgegebenen Symbole gesetzt werden. (Reproduktiver Aspekt der Wahrnehmung)

Test 2: Labyrinthe – vier Labyrinthreihen mit insgesamt zwölf Einzellabyrinthen sollen in einer vorgegebenen Zeit richtig durchfahren werden. (Produktiver Aspekt der Wahrnehmung sowie visuelle Orientierung und Aufmerksamkeit)

Test 3: Klassifikation – Von fünf vorgegebenen Zeichnungen ist eine Figur von vier merkmalsähnlichen Figuren abzugrenzen. (Klassifizieren bzw. beziehungsstiftendes Denken bei figuralem Material)

Test 4: Ähnlichkeiten – Eine vorgegebene Zeichnung soll erfasst werden und unter fünf Zeichnungen, von denen vier detail- bzw. merkmalsverändert sind, wieder herausgefunden werden. (Komplexitätsgrad, bis zu dem figurale Vorgaben wiedererkannt werden, wenn die Figuren im Kontext mit ähnlichen Figuren stehen)

Test 5: Matrizen – Von fünf figuralen Vorgaben soll diejenige ausgewählt werden, die ein vorgegebenes Muster richtig vervollständigt. (Regeln und Zusammenhänge bei figuralen Problemstellungen erkennen)

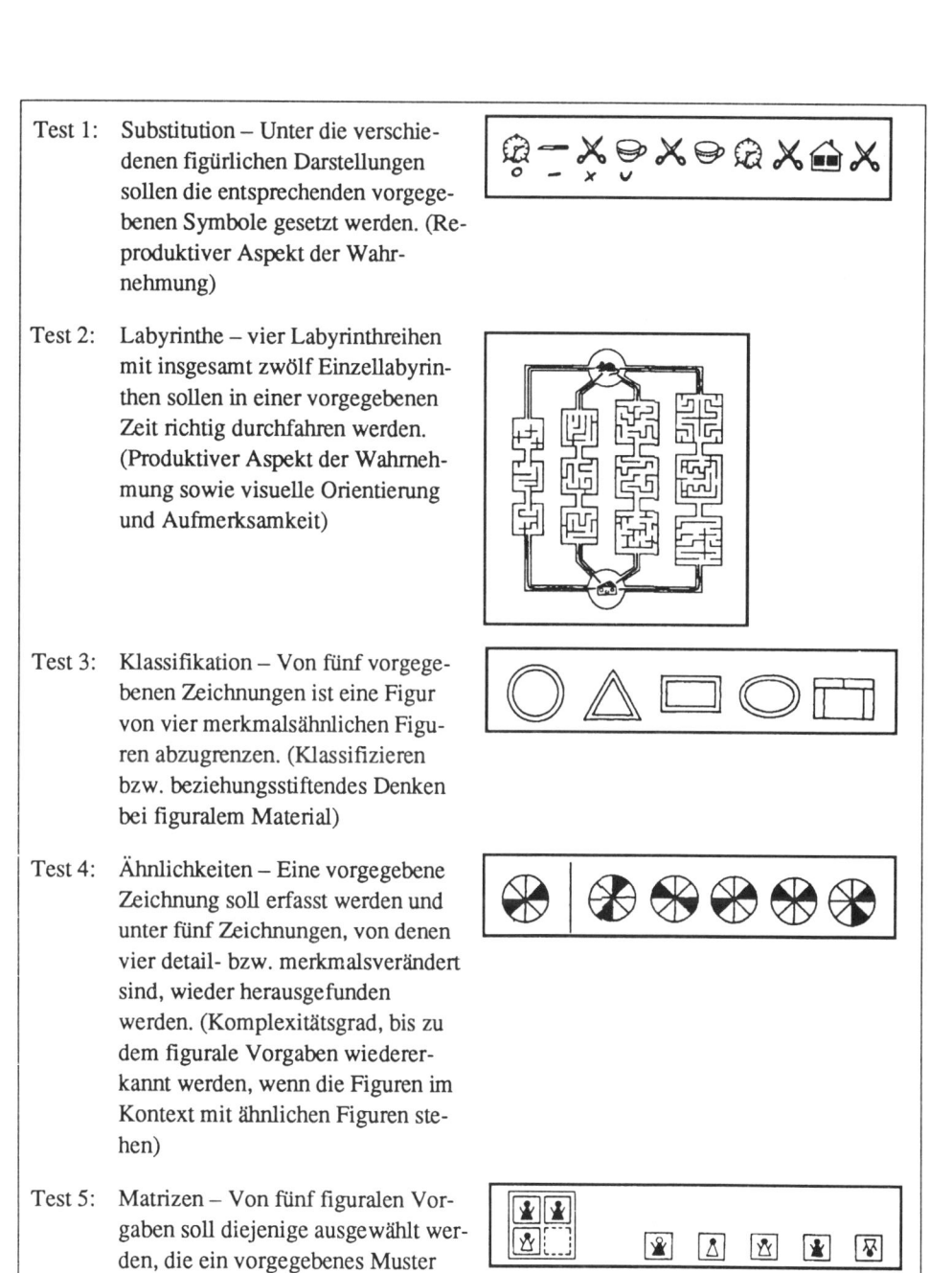

*Abbildung 7:* Itembeispiele aus dem CFT 1 (*Weiss ; Osterland* 1980)

Die *Schwierigkeitsindizes* liegen zwischen .11 und .96, wobei sich keine statistisch signifikanten Unterschiede zwischen den beiden Testformen feststellen lassen. Für die 2. Klasse (N = 1632) wurden bei den einzelnen Subtests durchschnittliche Schwierigkeitsindizes von .61 bis .72 errechnet. Zur Bestimmung der *inneren Validität* (oder nach *Lienert* 1967, 39 der Aufgabenvalidität) wurden Trennschärfekoeffizienten zwischen .25 und .74 errechnet, wobei diese für die ersten beiden Subtests wegen des "Speed-Charakters" (die Aufgaben sind relativ leicht, müssen aber in kurzer Zeit gelöst werden) weggelassen wurden. Die *Zuverlässigkeitskoeffizienten* für die Innere Konsistenz wurden anhand der Testhalbierungsmethode (Split-Half-Methode) nach *Spearman* berechnet. Die Durchschnittswerte der Form A .92 und der Form B .90 sprechen für die hohe Reliabilität des Instruments. In Tabelle 17 sind die statistischen Angaben zu den Testgütekriterien zusammengefasst.

*Tabelle 17:* Statistische Kennzahlen des Intelligenztests

|  | Form A | Form B |
|---|---|---|
| Schwierigkeitsindex: | .12 – .96 | .11 – .95 |
| Trennschärfeindex: (Durchschnittswerte) | | |
| Subtest 3 | .49 | .47 |
| Subtest 4 | .53 | .51 |
| Subtest 5 | .59 | .56 |
| Innere Konsistenz: (Split-Half-Methode) | .92 | .90 |
| N | 843 | 789 |

Zur *inneren Validierung* wurden zudem Faktorenanalysen mit einer Varimax-Rotation durchgeführt, welche Auskunft darüber geben, welche inneren Bezüge zwischen den einzelnen Subtests bestehen und welche Anteile die einzelnen Subtests am "General Factor" haben. Die Varimax-Rotationstechnik ist ein oft gebrauchtes mathematisches Verfahren, bei dem die einzelnen Faktoren standardisiert werden. Dies bewirkt, dass die Varianz auf die Faktoren umverteilt wird, was zu einer besseren Interpretation der Ergebnisse führt (vgl. *Bortz* 1989, 665). Das Verfahren erbrachte eine Zwei-Faktoren-Lösung, welche für die Durchführungsart 2 zusammen den hohen Anteil von 94,4% der Varianz aufklärte.

Aus den Werten in Tabelle 18 kann die Interpretation abgeleitet werden, dass die Subtests 3 bis 5 (Klassifikationen, Ähnlichkeiten und Matrizen) bei Kindern der 2. Grundschulstufe am besten die grundlegenden Fähigkeiten der "fluid general intelligence" erfassen. *Weiss* und *Osterland* vermuten, dass die Subtests 1 und 2 (Substitution und Labyrinthe) Fähigkeiten erfassen, die stärker mit der optischen Wahrnehmungsfähigkeit zu tun haben (1980, 31). Zudem muss berücksichtigt werden, dass bei diesen Subtests vor allem das Tempo ein wichtiges Kriterium für das Erzielen einer guten Leistung ist. Die Aufgaben selbst sind relativ einfach zu lösen. Zur *äusseren Validierung* wurden Korrelationsberechnungen mit bestehenden Intelligenz- und Begabungstests durchgeführt. Dabei wurden relativ hohe Korrelationen beispielsweise mit dem HAWIK (.48–.66) festgestellt (vgl. *Weiss; Osterland* 1980, 34-35).

*Tabelle 18:* Ladungsanteile der Subtests am General Factor

| Subtest | 1 | 2 | 3 | 4 | 5 |
|---|---|---|---|---|---|
| Durchführungsart 2 | .39 | .47 | .55 | .65 | .58 |
| | | | | | N = 2986 |

Der Test wurde von einer kleinen Gruppe speziell instruierter Testleiter durchgeführt, die zudem alle bereits Kurse in Diagnostik besucht hatten. Neben gemeinsamen Vorbesprechungen sorgten detaillierte schriftliche Anweisungen für eine einheitliche Durchführung des Intelligenztests. Deshalb kann von einer hohen *Durchführungsobjektivität* ausgegangen werden. Die Auswertung des Tests geschah nach den Vorschlägen von *Weiss; Osterland* (1980, 12–17) und ergab den Intelligenzquotienten, einen normierten numerischen Wert, der die Testergebnisse mit Ergebnissen anderer Intelligenztests vergleichbar macht. Damit ist die *Auswertungs-* sowie die *Interpretationsobjektivität* gegeben.

### 4.2.2 Phase 2

Das klassische Design einer Längsschnittuntersuchung besteht aus mindestens zwei Messzeitpunkten (t1, t2). Nach diesem Vorgehensmuster, an das sich viele Untersuchungen halten, hätte man die Messinstrumente der ersten Phase ein zweites Mal einsetzen müssen. Die zwei zeitlich verschobenen Erhebungen würden die Datengrundlage bilden, anhand derer die Leistungsfortschritte der Schüler berechnet werden könnten.

Von Beginn der Untersuchung an stand jedoch fest, dass wir die Daten der ersten Phase nur für die Parallelisierung verwenden wollten. Erst in einer zweiten Phase sollten mit Hilfe eingehender Einzelabklärungen die Daten für den ersten Messzeitpunkt erhoben werden. Der Mehraufwand, den dieses Vorgehen mit sich bringt, lässt sich durch die Vorteile der Einzelabklärung als Erhebungsmethode begründen: Das Überprüfen der Fähigkeiten und Kenntnisse in der Einzelsituation bietet gegenüber den klassischen Gruppenverfahren einen vertiefteren Einblick in den Lernstand eines Schülers. Zudem können Materialien eingesetzt werden, mit denen die Schülerin oder der Schüler handelnd umgehen kann. Auf der einen Seite bringt dies Abwechslung und Erholung in der für Schüler dieser Altersstufe zeitlich langen Untersuchung. Es ist zu vermuten, dass der Einsatz von unterschiedlichen Materialien entkrampfend auf die Testsituation und motivierend auf den Schüler wirkt. Auf der anderen Seite ist auf diesem Schwierigkeitsniveau das Arbeiten auf der gegenständlichen Repräsentationsstufe auch für die Diagnose unabdingbar. In der täglichen Unterrichtssituation sind viele Schüler, und gerade auch schwache, auf den Einsatz von konkretem Material angewiesen. Würde dieses in der Testsituation weggelassen, könnte es leicht zu einer Überforderung des Schülers kommen. Das Feststellen seines Lernstandes wäre erschwert, weil man nur vermuten könnte, ob der Schüler eine bestimmte Aufgabe, beispielsweise in der Mathematik, mit entsprechenden Materialien gelöst hätte oder nicht. Es gehört aber zu den Gütekriterien eines Tests (Validität), dass er möglichst präzise den Aspekt misst, den er zu messen vorgibt. Im Falle der Schulleistungsmessung bedeutet dies eine möglichst grosse Nähe zur Unterrichtssituation, und dazu gehören auch die Materialien. Ein weiterer Vorteil von Einzelabklärungen liegt darin, dass deren Situation grundsätzlich stärker schülerzentriert ist, als dies bei Gruppenverfahren der Fall sein kann.

Umgekehrt wäre es wegen des zeitlichen Aufwandes unmöglich gewesen, über Einzelabklärungen vergleichbare Schüler aus Klassen ohne heilpädagogische Zusatzmassnahmen zu den Schülern zu suchen, welche die Heilpädagogische Schülerhilfe in Anspruch nehmen. Deshalb mussten zuerst Gruppentests eingesetzt werden. Erst anschliessend wurde der erste Messzeitpunkt angesetzt, damit die Vorteile, welche die individuelle Untersuchung von Schülern bietet, nicht preisgegeben werden müssen.

Da die anschliessend vorgestellten Verfahren mit 48 Schülern durchgeführt wurden, konnten keine statistischen Werte für die Gütekriterien der einzelnen Instrumente errechnet werden. Deshalb werden wir uns auf vorhandene Angaben der jeweiligen Autoren berufen.

*4.2.2.1    Das Instrument für die Einzelabklärung in Mathematik*

Als Grundlage für das Testverfahren boten sich die "Strukturbezogenen Aufgaben zur Prüfung mathematischer Einsichten" von *Kutzer* und *Probst* (1991) an. Es handelt sich um ein jüngeres Verfahren, welches neben konkreten Rechenaufgaben auch die Grundlagen und Voraussetzungen für mathematische Operationen überprüft.

- *Theoretischer Hintergrund des Instruments:*
Das Instrument basiert auf den theoretischen Annahmen der strukturbezogenen Diagnostik, welche die Sachlogik eines Lerngegenstandes und die Entwicklungslogik einer kognitiven Struktur als Bezugssystem ansieht (vgl. *Probst* 1982, 133). Den meisten konventionellen Test- und Diagnoseinstrumenten ist eine normbezogene Struktur eigen (*Lienert* 1967, 12). Dabei wird von einem Persönlichkeitsmerkmal - als Konstrukt definiert - ausgegangen, welches interindividuell variiert und normal verteilt ist (Intelligenz, Gedächtnisleistungen usw.). Als nächstes muss das Konstrukt operationalisiert werden, das heisst, es muss in eine Reihe Prüfaufgaben übersetzt werden, damit das entsprechende Merkmal erfasst werden kann. Die Ergebnisse eines Individuums werden anschliessend mit einer Norm, welche durch eine repräsentative Eichstichprobe berechnet wurde, verglichen. Auf diese Weise wird zum Beispiel bezüglich des untersuchten Merkmals eines Individuums der relative Abstand zum Durchschnitt ersichtlich. Eine weitere, neuere Variante stellt die lernzielbezogene Vorgehensweise dar (vgl. *Probst* 1982, 117-118): Der Bereich, über den Aussagen gemacht werden sollen, muss präzisiert, Inhalte und Lernziele müssen definiert werden. Aus der Gesamtmenge der Kenntniselemente wird anschliessend eine repräsentative Stichprobe gezogen. Wenn ein Schüler eine per Konvention festgesetzte Menge an Aufgaben richtig gelöst hat, kann ein definiertes Lernziel als erreicht gelten. Im Gegensatz zum normbezogenen Vorgehen wird der Schüler nicht mit anderen Individuen, sondern mit dem Lerngegenstand in Beziehung gesetzt.
Nach *Probst* (1982, 119) bezieht sich die Theorie der strukturbezogenen Diagnostik auf bekannte Theorien der kognitiven Entwicklung auf der einen Seite und der Didaktik auf der anderen Seite. Somit ist ihr Gedankengut nicht völlig neuartig. Man geht davon aus, dass der Untersuchung von kognitiven Strukturen die Analyse des entsprechenden Lerngegenstandes vorausgehen muss. Dabei wird die Sachstruktur als hierarchischer Aufbau von Elementen und logischen Relationen zwischen diesen angenommen, so dass die Entstehung neuer, höherer Qualitäten durch In-Beziehung-Setzen bekannter oder neu hinzugekommener Elemente geschieht, was zu entsprechend höherer Komplexität der gegenständlichen wie auch der kognitiven Strukturen führt. Der strukturelle Aufbau eines Gegenstandes erschliesst sich demzufolge durch seine Analyse, unter der didaktischen Fragestellung nach den Anforderungen, die seine Aneignung an das Individuum stellt. Hinzu kommt das Niveau der Auseinandersetzung mit dem Gegenstand, der auf verschiedenen Repräsentationsniveaus angeboten werden kann.

Diese Niveaustufen können von der konkreten Handlung, der bildlichen Darstellung bis hin zur Denkoperation gesteigert werden. Somit sind zwei Dimensionen vorstellbar, die in ihrem Anspruchsniveau variiert werden können, auf der einen Seite die Komplexität der Struktur, auf der anderen Seite das Repräsentationsniveau. Beide zusammen definieren die Höhe der individuellen kognitiven Leistung (vgl. *Probst* 1982, 123).

Diese Mehrdimensionalität macht eine zweistufige Diagnose erforderlich, um den Lernstand eines Kindes herausfinden zu können. Die Aufgabe einer grobdiagnostischen Ermittlung liegt im Feststellen des Lernbereiches, in dem der Schüler den geforderten Lernstand noch nicht erreicht hat. Das Ergebnis dieses ersten Schrittes kann beispielsweise sein, dass ein Schüler die Konstanz von Mächtigkeitsrelationen bei einer Veränderung der Anordnung nicht zu erkennen vermag. Dies wäre der Lernbereich, in welchem sich der Schüler befindet - die Autoren des Instruments nennen ihn die "Zone der nächsten Entwicklung" (*Kutzer; Probst* 1988, 8-9). Über eine Feindiagnose wird dann der effektive Lernstand unter Berücksichtigung der beiden Dimensionen "Komplexität des Lerngegenstandes" und "Niveau der Repräsentationsstufe" ermittelt.

Um diesen Lernstand möglichst rationell erfassen zu können, ist das Instrument nach folgendem Prinzip aufgebaut: Mit dem Schüler wird eine mittelschwere Problemstellung behandelt. Kann er diese lösen, wird eine schwerere vorgetragen. Dabei kann angenommen werden, dass er die vorhergehenden Aufgaben beherrscht. Diese Annahme rechtfertigt sich durch den hierarchischen Aufbau des Mathematikstoffes. Kann er die Problemstellung nicht lösen, wird diese bezüglich des Repräsentationsniveaus vereinfacht, oder es wird eine einfachere Aufgabe gestellt. Dieser Prozess wiederholt sich in den einzelnen Themenbereichen (Positionssystem, Addition, Subtraktion sowie Grundlagen der Multiplikation und Division).

Das Instrument wurde eigentlich für das Erstellen einer Förderdiagnose konstruiert. Das vordergründige Ziel des Verfahrens liegt somit nicht in der Ermittlung eines normbezogenen numerischen Wertes, sondern im Aufspüren von Hinweisen auf die "nächsten anstehenden Lernschritte" (*Probst* 1982, 126) im Hinblick auf eine adäquate Förderarbeit mit dem Kind. Damit aber, entsprechend der Zielsetzung unserer Untersuchung, interindividuelle Vergleiche bezüglich des Lernfortschrittes möglich sind, können wir nicht darauf verzichten, den Lernstand des Schülers zu quantifizieren, .

Das Verfahren hat sich bei der Auswahl als das geeignetste erwiesen, weil auch die grundlegenden Voraussetzungen und Einsichten für mathematische Operationen überprüft werden. Dies beugt der Gefahr vor, dass rein mechanisches Rechnen unerkannt bleibt, wie dies bei einem konventionellen Instrument vorkommen könnte. Es ist beispielsweise möglich, dass ein Schüler eine Einmaleins-Reihe perfekt auswendig aufsagen kann, ihm aber dennoch die Prinzipien der Multiplikation (ableitbar aus der Addition, Umkehrbarkeiten, Umtauschbarkeit usw.) unbekannt sind. Sind aber grundlegende mathematische Einsichten einmal vorhanden, bleiben sie beständig (Bsp. Invarianz der Mengen, das dekadische Positionssystem usw.). Dies bringt den Vorteil, dass bei einer zweiten Erhebung ursprünglich geprüfte grundlegende Fähigkeiten nur mehr stichprobenartig kontrolliert werden müssen.

*- Testaufbau:*
Das eben geschilderte Vorgehensprinzip des Verfahrens bringt es mit sich, dass der Testleiter über ein ausreichendes Hintergrundwissen verfügen muss, damit eine adäquate Testdurchführung gewährleistet ist. Er muss in der Lage sein, schnell entscheiden zu können, welche Aufgabe als nächstes angegangen werden muss, da die Reihenfolge der Problemstellungen direkt abhängig ist von den Leistungen des Probanden. Zudem muss der Testleiter angemessene Rückmeldungen geben können, für eine angenehme Atmosphäre sorgen, die Durchführungszeiten notieren, auf Aktionen und Reaktionen des Schülers achten, ein Protokoll führen, die richtige Darbietung der einzelnen Aufgabenstellung vornehmen usw. Um ihn etwas zu entlasten (damit er seine Konzentration auf den Schüler richten kann), haben wir die Aufgabensammlung unter den Hinweisen von *Kutzer* und *Probst* in einem strukturellen, theoretisch bestimmten Aufbau bezüglich Komplexität und Niveau angeordnet und mit Hinweisen versehen, unter welchen Bedingungen welche Aufgabenstellung die nächste ist. Im folgenden sind Beispiele aus dieser Struktur in Kurzform beschrieben. Der Protokollbogen mit den einzelnen Items befindet sich verkleinert im Anhang. Während des Testverlaufs hat der Testleiter den Protokollbogen, der Schüler oder die Schülerin das Testmaterial (Rechenzug mit Klötzen beladen) vor sich. Dieses wird entweder handelnd eingesetzt oder veranschaulicht die Problemstellung, welche in einer reinen Denkoperation gelöst werden muss.

*Positionssystem:*
Insgesamt umfasst dieser Bereich sieben Problemstellungen. Der Test beginnt mit einer einfachen Einstiegsaufgabe, bei der die Eins-zu-Eins-Zuordnung überprüft wird. Gleichzeitig werden Mächtigkeitsrelationen von Mengen (mehr-weniger-gleichviele) dargestellt.
Anschliessend wird eine Aufgabe zum Notieren gebündelter Mengen und zur Entfaltung von Zahlen durch gebündelte Mengen gestellt. Eine bestimmte Anzahl Klötze soll anhand der Bündelung durch die Wagen des Zuges erfasst werden, ohne dass die einzelnen Elemente durchgezählt werden müssen. Kann die Aufgabe nicht korrekt gelöst werden, folgen zwei weitere Items zum handelnden Umgang mit Bündelungsaufgaben.

Die Entfaltung von Zahlen muss nun in der Vorstellung, als reine Denkoperation, ausgeführt werden. Zudem wird die Kenntnis der Bedeutung der Zahl 0 in verschiedenen Positionen (4 / 40) und die Sicherheit in der Unterscheidung von Zehnern und Einern überprüft. Beispielsweise zeigt der Testleiter dem Schüler einen Zug mit drei vollen Wagen (30 Elemente). Nachdem der Schüler die Zahl der Klötze notiert hat, wird er mit folgender Aussage konfrontiert: "Ich schreibe diesen Zug aber so auf '3'. Das genügt doch. Es sind nur drei Wagen und sonst nichts. Ist das richtig?" Falls der Schüler die Zahl richtig notiert hat und die Falschlösung zurückweist, wird dies positiv bewertet.

Für alle Aufgaben sind die möglichen Reaktionsformen des Probanden genau beschrieben und nach *Kutzer* und *Probst* (1991) in eine positive und eine negative Gruppe eingeteilt. Die entsprechende Reaktionsform wird vom Testleiter markiert. Durch die Addition der Einzelergebnisse wird eine Quantifizierung der Schülerleistung möglich, wobei übersprungene Aufgabenstellungen als richtig angesehen werden. Bei einigen Aufgaben sind die Reaktionsformen hierarchisch gegliedert, so dass bei entsprechenden Lösungsantworten die "unteren" auch als erfüllt gelten (siehe z.B. Aufgabe 6).

*Addition / Subtraktion:*
Die Zahlaufgabensammlung von *Kutzer* und *Probst* (1991) zur Addition und zur Subtraktion ist nach Schwierigkeitsgrad und Repräsentationsniveau geordnet. Der Schwierigkeitsgrad variiert von ein- zu zweistelligen Zahlen und von Aufgabenstellungen ohne zu solchen mit Zehnerübergang (5 + 4 = —> 36 + 57 =). Mit dem Repräsentationsniveau ist im Fall konkreter Aufgaben die Veränderung der Syntax gemeint (5 + 4 = __ —> __ + 4 = 9 oder 7 + 2 = __ —> 2 + 7 = __). Die Aufgaben werden im Zahlbereich bis 100 gestellt.

Um möglichst rasch den Lernstand eines Schülers feststellen zu können und zur einfacheren Durchführbarkeit des Tests wurde die Aufgabensammlung von uns in Form eines Flussdiagrammes angeordnet und entsprechend ergänzt. Dadurch wurde es möglich, mit fünf bis sieben Aufgabenstellungen pro Grundoperationsart den Lernstand des Schülers bezüglich Schwierigkeitsgrad und Repräsentationsstufe festzustellen.

Dem Schüler wird eine mittelschwere Additionsaufgabe schriftlich vorgelegt. Kann er sie lösen, ist die nächste Aufgabe schwieriger, andernfalls leichter usw. Die letzte, richtig gelöste Aufgabe wird in ein Raster eingetragen, dessen erste Dimension durch den Schwierigkeitsgrad und dessen zweite nach dem Niveau des Syntax definiert ist. In Abbildung 8 ist ein Auszug aus dem Flussdiagramm für die Addition wiedergegeben, an dem sich der Testleiter orientieren kann. Die Aufgaben werden dem Schüler einzeln schriftlich vorgelegt.

Die nächste Aufgabe besteht darin, dass der Schüler die erste nicht mehr gelöste Zahloperation mit Hilfe des Rechenzuges handelnd nachvollzieht. Wenn der Schüler korrekt ergänzt, indem er unter Anschauung der (Teil-)Menge die Operation vorstellend zu Ende führt, wird dies positiv bewertet. Wenn der Schüler zum falschen Ergebnis kommt, das Prinzip der Zehnerbündelung nicht nutzt oder wenn er vollständig auf die konkrete Ausführung angewiesen ist, wird keine positive Bewertung vergeben. Anschliessend wird der Schüler aufgefordert, die letzte richtig gelöste Aufgabe anhand des Rechenzuges darzustellen. Falls er die Zahloperation in eine Mengenoperation umsetzen kann und diese dem Testleiter mit Hilfe der Wagen und Klötze richtig demonstriert, wird dies mit einem Punkt bewertet. Die Problemstellung ermöglicht eine Überprüfung der mathematischen Einsichten beim Schüler. Würde er rein mechanisch rechnen, wäre es ihm nicht möglich, die Zahlenaufgabe in eine Mengenaufgabe zu adaptieren.

```
        58+37=☐              67+☐=95
              ☐ + 38 =76 <                      37+48=☐
                            75=☐+37
                                      27+☐=95
```

↗ leichter      ↘ schwieriger

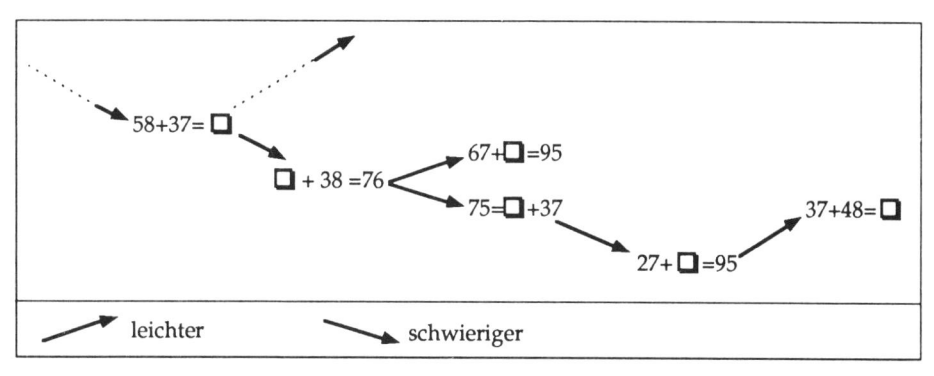

*Abbildung 8:* Auszug aus dem Flussdiagramm für die Additionsaufgaben

Die Überprüfung der Fähigkeiten bei Subtraktionsaufgaben erfolgt nach dem gleichen Vorgehen wie bei den Additionsaufgaben. Zuerst wird, orientiert am Flussdiagramm für die Subtraktion, der Lernstand des Schülers nach den Dimensionen Schwierigkeit und Syntaxniveau festgestellt. Anschliessend wird jeweils die erste nicht gelöste sowie die letzte gelöste Zahloperation handelnd bearbeitet. Die nächste Aufgabe (14) zum schriftlichen Additions- bzw. Subtraktionsprinzip wurde nicht in die Auswertung aufgenommen, da die Schulklassen zumeist erst kurz vor der Einführung dieses Themas waren und die Schüler deshalb die Darstellungsform noch nicht kennengelernt hatten. Für die Auswertung des Bereichs Addition / Substraktion wurden die beiden "Positionen" innerhalb des Rasters in einen numerischen Wert umgerechnet und richtige Lösungen bei der Darstellung in den Mengenoperationen hinzugezählt.

*Multiplikation / Division:*
Für diesen Bereich stehen sieben Problemstellungen zur Verfügung. Die erste Aufgabenstellung richtet sich nach der Erkenntnis der Multiplikation als verkürzte Addition (3 X 5 = 5 + 5 + 5). Wird diese Aufgabe richtig gelöst, kann die nächste Problemstellung übersprungen werden. Andernfalls wird in der nächsten Aufgabe dieselbe Problemstellung auf einem tieferen Repräsentationsniveau dargeboten.

Nun muss der Schüler eine Schokoladentafel, die vor ihm auf dem Tisch liegt, in der Vorstellung zuerst auf drei und anschliessend auf fünf Kinder verteilen. Dabei werden zwei Vorgehensweisen akzeptiert: Der Schüler errechnet die Gesamtzahl und verteilt anschliessend abzählend. Oder er nennt direkt das Resultat und zeigt auf die entsprechenden Riegel. Irrt er, wird eine ähnliche Aufgabenstellung mit Hilfe von Klötzen handelnd durchgeführt.

Das Kind erhält Kärtchen mit verschiedenen, regelmässig angeordneten Kreisformationen und muss versuchen, darin eine Multiplikationsaufgabe zu erkennen, ohne dabei die Kreise durchzählen zu müssen:

```
            oooooo ⎫
            oooooo ⎬  3 x 6  bzw.  6 x 3
            oooooo ⎭
```

Eine gemischte Kettenrechnung mit Additions- und Multiplikationsaufgaben sowie ein Mengenvergleich zweier Multiplikationen schliessen den Test ab.

Da viele der Aufgaben Fähigkeiten und Kenntnisse überprüfen, welche, einmal beherrscht, nicht wieder verlernt werden, konnten bei der zweiten Erhebung einige vorher richtig gelöste Aufgaben ausgelassen werden. Damit ein einheitliches Vorgehensprinzip gewährleistet war, wurde ein Schema für die Testleiter konstruiert, an dem sich diese orientieren konnten.

Damit die schwächeren Schüler, die alle Aufgaben machen mussten, nicht benachteiligt waren und ebenfalls die Möglichkeit erhielten, zu den Multiplikations- und Divisionsaufgaben vorzudringen, hatten wir keine feste zeitliche Begrenzung für den Test angesetzt. Die Testleiter wurden jedoch angewiesen, zur nächsten Aufgabenstellung zu wechseln, wenn ein Schüler zu lange an einem Problem hängen blieb und es offensichtlich nicht lösen konnte. Bei der ersten Erhebung ergab sich eine durchschnittliche Testzeit von 63 Minuten, bei der zweiten Erhebung waren es noch 44 Minuten.

- *Angaben zu den Gütekriterien:*

Wie bereits ausgeführt, erlaubte uns die kleine Stichprobe nicht, eigene Aussagen bezüglich der Gütekriterien zu machen, die statistisch durch unsere Stichprobe abgesichert sind. Im folgenden sollen dennoch, nicht zuletzt zur Begründung für den Einsatz dieses Instruments, auf der Basis der Testkommentare und weiterer Leitartikel von *Kutzer* und *Probst* Angaben zu den Gütemerkmalen gemacht werden.

Das Verfahren wurde als förderdiagnostisches Instrument entwickelt, dessen Ziel primär eine qualitative Aussage ist. Unter diesem Aspekt ist die Förderung eines Schülers gewiss die vernünftigste Konsequenz einer Diagnose. Dementsprechend werden aufgrund des Verfahrens nicht Aussagen über den relativen Grad der individuellen Merkmalsausprägung gemacht. Vielmehr soll der Proband in Relation zu sachlichen Anforderungen gesetzt werden (*Kutzer; Probst* 1988, 14). Die Diagnose ist demnach der Nachweis der Lerninhalte, die der Schüler beherrscht, unter Beachtung des jeweiligen Repräsentationsniveaus. Darüber hinaus soll es möglich sein, den Bereich zu charakterisieren, an dessen Schwelle der Schüler steht, das heisst die "Zone der nächsten Entwicklung" (*Kutzer; Probst* 1988, 15) zu ermitteln. So können direkte Hilfestellungen im Hinblick auf die Förderung abgeleitet werden.

Dennoch kann bei dem Verfahren von einem "Test" im Sinne von *Lienert* (1967, 7) gesprochen werden, denn es ist ein wissenschaftliches Routineverfahren zur Untersuchung eines empirisch abgegrenzten Persönlichkeitsmerkmals. Da keine quantitativen Aussagen angestrebt werden, machen die Autoren freilich keine statistischen Analysen bezüglich aller Gütekriterien. Der Test verfügt jedoch über eine hohe inhaltliche Validität, da er eine deduktive Ableitung aus dem Konstrukt mathematischer Sachstrukturen, die in zahlreichen Untersuchungen validiert wurden, darstellt (vgl. *Kutzer; Probst* 1988, 15-16). Zudem sprechen die Autoren von einer Konstruktvalidität im Rahmen der Struktur mathematischer Einsichten. Diese Lernzielhierarchie wurde für den ersten Teil durch die Berechnung von Voraussetzungskoeffizienten einer empirischen Kontrolle unterzogen. Die hypothetische Sachstruktur konnte weitgehend bestätigt werden (vgl. *Kutzer; Probst* 1988, 18), das heisst, dass die Elemente mathematischer Einsichten durch ein Voraussetzungsverhältnis hierarchisch gegliedert sind. Auch wenn für den zweiten, von uns verwendeten Teil zurzeit noch keine statistische Überprüfung vorliegt, kann von einer hierarchisch aufbauenden Sachstruktur ausgegangen werden. Es ist einsichtig, dass ein Schüler, der die Stück-für-Stück-Korrespondenz zweier Mengen nicht herstellen kann, mit Bündelungsaufgaben überfordert ist. Eine Einsicht ist gleichzeitig Voraussetzung für die nächsthöhere, was mit anderen Worten bedeutet: "nur wer Element A beherrscht, kann Element B lösen" (*Kutzer; Probst* 1988, 16). Aus dieser Gesetzmässigkeit kann selbstverständlich auch umgekehrt angenommen werden, dass, wenn jemand Element B gelöst hat, er auch Element A beherrscht. Aus diesem Prinzip rechtfertigt sich unser Vorgehen bei der Testdurchführung. Da die Aufgaben kumulativ-homogen im Sinne einer Lernhierarchie sind, genügen wenige Aufgaben, um den Stand der aktuellen Leistung zu kennzeichnen. Wenn beispielsweise ein Schüler "16+8=" addieren kann, ist es höchst unwahrscheinlich, dass er die Problemstellung "2+3=" nicht löst.

Die genauen Beschreibungen der Reaktionsmöglichkeiten des Schülers auf die Problemstellungen ermöglichen eine objektive Bewertung der Leistung. Die Erhöhung der Durchführungsobjektivität wurde durch präzise schriftliche Instruktionen sowie durch die Einarbeitung der Testleiter, die durchwegs im Besitz eines Diploms in Heilpädagogik waren, erreicht. Um subjektive Einflüsse bei der Interpretation ausschliessen zu können, war es unumgänglich, die Ergebnisse der Schüler zu quantifizieren. Dies wurde zudem dadurch nötig, weil wir die Leistungen der Schüler miteinander vergleichen wollten.

### 4.2.2.2  Testbereiche der Einzelabklärung in Sprache

Für die Erhebung der Sprachleistungen haben wir aus verschiedenen bestehenden Verfahren sich ergänzende Testaufgaben ausgewählt, um ein möglichst breites Spektrum der Sprache abdecken zu können. Zum Teil handelte es sich um Instrumentarien, die für förderdiagnostische Zwecke entwickelt worden waren. Im Zuge integrativer Bestrebungen verzichtet man in der Praxis zunehmend auf standardisierte Zuteilungsverfahren, weshalb vermehrt qualitative Testinstrumente entwickelt werden. Will man diese jüngsten Entwicklungen in der Einzelabklärung berücksichtigen, kommt man nicht umhin, qualitative Auswertungsmethoden mit einzubeziehen und diese anschliessend zu quantifizieren. Die Testitems mit den Durchführungsanweisungen für die Testleiter befinden sich im Anhang. Die zumeist wörtlich vorgegebenen Testinstruktionen sorgen für eine möglichst hohe Durchführungsobjektivität. Gleich der Einzelabklärung in Mathematik wurde auch bei der Sprache auf eine enge Zeitvorgabe verzichtet, weil dies teilweise von den Autoren vorgeschlagen wird (*Probst* 1991, 40; *Grimm; Schöler* 1978, 45; *Wettstein* 1987, 8).

*Silbentrennung:*
Die Syllabierung von Wörtern ist neben der Bildung von Morphemen und Signalgruppen eine der drei grundsätzlichen Möglichkeiten, die Schriftsprache zu gliedern. Wegen der besonderen Koppelung an das Sprechen setzen Kinder die Silbentrennung bei der phonologisch geleiteten Verschriftung der Sprache ein (*Probst* 1991, 11). Dieser Testbereich spricht somit eine wichtige Fähigkeit als eine der Voraussetzungen für den erfolgreichen Umgang mit der Orthographie an. Die Kenntnis von konkreten Trennregelungen ist dabei auf dieser Altersstufe zweitrangig. Viel wichtiger ist die Fähigkeit, über den Sprachrhythmus bestehende schriftsprachliche Einheiten gliedern zu können.

Der Subtest aus dem Inventar impliziter Rechtschreibregeln von *Probst* (1991) erfordert, von der lautlichen Vorgabe ausgehend, die Markierung einer Wortkomponente. Vier lange Wörter von fünf bis sechs Silben prüfen die Segmentierung in rhythmische Spracheinheiten. Dabei interessiert nicht die für die Worttrennung geltende orthographische Silbengrenze, sondern nur die Markierung der Stellen, wo man beim Sprechen eine Pause machen kann. Für jede richtige Silbentrennung wird ein Punkt vergeben, für jede falsche Trennung ein Punkt abgezogen. Bei dieser Problemstellung ist zu beobachten, dass Schüler, denen die Trennung der Silben misslingt, meist nur die Trennung in Ganzwortbestandteile leisten, also keine erschöpfende Dekomponierung unterhalb der Ebene semantischer Einheiten vornehmen (*Probst* 1991, 20).

Die Angaben zu den Gütekriterien basieren auf Berechnungen des Autors (*Probst* 1991, 84). Anhand von zwei Erhebungen mit N = 292 bzw. N = 506 wurde die *Validität* über das Aussenkriterium "Westermanns Rechtschreibtest" bestimmt. Der Subtest Silbentrennung erreichte dabei eine mittlere Korrelation von .44. Der *Schwierigkeitsindex* für diese Problemstellung beträgt im Durchschnitt .72. Die *Trennschärfeindizes* streuen zwischen .46–.70. Der Koeffizient für die *Innere Konsistenz* (Cronbachs alpha) von .92 erlaubt es, von einer hohen Reliabilität und von homogenen Aufgaben zu sprechen (vgl. *Lienert* 1967, 15).

*Morpheme ersehen:*
Die Morpheme stellen eine zweite Möglichkeit zur Gliederung von Texten in einzelne Segmente dar. Neben dem Wort ist das Morphem die komplexeste Komponente, als Stammform stets sinntragend und Wortfamilien verbindend, als freies Morphem mit dem Ganzwort identisch (*Probst* 1991, 11). Gleiche Wortstämme visuell wiederzuerkennen, ist ein wirksames Instrument beim Lesen wie beim Verschriften. Hinzu kommt die Bedeutung des Erkennens von gebundenen Morphemen als Präfixe (be-, ver-, ent-, un- usw.) oder als Suffixe (-ung, -en, -heit usw.).

Ein weiterer Subtest aus dem Inventar impliziter Rechtschreibregeln (*Probst* 1991) widmet sich diesem Thema. In einem sinnvollen Text von 75 Wörtern kommt 18mal das eingebettete Stammorphem *fahr* oder umgelautet in *fähr* vor (z.B. *Fahr*er). Der Schüler muss den "Wortbaustein" in jeder Erscheinungsform einkreisen. Auch schwachen Schreibern fällt der Vergleich visuell vorgegebener Worte und Wortteile leicht, solange sie im Wahrnehmungsfeld direkt gegeben sind. Dieser Testbereich prüft damit das visuelle Ausgliedern einer Wortgestalt.

Diese Aufgabenstellung ist im allgemeinen relativ leicht, was der hohe Durchschnittswert der *Schwierigkeitsindizes* .90 belegt. Die mittlere Korrelation mit dem Westermann Rechtschreibtest (.12) ist dementsprechend eher niedrig. Jedoch kann von einer hohen *Inneren Konsistenz* (.95) bezüglich der Reliabilität gesprochen werden. Auch der Trennschärfeindex der Aufgaben (.56–.87) ist als hoch anzusehen. Diese Werte wurden für eine Stichprobe von N = 506 berechnet. (*Probst* 1991, 84)

Für die Auswertung lassen sich die Leistungen des Schülers einfach quantifizieren, indem die Anzahl der richtig erkannten Morpheme berechnet wird. Damit sind die Auswertungs- und die Interpretationsobjektivität unbedenklich.

*Sätze bilden:*
Die Autoren *Grimm* und *Schöler* gingen bei der Entwicklung des Heidelberger Sprachentwicklungstests (HSET) von der theoretischen Annahme aus, dass die Sprache eine auf Regelsystemen basierende Kommunikationsform ist (1978, 5). Diese Konventionen werden durch kulturelle Normen definiert. Der Subtest Satzbildung überprüft einerseits den Aspekt des grammatikalischen Systems innerhalb des Spracherwerbs. Damit der Satz eine sinnvolle Bedeutung gewinnt, muss andererseits beim Konstruktionsprozess der semantische Aspekt der Sprache mit einbezogen werden.

Das Kind hat die Aufgabe, aus zwei oder drei vorgelesenen Wörtern mündlich einen Satz zu formulieren. Der Komplexitätsgrad der einzelnen Aufgaben ist dabei über den Grad der semantischen Nähe der Wörter definiert. Das bedeutet, dass mit zunehmender Unverträglichkeit der Bedeutung zweier Wörter die Schwierigkeit steigt, einen logischen Zusammenhang zwischen den Bausteinen zu stiften und diesen syntaktisch adäquat auszudrücken. Ein Beispiel: Bei der Vorgabe *Apfel, beissen* wird ein Verb angeboten, das zum Gegenstand passt. Möglicherweise sind die beiden Wörter schon öfter zusammen gebraucht worden. Sind aber die Wörter *Sand, schwitzen* oder sogar Gegensätze wie *Sonne, kalt* vorgegeben, können sie nur durch einen indirekten Zusammenhang, durch einen Umweg miteinander im gleichen Satz verwendet werden (z.b. *Wenn die Sonne nicht scheint, ist es manchmal kalt*).

Die Auswertung verläuft nach folgendem Schema:
Punktwert 2:  Alle vorgegebenen Wörter sind in einen sinnvollen und grammatisch korrekten Satz eingebracht. Nicht erlaubt sind mehrere Sätze.
Punktwert 1:  Auch dafür müssen alle Wörter in einem Satz verwendet werden. Dieser kann jedoch bestimmte grammatische Abweichungen aufweisen.
Punktwert 0:  Nicht alle Wörter werden gebraucht, oder es werden mehrere Sätze gebildet.

Der Test wurde an einer Gesamtstichprobe von 791 Kindern im Alter zwischen drei und zehn Jahren geeicht. Im folgenden werden wir uns auf die Angaben der Autoren zu den Berechnungen für die Schulkinder beschränken (N = 206). Die mittlere Aufgabenschwierigkeit liegt für diese Altersgruppe bei .80 (.46–.97). Die Trennschärfeindizes streuen relativ tief zwischen .05 bis .38. Dementsprechend niedrig korrespondiert der Reliabilitätskoeffizient nach *Guttman* (Lambda) mit .59. In bezug auf die innere Validität erreicht der Subtest bei einer Faktorenanalyse dennoch relativ hohe Ladungen auf dem ersten (.46) bzw. auf dem zweiten Faktor (.38), was auf eine befriedigende Varianzaufklärung schliessen lässt (*Grimm; Schöler* 1978, 45).

Diese allgemein eher tiefen Werte lassen sich vermutlich dadurch erklären, dass der Test aus relativ einfachen Aufgaben besteht. Dafür sprechen auch die grundsätzlich besseren Werte bei Kindern aus den unteren Altersgruppen. Durch die veränderte Durchführungsart - die Wörter werden nur mündlich und nur einmal vorgetragen - ist mit einer Erhöhung des Schwierigkeitsgrades zu rechnen. In der Tat streuten die Resultate dieses Testbereichs in unserer Stichprobe beim ersten Messzeitpunkt zwischen 5 und 20 Punkten.

*Lesefertigkeit / Leseverständnis:*
Im Gegensatz zu Gruppenverfahren bietet die Einzelabklärung die Möglichkeit, die Lesefertigkeit zu prüfen. Aus ökonomischen Gründen ist es naheliegend, dass man gleichzeitig auch eine Erhebung im Bereich Leseverständnis durchführt. Als Textvorlage dienten uns aus praktischen Gründen die ersten sechs

Sätze des Logopädischen Sprachverständnistests (*Wettstein* 1987), weil wir den Rest der Textvorlage für den nächsten Testbereich benützen wollten und sowohl für das Leseverständnis wie auch für das Sprachverständnis ein verhältnismässig grosser Zeitaufwand für den Aufbau von Material nötig war. So konnte das Material zwischen den Testbereichen aufgestellt bleiben.

Das Kind liest einen Satz, den es jeweils anschliessend mit einer Reihe von Figuren möglichst präzise nachspielen muss. Für das Nachstellen der Sequenzen, die aus einer oder mehreren aufeinanderfolgenden Aktionen bestehen, stehen dem Kind ein Haus, ein Turm, ein Baum, ein Auto, ein Ball, ein Vogel und ein Hund sowie eine Familie mit Mutter, Vater, Knabe und Mädchen zur Verfügung. Die Handlung des Schülers wird direkt bewertet, indem je ein Punkt für die richtig ausgeführte Handlung, das Einbeziehen aller genannten Personen und Gegenstände sowie das Spielen aller Satzteile in der richtigen Reihenfolge vergeben wird.

Vom Lesen wurde eine Tonbandaufnahme gemacht, um die komplexe Auswertung nicht unter Zeitdruck machen zu müssen. Um die Präzision der Auswertung zur Lesefertigkeit zu erhöhen, waren wir bestrebt, ein System zu finden, das neben der quantitativen Analyse (Fehlerhäufigkeit) auch eine qualitative Analyse (Fehlerarten) vorsah. Nach der Überarbeitung der einschlägigen Tests für die Lesefertigkeit entschieden wir uns für eine Kombination von zwei bestehenden Auswertungsschemata. Unser Auswertungssystem orientierte sich einerseits an die Linguistischen Verlesungskategorien nach *Grissemann* (1981), die im Zusammenhang mit dem Zürcher Lesetest gebraucht werden und andererseits an den Kategorien für die Lernbeobachtung beim Lesen nach *Dehn* (1988, 237).

Aus *Grissemann* (1981, 21) stammen die Kategorien:
- ***Semantisch positive Verlesungen*** sind Fehler, die aufgrund der Bemühung um Bedeutung, eventuell unter Erhaltung der Textbedeutung, gemacht werden. Es ist durchaus möglich, dass der Sinn verändert, der Satz aber dadurch nicht "unsinnig" wird, beispielsweise Bergsteigung anstatt Besteigung usw.
- ***Grammatische Konsequenz*** kann sich ergeben, wenn eine vorausgegangene Verlesung durch die richtige Anwendung einer grammatikalischen Struktur zu einer weiteren Verlesung führt. Zum Beispiel: Steigt aus den Autos anstatt aus dem Auto.
- ***Dialektale Einflüsse*** werden vermerkt, wenn eine Verlesung durch die mundartliche Form bestimmt wird, beispielsweise gelugt anstatt geschaut. Dialektale Einflüsse, die sich in der Betonung bemerkbar machen, werden jedoch nicht als Fehler angesehen. Es muss eine eindeutige Wortveränderung beobachtbar sein.
- ***Grammatikalische Verstösse*** sind nicht akzeptable grammatische Formen, die

durch eine Verlesung entstehen: Die Mutter gehen zum Baum.
- *Semantisch negative Verlesungen* sind die folgenschwersten Fehler, die bei einem Leseakt auftreten können, weil dadurch die Bedeutung der gelesenen Sequenz verlorengeht. Sie geschehen durch eine mangelnde inhaltliche Kontrolle.
- *Korrekturen* aufgrund nachträglicher syntaktischer oder semantischer Überprüfung des Gelesenen: Sie hat den Ball gestossen... Sie hat den Ball genommen. Dabei wird kein Unterschied gemacht, ob der ganze Satz oder nur das betreffende Wort wiederholt wird.

Den Vorschlägen zur Lernbeobachtung nach *Dehn* (1988, 237) sind folgende Kategorien entnommen:
- *Keine Lautbildungen* sind Verlesungen, bei denen keine Synthese oder auch Lautverschmelzung von zusammengehörenden Lauten gelingt: e, u = eu; e, i = ei.
- *Pausen*, welche länger als drei Sekunden dauern und den Lesefluss stören. Durch die zeitliche Definition werden sie klar von Atem- und Interpunktionspausen bei Kommas abgegrenzt. Unter anderem schlägt sich das stille Lesen im Sinne einer Vorbereitung in dieser Kategorie nieder.
- *Strukturierungen* werden registriert, wenn ein Schüler Wörter oder Satzteile laut durchbuchstabiert, weil er sie nicht direkt erlesen kann: F–ah–r–r–ad.
- *Integration von Teilen* ist eine Kategorie, die in direktem Zusammenhang mit den Strukturierungen steht. Bei dieser Kategorie werden jedoch zusätzlich Wiederholungen aufgenommen, die anschliessend an eine Strukturierung vorgenommen werden. Sie grenzt sich von den Korrekturen insofern ab, als keine Veränderung des Gesprochenen vorgenommen wird und Korrekturen nur zur Unterstützung des Strukturierungsprozesses und zur Eigenkontrolle dienen: F-ah–r–Fahr–r–a–d–rad–Fahrrad.

Nach dem Auswertungsschema von *Grissemann* (1981, 24) muss derselbe Fehler gegebenenfalls in mehrere Kategorien eingetragen werden. Da es bei der linguistischen Fehleranalyse nicht um eine quantitative Aussage über die Leseleistung eines Kindes, sondern vielmehr um die Analyse der Fehlerarten im Hinblick auf die Förderung geht, spricht nichts gegen ein solches Verfahren. Bei unserer Untersuchung sollten aber Schüler miteinander verglichen werden, weshalb die Ergebnisse quantifizierbar sein mussten. Wenn nun gewisse Fehlersorten sich doppelt und dreifach zu Buche schlagen, führt dies zu einer nicht mehr vertretbaren Verfälschung des Vergleichs. Deshalb wurde ein Fehler nur einmal registriert und einer bestimmten Kategorie zugewiesen. Zudem musste von bestimmten Kategorien der Autoren aus Verfahrensgründen abgesehen werden.

So schlägt beispielsweise *Dehn* (1988, 239) vor, das Interesse am Lesen und am Inhalt in der Lernbeobachtung mitzuberücksichtigen. Dies konnte jedoch anhand der sechs unabhängigen Sätze in unserer Untersuchung unmöglich beurteilt werden.

In bezug auf die Quantifizierung der Verlesungskategorien haben wir uns auf eine Gewichtung festgelegt, die vor allem den Schweregrad des Fehlers im Hinblick auf die Sinnentnahme des Textes einteilt. Die Werte für die einzelnen Kategorien sind in Tabelle 19 wiedergegeben.

*Tabelle 19:* Einteilung und Gewichtung der Verlesungskategorien

| **Gestaltveränderung** (x2) | | **Lesefluss (x1)** | |
|---|---|---|---|
| keine Lautbildung | (x1) | Pausen | (x1) |
| semantisch positiv | (x1) | Strukturierung | (x2) |
| gramm. Konsequenz | (x1) | Integration von Teilen | (x2) |
| dialektale Einflüsse | (x2) | Korrekturen | (x2) |
| gramm. Verstoss | (x2) | | |
| semantisch negativ | (x3) | | |

Da die beiden Auswertungsprinzipien nur teilweise übernommen und zudem untereinander vermischt wurden, sind die Aussagen der Autoren bezüglich der Gütekriterien nicht mehr übertragbar. Im Hinblick auf die Auswertungsobjektivität muss festgehalten werden, dass Grenzfälle in der Zuweisung der Fehler zu bestimmten Kategorien auftreten können.

*Sprachverständnis:*

In der logopädischen Diagnostik kommt der Erfassung des Sprachverständnisses eine grosse Bedeutung zu. Eine Möglichkeit, dieses zu erheben, besteht in der Darbietung von Satzstrukturen, die erfasst, gespeichert und anschliessend in Handlung umgesetzt werden sollen.

Für die Überprüfung dieser Kompetenz wurden die verbleibenden elf Sätze aus dem Logopädischen Sprachverständnistest (*Wettstein* 1987) verwendet. Von den drei Durchführungsmöglichkeiten wurde lediglich Teil A bearbeitet. Vom Testleiter wurden die Sätze dem Kind einzeln vorgelesen. Besondere Beachtung wurde auf die natürliche Sprechweise in Tempo, Artikulation und Melodik gelegt, da sehr schnelles oder langsames Sprechen das Ergebnis beeinflussen kann. Nachdem die Sätze jeweils einmal angeboten wurden, versuchte der Schüler das Gehörte handelnd nachzuvollziehen. Dafür standen ihm dieselben Figuren wie beim Leseverständnis zur Verfügung. Da das Material vom Testautor standardisiert worden war und es verschiedene Bedingungen bezüglich der Konstruktion und der Manipulationsmöglichkeiten erfüllen musste, wurden für alle Testleiter dieselben Ausführungen der Puppen und Gegenstände angeschafft. Um die Sätze nachspielen zu können, muss beispielsweise der Vogel auf dem Baum sitzen oder das Mädchen auf dem Turm stehen können. Das Haus muss gross genug und dessen Türe entsprechend breit genug sein, damit das Mädchen gemäss Satz 10 aus dem Haus treten kann. Aus Abbildung 9 werden diese Anforderungen teilweise ersichtlich.

*Abbildung 9:* Testmaterial für den Bereich Sprachverständnis

Die Auswertung geschiet nach dem gleichen Prinzip wie beim Leseverständnis: Je ein Punkt erhält ein Schüler, wenn die Handlung richtig ausgeführt wird, alle im Satz genannten Personen einbezogen und alle Satzteile im richtigen zeitlichen Ablauf gespielt werden. Daraus ergibt sich eine Maximalpunktzahl von 33. Da die Art der Auswertung nicht dem Vorschlag von *Wettstein* (1988, 11) entspricht, sehen wir von Angaben zu den Gütemerkmalen des Tests ab.

*Rechtschreibung:*
Wie bei der Leseleistung muss auch bei der Prüfung orthographischer Fähigkeiten zwischen Fehlerqualitäten unterschieden werden. Nach *Dehn* (1988, 210) sind Fehler nicht bloss falsch, sondern sie geben Einblick in die geistige Arbeit des Kindes bei der fortschreitenden Schriftaneignung. Die in der Schule übliche quantitative Bewertung der Rechtschreibung stellt den Lernstand eines Kindes zweifellos nur annähernd genau fest. Schüler mit gleichen Punktzahlen bei einem Diktat müssen nicht zwingend auf dem gleichen Entwicklungsstand bezüglich der Integration von Konventionen bei der Verschriftung von Sprache sein.

Deshalb sollte neben dem quantitativen auch ein qualitativer Aspekt bei der Auswertung zum Tragen kommen. Dabei orientierten wir uns an den Klassifikationen von *Dehn* (1988, 226), bei denen eine anschliessende Quantifizierung durch ihre hierarchische Anordnung in einfacher Weise möglich ist:
- Die Schreibung gilt als **"*diffus*"**, wenn sie nicht als regelgeleitet erkennbar ist.

- Der Kategorie *"rudimentär"* werden Wörter zugeordnet, wenn weniger als zwei Drittel der Buchstaben als regelgeleitet erkennbar sind.
- Die Kategorie *"fehlende Elemente"* beinhaltet Wörter, bei denen ein Buchstabe ausgelassen oder falsch eingesetzt wird.
- Wenn der Schüler dialektale Ausdrücke in die Verschriftung hineinfliessen lässt, wie beispielsweise Chind anstatt Kind, wird dies in der Kategorie *"Artikulation"* vermerkt.
- In die nächste Kategorie fallen Wörter, die zwar *"phonematisch richtig"* geschrieben wurden, aber dennoch nicht den geltenden Rechtschreibkonventionen entsprechen. Zum Beispiel kann der Laut 'ts' auf drei verschiedene Arten verschriftet werden (z, tz, ts). Bei vielen Wörtern korrespondieren Aussprache und Schreibweise nicht, was bei Schülern, welche sich an auditiven Merkmalen orientieren, Fehler provozieren kann: z.B. Strasse, Fass.
- Wenn der Schüler bereits über ein mehr oder minder grosses Regelwissen verfügt, kommt es oft vor, dass eine Regel übergeneralisiert wird. So wird beispielsweise die fehlerhafte Schreibung des Wortes Krockodil der Kategorie *"verallgemeinert"* zugeordnet.
- In der letzten Kategorie werden alle *"richtig"* geschriebenen Wörter zusammengefasst.

Pro Wort wird jeweils nur eine Zuteilung vorgenommen. Um einheitliche Entscheide bei Grenzfällen gewährleisten zu können, müssen alle Auswertungen von einer Person gemacht werden. Gemäss der aufsteigenden Reihenfolge werden den Kategorien Punktwerte zugewiesen, so dass für eine "diffuse" Verschriftung 0 Punkte, für ein "richtiges" Wort 6 Punkte verteilt werden. Bei der quantitativen Auswertung wird jeweils die Anzahl der richtig geschriebenen Buchstaben gezählt. Da diese Punktzahl freilich in der Regel weitaus höher ist, werden die beiden Auswertungsformen jeweils getrennt durchgeführt und nach einer mathematischen Transformation gleichmässig gewichtet, so dass dem einzelnen Punkt der qualitativen Analyse ein relativ höherer Wert zukommt als einem Punkt der quantitativen Auswertung.

Die Textvorlage besteht zum einen aus einer Reihe von Wörtern, die der Schüler mit einer relativ hohen Wahrscheinlichkeit erst selten geschrieben hat. Der Grund dafür liegt in der Zielsetzung, nicht die Fähigkeit der Reproduktion gespeicherter Wortbilder, sondern die Art des Zugriffs, das heisst die Qualität der Strategien bei unbekannten Wörtern zu erheben. Die Wörter werden in Form kleiner Bilder vorgegeben. Um Missverständnisse ausschliessen zu können, wird der Schüler aufgefordert, die abgebildeten Gegenstände zu benennen. Die einzelnen Items sind nach steigendem Schwierigkeitsgrad geordnet: Rose, Pinguin, Krokodil, Kinderwagen, Flugzeug, Schneemann, Fahne, Schmetterling, Geschirr,

Fallschirm. Das zu erreichende Maximum bei der qualitativen Auswertung beträgt 60 Punkte, bei der quantitativen Auswertung 84 Punkte.

Zum anderen wird ein Satz diktiert, der wieder aus vorwiegend unbekannten Wörtern zusammengesetzt ist: "Vor der Windmühle steht ein Ritter, kümmert sich nicht um das Gewitter." Gemäss der Instruktion darf der Satz, sooft es das Kind wünscht, wiederholt werden. Die Interpunktionszeichen werden zwar diktiert, aber nicht in die Bewertung miteinbezogen. Jedoch wird beim Satz je ein Punkt für die richtige Gross- Kleinschreibung vergeben (max. 12 Punkte). Hinzugerechnet werden maximal 72 Punkte bei der qualitativen und korrespondierend mit den Auswertungskategorien 58 Punkte bei der quantitativen Analyse. Die beiden Rechtschreibaufgaben (Wörter, Satz) werden in gleichwertigem Verhältnis zueinander gewichtet.

*Sichtwortschatz:*
Innerhalb des "heuristischen Wechselspiels der Zugriffsweisen" (*Probst* 1991, 13) bezüglich der orthographisch richtigen Verschriftung von Sprache ist das visuelle Einprägen von Wörtern eine der bedeutendsten Strategien des Schreibunterrichts. *Probst* bezeichnet diesen Speicher bekannter und oft gesehener Wörter als "Sichtwortschatz" (1991, 15). Zur Überprüfung der Fähigkeit, visuell gespeicherte Muster für die Rechtschreibung zu nutzen, werden dem Schüler je vier Schreibungen eines Wortes, die sich gleich anhören, dargeboten. Durch die lautliche Übereinstimmung wird die Orientierung an auditiv erfassbaren Merkmalen ausgeschaltet, das phonologische Rekodieren verunmöglicht. Die Wörter entstammen einem sehr leichten Grundwortschatz, der nach Angaben des Autors grösstenteils in allen ersten Klassen anzutreffen ist. Die Wahrscheinlichkeit ist recht hoch, dass diese Aussage bezüglich der verwendeten Wörter Uhr, Leute, geht, Strasse, Brief, Mädchen, Vater, Brot, Bier, Fenster, fahren, Stadt auch auf Deutschschweizer Verhältnisse übertragen werden kann.

Die Aufgabe besteht darin, das korrekt geschriebene Wort herauszusuchen und durch ein Kreuz zu markieren. Die Punktzahl wird durch die Anzahl der richtig identifizierten Wörter errechnet.

Der mittlere Schwierigkeitsindex von .89 macht deutlich, dass es sich um eine relativ einfache Problemstellung handelt (N = 506). Die Plazierung des Tests am Schluss der anforderungsreichen Einzelabklärung erweist sich somit als günstig. Die Trennschärfeindizes streuen zwischen .48 bis .70. Der Subtest verfügt über eine angemessene hohe Reliabilität nach Cronbach (alpha = .84). Bezüglich der äusseren Validierung mit dem Deutschen Rechtschreibtest (DRT) erreicht er eine mittlere Korrelation von .44.

## 4.3 Stichprobenbeschreibung

### 4.3.1 Gesamtstichprobe für die Phase 1

Über die kantonalen Schulbehörden gelangten wir mit einer schriftlichen Anfrage an Lehrpersonen der zweiten Primarschulstufe von 18 Kantonen der deutschsprachigen Schweiz und des Fürstentums Liechtenstein. Insgesamt konnten 103 Klassen in die Stichprobe aufgenommen werden.

Davon gehörten 64 Klassen (N = 1256) der Kategorie "Regelklassen" (RG) an, welche durch folgende Kriterien definiert wurde: In diese Kategorie aufgenommen wurden gewöhnliche Primarklassen ohne Heilpädagogische Schülerhilfe, wie sie üblicherweise in der Volksschule bestehen. Zudem befand sich die nächstliegende Institution, welche heilpädagogische Fördermassnahmen anbot (Sonderklasse für Lernbehinderte), mindestens 7 km vom Schulort entfernt. Damit konnte angenommen werden, dass Kinder des zweiten Schuljahres aufgrund der hohen Belastung eines langen Schulweges trotz Schulleistungsschwäche nicht aus der Regelklasse des Wohnorts ausgesondert waren. Folglich mussten in diesen Schulorten jene schulleistungsschwachen Kinder vorzufinden sein, die in der zweiten Phase der Kontrollgruppe zugewiesen werden konnten. Das Kriterium hatte zudem zur Konsequenz, dass sich diese Klassen vorwiegend in kleineren Ortschaften dünnbesiedelter Gebiete befanden. Durch das Bundesamt für Statistik konnten auf eine telefonische Anfrage hin für die besagten Orte Einwohnerzahlen zwischen 590 und 4935 ermittelt werden.

Die restlichen 39 Klassen (N = 706) liessen sich in der Kategorie "Regelklassen mit Heilpädagogischer Schülerhilfe" (RG+) zusammenfassen. Mindestens ein Schüler pro Klasse musste zum Zeitpunkt der Erhebung durch die Heilpädagogische Schülerhilfe betreut werden. Diese Klassen bildeten einen Anteil von rund 50% der angefragten "Regelklassen mit Heilpädagogischer Schülerhilfe" der zweiten Primarschulstufe. Die beiden häufigsten Gründe für eine Absage waren ein vorgesehener Lehrerwechsel für das betreffende Schuljahr oder die Tatsache, dass trotz der Präsenz eines Heilpädagogen am Schulort zurzeit kein Kind von ihm betreut wurde. Wie bereits erwähnt, handelte es sich um eine quasiexperimentelle Versuchsanordnung; dies bedeutet, dass eine vollständige Randomisierung nicht möglich war, da wir alle Klassen der Kategorie RG+ in die Stichprobe aufgenommen hatten, um eine genügend grosse Anzahl Probanden für die Phase 2 zu erhalten.

Tabelle 20 bietet einen Überblick über die Verteilung der 1962 Schülerinnen und Schüler auf die Kantone. Bei dem in Klammern angegebenen Wert handelt es sich um die Anzahl der Klassen. Die RG-Schüler und die RG+-Schüler stehen im Hinblick auf die vorgesehene Paarbildung etwa in einem Verhältnis von 2:1 zueinander.

*Tabelle 20:* Verteilung der Stichprobe auf die Kantone

| Kanton | RG | | RG+ | | Total pro Kanton | |
|---|---|---|---|---|---|---|
| AG | 141 | (7) | - | | 141 | (7) |
| AR | 47 | (3) | 42 | (2) | 89 | (5) |
| BE | 114 | (6) | 93 | (7) | 207 | (13) |
| BL | 38 | (2) | - | | 38 | (2) |
| FL | - | | 40 | (2) | 40 | (2) |
| FR | - | | 37 | (2) | 37 | (2) |
| GL | 44 | (2) | - | | 44 | (2) |
| GR | 194 | (9) | - | | 194 | (9) |
| LU | 186 | (10) | 35 | (3) | 221 | (13) |
| NW | 42 | (2) | 44 | (2) | 86 | (4) |
| OW | - | | 21 | (1) | 21 | (1) |
| SG | 105 | (6) | - | | 105 | (6) |
| SH | 98 | (5) | - | | 98 | (5) |
| SO | - | | 53 | (3) | 53 | (3) |
| SZ | 49 | (2) | 168 | (8) | 217 | (10) |
| TG | 181 | (9) | 26 | (1) | 207 | (10) |
| UR | 17 | (1) | - | | 17 | (1) |
| VS | - | | 100 | (6) | 100 | (6) |
| ZH | - | | 47 | (2) | 47 | (2) |
| **TOTAL** | **1256** | **(64)** | **706** | **(39)** | **1962** | **(103)** |

Die durchschnittliche Zahl der Schüler pro Klasse betrug für die gesamte Stichprobe 19.5; sie erhöhte sich etwas, wenn man die mehrstufigen Klassen unberücksichtigt liess (20.4). In kleineren Ortschaften werden üblicherweise verschiedene Klassenstufen von einer Lehrperson unterrichtet. Es kann vorkommen, dass auf die gesamte Schülerzahl einer solchen Klasse nur gerade vier Zweitklässler kommen. Würde man diesen Sachverhalt als Einflussvariable für eine erschwerte Unterrichtssituation annehmen, müssten neben der effektiven Anzahl der Schüler des zweiten Schuljahres die Zahl der Stufen und die gesamte Schülerzahl der Klasse in ein Verhältnis zueinander gebracht werden. In Tabelle 21 sind deshalb nur die Schülerdurchschnitte einstufiger Klassen berücksichtigt. Es wird ersichtlich, dass sich die beiden Kategorien der Stichprobe hinsichtlich der durchschnittlichen Schülerzahl einer Klasse kaum unterscheiden.

*Tabelle 21:* Schülerdurchschnitte der einstufigen Klassen

|  | RG | RG+ | Gesamt |
|---|---|---|---|
| Klassen | 60 | 30 | 90 |
| Schüler | 1210 | 626 | 1836 |
| Schülerdurchschnitt pro Klasse | 20.2 | 20.9 | 20.4 |

Das Total von 1962 Kindern teilte sich in 935 Mädchen und 1027 Jungen auf, deren Alter zum Zeitpunkt der Erhebung, bedingt durch Klassenrepetitionen und/ oder spätere Einschulung, zwischen 7.6 und 10.6 Jahren relativ weit auseinanderlag. Entsprechend dem üblichen Einschulungsalter in der Schweiz (7 Jahre) betrug das Durchschnittsalter 8.5 Jahre. Insgesamt hatten 82 (4.2%) Schülerinnen und Schüler eine Klasse repetiert und 46 (2.3%) eine Einführungsklasse besucht. Ausgewogen verteilt auf die beiden Kategorien, fand in 70% der Klassen ein alternierender Abteilungsunterricht statt, das heisst, dass an bestimmten Tagen die eine Hälfte der Schüler abwechselnd mit der anderen in die Klasse kam. Die Muttersprache von 208 (10.5%) Kindern war nicht Deutsch oder Schweizerdeutsch. Diese Zahl ist im Vergleich zum schweizerischen Mittel markant tiefer (vgl. Kapitel 3.4.5). In Tabelle 22 sind die eben ausgeführten Merkmale der Stichprobe nach den beiden Kategorien RG und RG+ aufgegliedert und mit aufbeziehungsweise abgerundeten Prozentangaben in den Klammern versehen.

*Tabelle 22:* Übersicht über Merkmale der Stichprobe

|  | RG |  | RG+ |  |
|---|---|---|---|---|
| Alter | 8.5 |  | 8.5 |  |
| Mädchen | 592 | *(53%)* | 343 | *(51%)* |
| Jungen | 664 | *(47%)* | 363 | *(49%)* |
| Klassenrepetitionen | 50 | *(4%)* | 32 | *(5%)* |
| Einführungsklassen | 15 | *(1%)* | 31 | *(4%)* |
| fremdsprachige Kinder | 137 | *(10%)* | 71 | *(10%)* |
| Schüler mit zwei Lehrpersonen | 203 | *(16%)* | 64 | *(9%)* |

Aufgrund der durchgeführten Tests während der ersten Phase der Untersuchung konnten folgende Ergebnisse festgehalten werden: Die 1962 Schüler lösten im Durchschnitt 74.9% der Aufgaben in Mathematik richtig, wobei beim schwächsten Schüler 7% und bei den besten Schülern 100% korrekt gelöst waren. In der Sprache beträgt der prozentuale Anteil der richtig gelösten Aufgaben durchschnittlich 70.4%. Hier variierten die Resultate von 0 bis 100%. Die Ergebnisse der beiden Schulleistungstests wurden in gleichwertigem Verhältnis zur Gesamtschulleistung zusammengefasst. Abbildung 10 gibt Aufschluss über die Verteilung der Gesamtschulleistung. Auch hier sind die Ergebnisse im prozentualen Anteil der richtig gelösten Aufgaben angegeben.

Die rechtsschiefe Kurve bei der Verteilung der Gesamtschulleistung ist darauf zurückzuführen, dass wir zwei Tests konstruiert haben, die vor allem im unteren Leistungsbereich ausdifferenzieren sollten, da wir später jene Schüler weiter verfolgen, welche Probleme bezüglich den Schulleistungen haben.

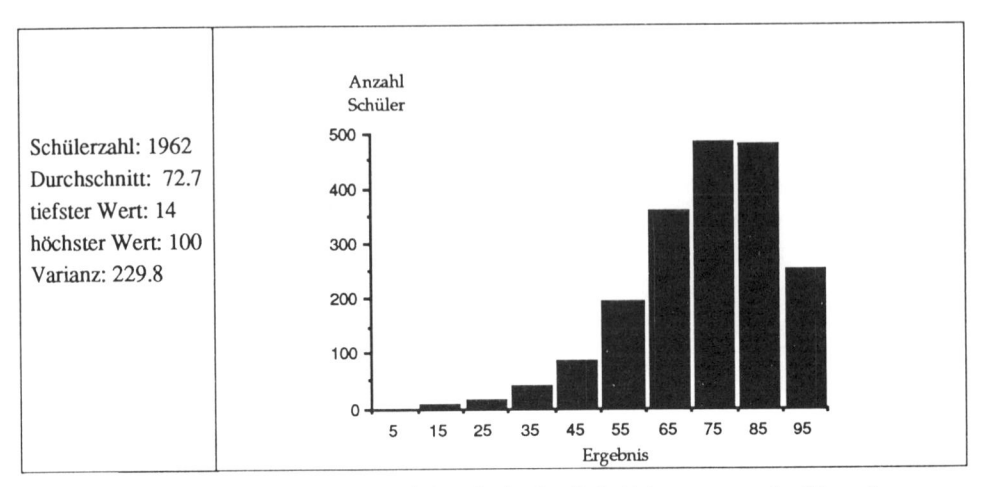

| | |
|---|---|
| Schülerzahl: 1962<br>Durchschnitt: 72.7<br>tiefster Wert: 14<br>höchster Wert: 100<br>Varianz: 229.8 | |

*Abbildung 10:* Ergebnisse der Gesamtstichprobe in den Schulleistungstests der Phase 1

Die Verteilung der Ergebnisse des Intelligenztests ergibt eine normalverteilte Kurve, deren Mittelwert (x = 100.1) beim üblichen Durchschnitt liegt. In Abbildung 11 ist die Streuung der Intelligenzquotienten graphisch festgehalten.

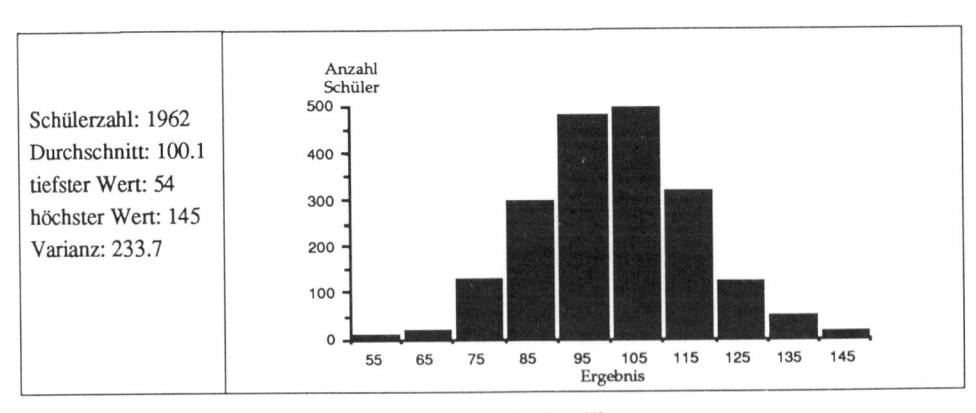

| | |
|---|---|
| Schülerzahl: 1962<br>Durchschnitt: 100.1<br>tiefster Wert: 54<br>höchster Wert: 145<br>Varianz: 233.7 | |

*Abbildung 11:* Ergebnisse der Gesamtstichprobe im Intelligenztest

*Tabelle 23:* Schulleistungs- und IQ-Werte

|  |  | RG | RG+ |
|---|---|---|---|
| Mathematik: | Durchschnitt | 76.3 | 72.6 |
|  | tiefster Wert | 15.0 | 7.0 |
|  | höchster Wert | 100.0 | 100.0 |
|  | Varianz | 271.3 | 291.6 |
| Sprache: | Durchschnitt | 69.6 | 71.7 |
|  | tiefster Wert | 00.0 | 14.0 |
|  | höchster Wert | 100.0 | 100.0 |
|  | Varianz | 322.8 | 282.0 |
| Gesamtschulleistung: | Durchschnitt | 73.0 | 72.2 |
|  | tiefster Wert | 16.0 | 14.0 |
|  | höchster Wert | 100.0 | 100.0 |
|  | Varianz | 235.6 | 219.5 |
| Intelligenz: | Durchschnitt | 99.7 | 100.0 |
|  | tiefster Wert | 56.0 | 54.0 |
|  | höchster Wert | 145.0 | 145.0 |
|  | Varianz | 233.7 | 218.0 |

In Tabelle 23 sind die Kennwerte der Ergebnisse bezüglich der Leistungen in Mathematik und Sprache sowie der Intelligenz für die beiden Kategorien RG und RG+ getrennt angegeben. In vielen Bereichen stimmen die Werte weitgehend überein. Einzelne Abweichungen gibt es in der Sprache und in der Mathematik: In "Regelklassen mit Heilpädagogischer Schülerhilfe" liegt der Durchschnittswert der Testergebnisse in Mathematik im Vergleich zu den Regelklassen ohne Heilpädagogische Stützmassnahmen 3.7 Einheiten tiefer, in der Sprache um 2.1 Einheiten höher. Man muss jedoch in Betracht ziehen, dass es sich hier um prozentuale Anteile richtig gelöster Aufgaben handelt und dass die Abweichung in effektiven Punktzahlen umgerechnet jeweils weniger als einen ganzen Punkt ausmacht. Somit ist der Unterschied in der Gesamtschulleistung mit einem Prozentanteil richtig gelöster Aufgaben von 0.8 äusserst gering.

### 4.3.2  Reduzierte Stichprobe aufgrund der Paarbildung

Ein mögliches Verfahren zur Kontrolle der Ausgangswerte ist die Parallelisierung der Stichproben nach den Ergebnissen der Untersuchungen während der Phase 1. "Will man von vornherein eine möglichst gute Vergleichbarkeit der unter den verschiedenen Bedingungen der unabhängigen Variablen untersuchten

Personenstichproben gewährleisten (wodurch sich unter Umständen eine nachträgliche rechnerische Überprüfung der Vergleichbarkeit erübrigt), müssen die Stichproben vor der Untersuchung parallelisiert werden" (*Bortz* 1989, 12). Da die unabhängige Variable in unserem Fall zweifach gestuft war (RG und RG+), wurden Zweiergruppen (Duplets) gebildet, wobei, wie bereits erwähnt, die Schüler nicht nach Zufall der jeweiligen Gruppenart zugeteilt werden konnten.

Die Experimentalgruppe (RG+) setzte sich ausschliesslich aus Schülerinnen und Schülern zusammen, welche erstens begleitend zum Unterricht in der Regelklasse durch einen Schulischen Heilpädagogen betreut wurden und für welche zweitens der Heilpädagoge explizit die Förderung der Mathematik- und/oder Sprachleistungen zur wesentlichen Zielsetzung seiner Arbeit erklärte. In die Kontrollgruppe (RG) wurden Kinder aus gewöhnlichen Regelklassen aufgenommen, welche mit jenen der Experimentalgruppe vergleichbar waren. Zur Kontrolle möglicher Störvariablen wurden für die Paarbildung folgende Kriterien festgesetzt:
- Alter (max. 0.8 Jahre Unterschied)
- Geschlecht (übereinstimmend weiblich bzw. männlich)
- Deutschkenntnisse (Einschätzung der Lehrperson)
- Gesamtschulleistung (max. 10 Prozentpunkte Abweichung)
- Intelligenzquotient (max. 12 IQ-Punkte Abweichung)

Die maximale Toleranz der Abweichung von 12 IQ-Punkten korrespondiert mit dem von *Weiss* und *Osterland* angegebenen Vertrauensintervall (vgl. 1980, 27) bei einer Irrtumswahrscheinlichkeit von $p = .01$. Die 0.8 Jahre ergeben umgerechnet ungefähr ein Schuljahr, das wir als maximale Differenz definierten. Zusätzlich wurden nur jene Schüler berücksichtigt, welche nach Einschätzung der Lehrperson trotz eventueller fremder Muttersprache ein mit Schweizer Kindern vergleichbares Schweizerdeutsch sprachen (zweisprachige Kinder). Andernfalls hätte man unter Umständen zwei Schüler miteinander verglichen, von denen einer sprachliche Schwierigkeiten hatte, der andere aber nur aufgrund einer fremden Muttersprache im Schulleistungstest einen tieferen Wert aufwies. Für das Sortieren nach Paaren wurde ausserdem die Variable Gesamtschulleistung differenziert nach Mathematik- und Sprachleistungen betrachtet. Aufgrund dieser Kriterien blieben von den insgesamt 1962 Schülerinnen und Schülern noch 24 Paare (N = 48) übrig. Diese starke Reduzierung ist vorwiegend darauf zurückzuführen, dass im Vordergrund unseres Interesses Kinder mit Schulschwierigkeiten standen, die Heilpädagogische Schülerhilfe erhielten.

Anschliessend an die Paarbildung wurde mit den beiden Gruppen zusätzlich eine statistische Absicherung bezüglich der Vergleichbarkeit durchgeführt, um ausschliessen zu können, dass sich die kleinen Differenzen zugunsten einer der beiden Gruppen unkontrolliert kumulieren würden. Tabelle 24 enthält die effektiven Differenzen zwischen der Experimental- und der Kontrollgruppe hinsichtlich der gestellten Kriterien und die Ergebnisse des T-Tests.

*Tabelle 24:* Differenzen der beiden Gruppen hinsichtlich der Kriteriumsvariablen

| Kriterium | max. Diff. | min. Diff. | x Diff. | t-Wert | p-Wert |
|---|---|---|---|---|---|
| Geschlecht | -- | -- | -- | -- | -- |
| Deutschkenntnisse | -- | -- | -- | -- | -- |
| Alter (Jahre) | 0.8 | 0.0 | 0.4 | -.90 | .373 |
| IQ (Punkte) | 12 | 0 | 3.5 | -.17 | .862 |
| Schulleistung (Prozentpunkte) | 8% | 0% | 2.2% | .08 | .933 |

Für die Kriterien Geschlecht und Deutschkenntnisse wurden keine Werte berechnet, da sie jeweils bei den Paaren beziehungsweise bei der ganzen Gruppe übereinstimmten. Die p-Werte für die Kriterien Alter, IQ, Schulleistung lassen die Interpretation zu, dass sich die beiden Gruppen nicht unterschieden. Getrennte T-Tests für die beiden Bereiche der Schulleistung ergaben keine signifikanten Unterschiede: in Mathematik p = .752 und in Sprache p = .903.

*Tabelle 25:* Merkmale der reduzierten Stichprobe

| | | RG | RG+ | Insgesamt |
|---|---|---|---|---|
| Mädchen | | 13 *(54%)* | 13 *(54%)* | 26 *(54%)* |
| Jungen | | 11 *(46%)* | 11 *(46%)* | 22 *(46%)* |
| Alter: | Durchschnitt | 8.5 | 8.6 | 8.6 |
| | jüngstes Kind | 7.8 | 7.8 | 7.8 |
| | ältestes Kind | 9.4 | 9.9 | 9.9 |
| Schulleistung: | Durchschnitt | 53.04 | 53.42 | 53.23 |
| | tiefster Wert | 24 | 16 | 16 |
| | höchster Wert | 78 | 77 | 78 |
| | Varianz | 234.91 | 235.99 | 230.48 |
| Intelligenz: | Durchschnitt | 91.71 | 92.33 | 92.02 |
| | tiefster Wert | 72 | 70 | 70 |
| | höchster Wert | 123 | 120 | 123 |
| | Varianz | 169.52 | 137.71 | 150.45 |
| N | | 24 | 24 | 48 |

Aus Platzgründen werden die Merkmale der reduzierten Stichprobe, nach Experimental- und Kontrollgruppe aufgeteilt, in Tabelle 25 zusammenfassend dargestellt.

Die Schüler der reduzierten Stichprobe hatten insgesamt durchschnittlich 53.23% der gestellten Aufgaben im Schulleistungstest der ersten Phase gelöst. Der durchschnittliche Intelligenzquotient betrug 92.02. Es ist anzunehmen, dass jeweils die von Lehrpersonen und Schulischen Heilpädagogen als am schwächsten angesehenen Schüler betreut wurden. Es versteht sich von selbst, dass die Leistungen von schwächsten Schülern verschiedener Klassen nicht vergleichbar sein müssen. Dennoch waren die Grenzwerte im oberen Bereich überraschend hoch (vgl. Kapitel 3.4.4). Das bedeutet natürlich, dass die entsprechenden Schüler aus der Kontrollgruppe ebenso relativ hohe Werte aufwiesen.

## 4.4  Erhebung und Auswertung der Daten

### 4.4.1  Datensammlung und -bearbeitung

An der Erhebung des Intelligenzquotienten während der ersten Phase beteiligten sich zum einen Mitarbeiter des Heilpädagogischen Instituts und zum anderen Studenten, die alle bereits Veranstaltungen zur Testdiagnostik besucht hatten. Zudem wurden diese Testleiter und Testleiterinnen von uns speziell auf die Durchführung des CFT 1 vorbereitet und mit genauen schriftlichen Instruktionen ausgestattet. Die beiden Schulleistungstests dieser Phase wurden im Oktober zusammen mit einem Schüler- und einem Klassenbogen an die Lehrpersonen versandt. Ein Begleitbrief mit schriftlichen Durchführungsanweisungen ermöglichte ein einheitliches Vorgehen bei der Anwendung der Tests. Zudem wurden die Tests so konstruiert, dass sie relativ einfach durchführbar waren und sich kaum von der üblichen Evaluationsarbeit der Lehrpersonen unterschieden. Für unerwartete Unklarheiten waren telefonische Rückfragen möglich. Zusammen mit der Rückmeldung der Ergebnisse wurden die Lehrpersonen gegebenenfalls über die Schülerpaare der reduzierten Stichprobe, die wir weiter zu beobachten beabsichtigten, informiert. Zudem wurde die Genehmigung der Eltern für die Einzelabklärungen der zweiten Phase eingeholt.

Für die Einzelabklärung der zweiten Phase wurden ausgesuchte Testleiter eingesetzt, die ausnahmslos im Besitz eines Heilpädagogischen Diploms sind. In gemeinsamen Sitzungen wurde die Durchführung besprochen und geübt. Im Abstand von 20 Wochen (Ferien- und Feiertage miteingeschlossen) wurden mit den ausgewählten Schülern zweimal die vorgesehenen Tests in Mathematik und Sprache durchgeführt. Ein detaillierter Erhebungsplan ermöglichte uns, eine Differenz von maximal zwei Tagen hinsichtlich der Zeitspanne zwischen den beiden Messzeitpunkten einzuhalten. Zusätzlich wurde Wert darauf gelegt, dass die Schülerpaare jeweils im gleichen Zeitraum abgeklärt wurden.

Die Rohdaten wurden in ein Datenverwaltungsprogramm eingegeben, so dass sie anschliessend an das Statistikprogramm SPSS 4.0 (*Statistik Programm System für Sozialwissenschaftler* 1990) exportiert werden konnten. Die unterschiedlichen Maximalpunktzahlen der Subtests zum einen sowie diejenigen von Sprache und Mathematik zum anderen verlangen nach einem einheitlichen Mass, damit die Werte der Testbereiche miteinander verglichen werden können. Die einfachste und üblichste Art, Werte unterschiedlicher Tests vergleichbar zu machen, ist das Berechnen von prozentualen Anteilen richtig gelöster Aufgaben. Der Nachteil dieser Vorgehensweise ist jedoch, dass erstens die weitere Berechnung mit Prozenträngen bei einigen Verfahren heikel ist und dass zweitens dieses Mass nichts über die relative Abweichung der individuellen Leistung von der Durchschnittsleistung des jeweiligen Kollektivs aussagt. Eine geeignetere Methode ist die Berechnung von z-Werten, durch welche die Abweichung der individuellen Leistung vom Mittelwert an der Unterschiedlichkeit aller Werte im jeweiligen Kollektiv relativiert wird, indem die Abweichungen durch die Standardabweichungen in der Gruppe dividiert werden. Die z-Werte werden nach *Bortz* (1989, 62) nach folgender allgemeinen Formel berechnet:

$$z_i = \frac{x_i - \overline{x}}{S}$$

$x_i =$ *jeweiliger Wert*
$x =$ *arithm. Mittel*
$S =$ *Standardabweichung*

Anschliessend an die z-Wert-Transformationen wurden die Subtests im gleichen Stärkeverhältnis zueinander gewichtet. Ebenso flossen die Mathematik- und Sprachergebnisse in die Variable Schulleistung zu gleichen Anteilen ein.

4.4.2   Zur Wahl des statistischen Verfahrens

Bei oberflächlicher Betrachtung könnte man die Differenzwerte zwischen t1 und t2 als einfachstes und ökonomisches Veränderungsmass nehmen und anschliessend einen T-Test für unabhängige Stichproben durchführen. Aus folgenden Gründen erweist sich aber die Quantifizierung von Veränderung über einfache Differenzwerte als denkbar ungeeignetes Vorgehen:
*Erstens* kumulieren die Messfehler der Differenzwerte, wenn die beiden Messzeitpunkte eine mittlere bis hohe Korrelation aufweisen. "Allgemein gilt, dass in den Messfehler von Differenzwerten zweier Variablen X und Y sowohl der Messfehler von X als auch der Messfehler von Y eingehen" (*Bortz* 1984,

433). Bezogen auf die Situation einer Messwiederholung bedeutet dies, dass der Reliabilitätsfaktor der Differenzwerte markant tiefer liegt als bei den beiden Messzeitpunkten.

*Zweitens* bieten Skalen, die an einem oder beiden Enden begrenzt sind, in bezug auf Differenzwerte besondere Schwierigkeiten, weil sich Untersuchungsteilnehmer, deren Merkmalsausprägung dem Endpunkt der Skala entspricht und die beispielsweise bei der Einzelabklärung den höchsten oder einen sehr hohen Wert erzielt haben, nur mehr zur Mitte der Skala hin verändern können. Man spricht in diesem Fall vom sogenannten "Ceiling-Effekt" (*Bortz* 1984, 434).

*Drittens* führt ein Reliabilitätsfaktor der Messinstrumente, der nicht dem Wert 1 entspricht, das heisst eine Korrelation zwischen t1 und t2, die nicht 1 ist, dazu, dass extreme Werte beim ersten Messzeitpunkt die Tendenz haben, sich beim zweiten Messzeitpunkt zur grössten Dichte (im Normalfall zum Mittelwert) hin zu verändern. Bei sozialwissenschaftlichen Messinstrumenten ist ein Reliabilitätsfaktor von 1 aber sehr selten anzutreffen. Man spricht in diesem Fall von einem "Regressionseffekt" (vgl. *Bortz* 1984, 434). Bei quasiexperimentellen Versuchsanordnungen kann es vor allem bei Extremgruppenvergleichen dazu kommen, dass durch unterschiedliche Mittelwerte der Gruppen aufgrund des Regressionseffekts Veränderungen auftreten können, die als statistische Artefakte anzusehen sind; Veränderungen können aber auch überbewertet werden. Die bei unserer Untersuchung verwendeten Gruppen können prinzipiell als vergleichbar angenommen werden. Wäre dieser Effekt in starkem Masse aufgetreten, hätte er zwischen den Erhebungen der ersten Phase und dem ersten Messzeitpunkt der zweiten Phase registrierbar sein müssen. Zur Kontrolle durchgeführte T-Tests zeigten jedoch mit einem p-Wert von .406 bezüglich der Gesamtschulleistung (Mathematik $p = .525$; Sprache $p = .383$), dass sich die beiden Gruppen hinsichtlich der gestellten Kriterien beim ersten Messzeitpunkt nicht signifikant voneinander unterschieden.

Von den verschiedenen Verfahren, die zur besseren Kontrolle dieser Probleme entwickelt wurden, erschien uns die **Varianzanalyse mit Messwiederholung** unter Berücksichtigung der relevanten Indikatoren (*Bortz* 1989, 403) als geeignetstes Verfahren, um die Veränderung der beiden Gruppen zu berechnen. Beispielsweise ist die Varianzanalyse mit Messwiederholung nach einer Parallelisierung aufgrund von Vortestwerten angezeigt. Zudem schnitt sie bei Bedingungen, die für die meisten quasiexperimentellen Untersuchungen gelten, im Vergleich zu anderen Vorgehensweisen am besten ab (*Bortz* 1984, 439).

Bei diesem statistischen Test werden Veränderungshypothesen durch den Nachweis einer signifikanten Interaktion zwischen dem gruppenbildenden Faktor und dem Messwiederholungsfaktor bestätigt. Im Gegensatz zu Versuchsplänen ohne Messwiederholung wird die gleiche Stichprobe zweimal gemessen, was bedeutet, dass A-priori-Unterschiede der Versuchspersonen die Messungen bei beiden Gruppen beide Male beeinflussen und dass deshalb die Fehlervarianzen wechselseitig korrelieren. Dieser gemeinsame Fehlervarianzanteil wird in Messwiederholungsplänen aus der Prüfvarianz eliminiert, und die Varianz der Mittelwerte, die sogenannte Residualvarianz, getestet (*Bortz* 1984, 523 und *Bortz* 1989, 402).

Die für eine Varianzanalyse übliche Voraussetzung der Normalverteilung der Daten konnte in unserem Falle theoretisch angenommen werden. Zudem hätte durch dieses robuste Verfahren eine allfällige leichte Verletzung der Normalverteilung zu keiner Überschätzung der unabhängigen Variable geführt. Als weitere Voraussetzung gilt die Varianzhomogenität, die in unserem Falle mit einem Wert von $p = .695$ für t1 bzw. $p = .496$ für t2 gegeben war.

Bei Varianzanalysen mit Messwiederholungen müssen zudem die Korrelationen zwischen den verschiedenen Datensätzen weitgehend homogen sein (Homogenität der Varianz-Kovarianz-Matrix), damit festgestellt werden kann, dass sich die A-priori-Unterschiede bezüglich der beiden Gruppen und der Messzeitpunkte gleich auswirken. Da in unserem Falle der Homogenitätsfaktor ($p = .916$) betrug, konnte auch diese Voraussetzung als erfüllt angesehen werden.

## 4.5 Ergebnisse der varianzanalytischen Hypothesenprüfung

Unter Anwendung varianzanalytischer Technik wurde folgende Hypothese überprüft: Schulleistungsschwache Kinder in Regelklassen mit Heilpädagogischer Schülerhilfe des zweiten Schuljahres, welche zusätzlich zum Regelschulunterricht heilpädagogische Stützmassnahmen erhalten, weisen bezüglich der Mathematik- und Sprachleistungen einen grösseren Lernfortschritt auf als vergleichbare schulleistungsschwache Kinder in gewöhnlichen Regelklassen.

Die Schulform (RG und RG+) einerseits und den Messzeitpunkt (t1 und t2) andererseits betrachteten wir als unabhängige Variablen. Die Ergebnisse der Einzelabklärung in den Schulleistungen stellten die abhängige Variable dar. Die statistische Signifikanzprüfung der Veränderungsmasse erfolgte mit einer Varianzanalyse mit Messwiederholung. Das Ergebnis wäre hypothesenkonform, wenn der Nachweis einer signifikanten Interaktion zwischen dem zweifachgestuften gruppenbildenden Faktor und dem Messwiederholungsfaktor gelingen würde (vgl. *Bortz* 1984, 38). In unserem Fall würde dies bedeuten, dass die Hypothese beibehalten werden kann, sofern sich die Interaktion "Schulform" x "Messzeitpunkt" zugunsten der Experimentalgruppe als signifikant erweist.

Die einzelnen Ergebnisse der Berechnungen sind in Tabelle 26 zusammenfassend dargestellt. Dass die Mittelwerte beider Gruppen die gleichen Zahlen mit umgekehrten Vorzeichen aufweisen und die Abstände zum Mittelwert der gesamten Stichprobe gleich gross sind, ist auf die z-Wert-Transformation der Rohdaten zurückzuführen, da diese aufgrund der Werte aller Schüler errechnet worden ist und da der Mittelwert der z-Werte 0 beträgt.

*Tabelle 26:* Ergebnisse der varianzanalytischen Überprüfung der Entwicklung von Lernfortschritten bei der Gesamtschulleistung

| AV: Gesamtschulleistung | | | | | | |
|---|---|---|---|---|---|---|
| | Messzeitpunkt t1 | | | Messzeitpunkt t2 | | |
| | Mittelwert | Standardabweichung | Anzahl | Mittelwert | Standardabweichung | Anzahl |
| RG | .083 | .716 | 24 | .687 | .624 | 24 |
| RG+ | -.083 | .659 | 24 | .833 | .541 | 24 |

| Faktor | F-Wert | DF | p-Wert |
|---|---|---|---|
| A Schulform (RG, RG+) | .00 | 1 | .952 |
| B Messzeitpunkt (t1, t2) | 248.59 | 1 | .000 |
| A x B | 10.47 | 1 | .002 |

Der signifikante Haupteffekt des Messzeitpunktes (p = .000) ist trivial und für die Interpretation unwesentlich. Er besagt lediglich, dass zum Zeitpunkt t2 alle Kinder bedeutsam bessere Schullesitzungswerte erzielt hatten als zum Zeitpunkt t1. Hingegen ist die angesprochene Interaktion "Schulform" x "Messzeitpunkt" (Faktor AxB) mit einer Irrtumswahrscheinlichkeit von p = .002 (F = 10.47) hoch signifikant. Folglich sieht sich die Hypothese bestätigt. Dass der signifikante Unterschied zugunsten der Experimentalgruppe ausfällt, lässt sich aus der Entwicklung der Mittelwerte beider Gruppen über die Messzeitpunkte feststellen, aus welcher zu ersehen ist, dass RG+ (-.083 → .833) eine markant höhere Veränderung des Mittelwertes aufweist als RG (.083 → .687). In Abbildung 12 ist diese Veränderung der Mittelwerte beider Gruppen graphisch dargestellt. Besonders sichtbar wird dabei die Interaktion der beiden Faktoren durch die Überschneidung der beiden Entwicklungslinien.

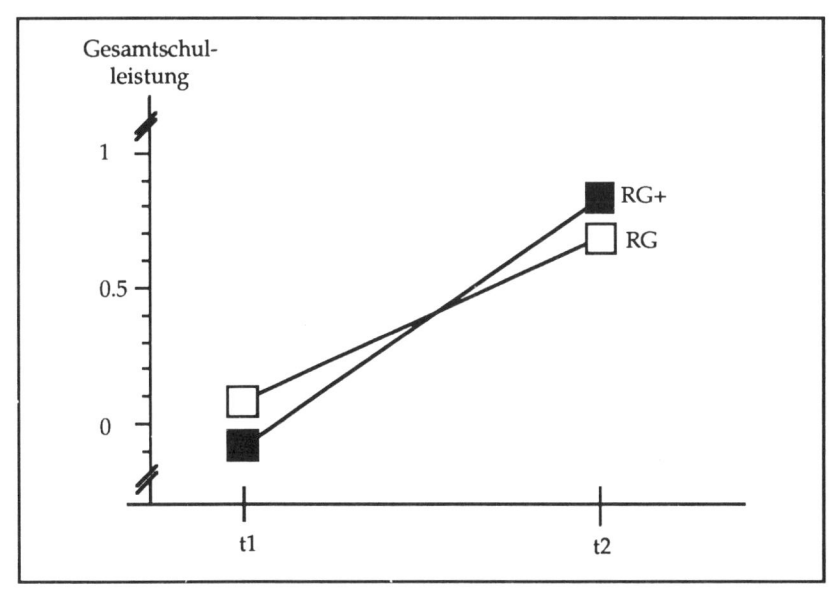

*Abbildung 12:* Veränderung der Mittelwerte der beiden Gruppen RG und RG+ bezüglich der Gesamtschulleistung

Die dargestellten Ergebnisse machen deutlich, dass schulleistungsschwache oder lernbehinderte Kinder in "Regelklassen mit Heilpädagogischer Schülerhilfe" insgesamt von dieser Massnahme profitieren. Dies zeigt sich in den stärkeren Lernfortschritten, welche die RG+-Schüler gegenüber den RG-Schülern erzielen. Ein noch eindrücklicheres Bild der unterschiedlichen Lernentwicklung, ergibt sich, wenn man die für Schulleistungsveränderungen sehr kurze Zeitspanne von 20 Wochen - einschliesslich Ferientage - zwischen den beiden Messzeitpunkten in Betracht zieht. Das Ergebnis wird auch durch die Art der Messinstrumente noch unterstrichen. Durch die Datenerhebung in Form einer Einzelabklärung konnte der Lernstand unserer Einschätzung nach differenzierter erhoben werden als mit den üblichen Gruppenverfahren. Das bedeutet für die Mathematik, dass durch den handelnden Umgang mit Materialien nicht nur klassische Rechenaufgaben gestellt werden konnten, sondern dass auch die Erhebung der Voraussetzungen und des Verständnisses für mathematische Zusammenhänge möglich war. In der Sprache wurde das Messen einzelner Leistungen wie beispielsweise der Lesefertigkeit erst durch die Datenerhebung in Form einer Einzelabklärung möglich.

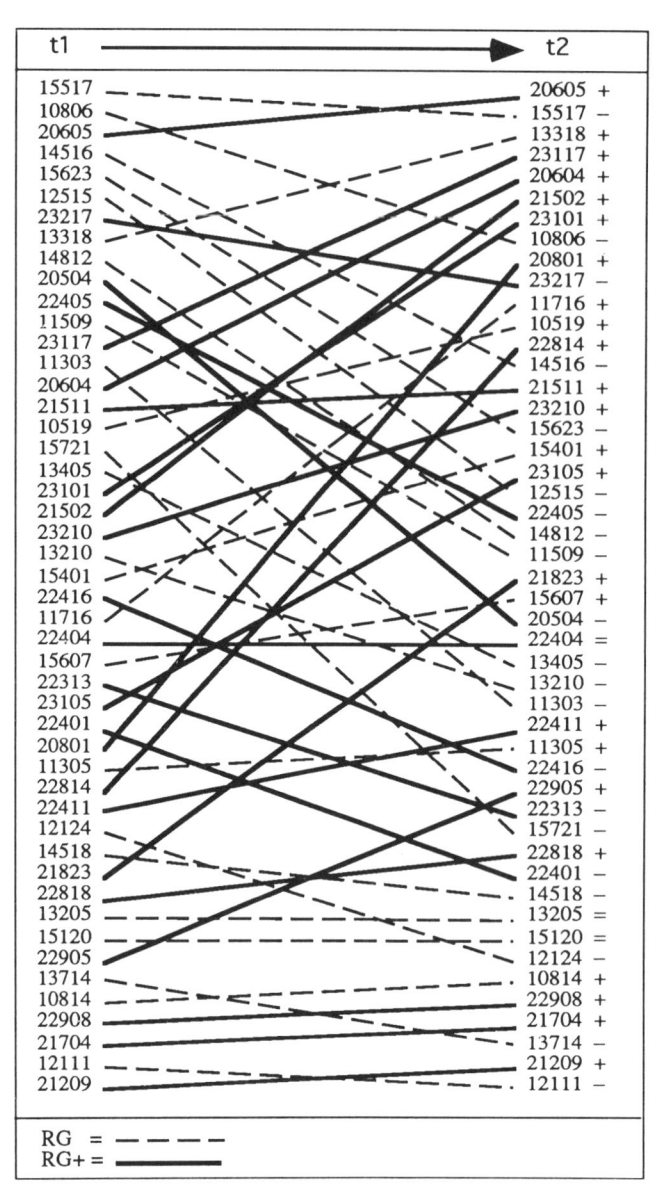

```
t1 ──────────────────▶ t2
15517 ─ ─ ─ ─ ─ ─ ─ ─ ─ ─ ─ ─ ─ ─   20605 +
10806                               15517 −
20605                               13318 +
14516                               23117 +
15623                               20604 +
12515                               21502 +
23217                               23101 +
13318                               10806 −
14812                               20801 +
20504                               23217 −
22405                               11716 +
11509                               10519 +
23117                               22814 +
11303                               14516 −
20604                               21511 +
21511                               23210 +
10519                               15623 −
15721                               15401 +
13405                               23105 +
23101                               12515 −
21502                               22405 −
23210                               14812 −
13210                               11509 −
15401                               21823 +
22416                               15607 +
11716                               20504 −
22404                               22404 =
15607                               13405 −
22313                               13210 −
23105                               11303 −
22401                               22411 +
20801                               11305 +
11305                               22416 −
22814                               22905 +
22411                               22313 −
12124                               15721 −
14518                               22818 +
21823                               22401 −
22818                               14518 −
13205                               13205 =
15120                               15120 =
22905                               12124 −
13714                               10814 +
10814                               22908 +
22908                               21704 +
21704                               13714 −
12111                               21209 +
21209                               12111 −

RG  = ─ ─ ─ ─ ─
RG+ = ▬▬▬▬▬
```

*Abbildung 13:* Entwicklungsverlauf der individuellen Mittelwerte über die beiden Messzeitpunkte durch Verteilung von Rangplätzen

Zur Verdeutlichung der individuellen Entwicklungsverläufe von Schülern aus RG- beziehungsweise RG+-Klassen wurden in Abbildung 13 jeweils für die beiden Messzeitpunkte Rangplätze bezüglich der Gesamtschulleistung zugewiesen. Als Merkpunkte haben wir die von uns verwendeten Schülercodes gewählt. Eine Nummer über 20'000 und eine dicke, durchgezogene Linie stehen für die RG+-

Schüler. Demgegenüber sind die RG-Schüler mit Nummern von 10'000 bis 20'000 und einer dünnen, gestrichelten Linie markiert. Eine steigende Linie bedeutet die Veränderung zu einem "besseren" Rangplatz, eine sinkende Linie steht für die Veränderung zu einem "schlechteren" Rangplatz in Relation zur Ausgangsposition beim ersten Messzeitpunkt. Es muss betont werden, dass die Darstellung lediglich die Veränderung der individuellen Mittelwerte über die beiden Messzeitpunkte im Vergleich zur Stichprobe verdeutlichen soll. Statistisch gesehen darf jedoch der Graphik keinerlei Beweiskraft zugesprochen werden, da die Distanz zwischen den Rangplätzen unterschiedlich ist.

Aus der auf den ersten Blick etwas komplexen Graphik werden zweierlei Gegebenheiten ersichtlich: Erstens ist deutlich zu erkennen, dass die Linien der RG+-Schüler häufiger steigen, während die Linien der RG-Schüler häufiger sinken. Zweitens sind aber Ausnahmen feststellbar, was bedeutet, dass es selbstverständlich einzelne Schüler in "Regelklassen mit Heilpädagogischer Schülerhilfe" gibt, die im Vergleich mit Schülern ohne heilpädagogische Zusatzmassnahmen weniger starke Leistungsfortschritte aufweisen. Zum besseren Verständnis des Befundes ist es wichtig zu sehen, dass es sich bei der durchgeführten Hypothesenprüfung um Mittelwertsvergleiche handelt. Somit hat das Ergebnis für die Gruppe der betreuten Schüler insgesamt Gültigkeit und muss nicht auf jeden Einzalfall zutreffen.

Führt man die Varianzanalyse mit Messwiederholung getrennt für die beiden Bereiche der Schulleistung durch, ergibt sich folgendes Bild: Wie in Tabelle 27 ersichtlich wird, ist die Wechselwirkung "Schulform" x "Messzeitpunkt" in der Mathematik mit $p = 0.041$ ($F = 4.40$) immer noch unterhalb der 5%-Grenze. Aus der Betrachtung der Mittelwerte beider Gruppen wird deutlich, dass erwartungsgemäss die Unterschiede in der Lernentwicklung auch in der Mathematik zugunsten der Schüler mit Heilpädagogischer Schülerhilfe ausfallen.

Die Anwendung des gleichen Verfahrens ergibt, dass die Interaktion im Bereich "Sprache" mit einer Irrtumswahrscheinlichkeit von $p = .004$ ($F = 9.08$) ebenfalls hoch signifikant ist und unter Betrachtung der Mittelwerte auch zugunsten der RG+-Schüler interpretiert werden muss (vgl. Tabelle 28). Vergleicht man die Mittelwertsunterschiede, scheint der grössere Lernfortschritt der Experimentalgruppe gegenüber der Kontrollgruppe in der Sprache etwas ausgeprägter zu sein als in der Mathematik. Dieser Befund ist für uns etwas überraschend, da bei der Ausgangsuntersuchung zur Integration von Lernbehinderten (*Haeberlin; Bless; Moser; Klaghofer* 1991, 277) bei Schülern der 4. und 5. Klasse das gegenteilige Verhältnis festgestellt wurde.

*Tabelle 27:* Ergebnisse der Varianzanalyse zu den Lernfortschritten in Mathematik

| AV: Mathematik | | | | | | |
|---|---|---|---|---|---|---|
| | Messzeitpunkt t1 | | | Messzeitpunkt t2 | | |
| | Mittelwert | Standardabweichung | Anzahl | Mittelwert | Standardabweichung | Anzahl |
| RG | .081 | .968 | 24 | .953 | .779 | 24 |
| RG+ | -.081 | .779 | 24 | 1.103 | .772 | 24 |

| Faktor | F-Wert | DF | p-Wert |
|---|---|---|---|
| A Schulform (RG, RG+) | .00 | 1 | .977 |
| B Messzeitpunkt (t1, t2) | 190.73 | 1 | .000 |
| A x B | 4.40 | 1 | .041 |

*Tabelle 28:* Ergebnisse der Varianzanalyse zu den Lernfortschritten in Sprache

| AV: Sprache | | | | | | |
|---|---|---|---|---|---|---|
| | Messzeitpunkt t1 | | | Messzeitpunkt t2 | | |
| | Mittelwert | Standardabweichung | Anzahl | Mittelwert | Standardabweichung | Anzahl |
| RG | .085 | .720 | 24 | .422 | .648 | 24 |
| RG+ | -.085 | .622 | 24 | .563 | .429 | 24 |

| Faktor | F-Wert | DF | p-Wert |
|---|---|---|---|
| A Schulform (RG, RG+) | .01 | 1 | .929 |
| B Messzeitpunkt (t1, t2) | 90.67 | 1 | .000 |
| A x B | 9.08 | 1 | .004 |

Sowohl bei der graphischen Darstellung der Lernfortschritte im mathematischen Bereich als auch bei derjenigen im sprachlichen Bereich (vgl. Abbildung 14) sticht die signifikante Wechselwirkung zwischen der "Schulform" und dem "Messzeitpunkt" in der Überschneidung der mittelwertsverbindenden Linien deutlich hervor. Die Gegenüberstellung der Lernentwicklung in den beiden Bereichen, die dank z-Wert-Transformationen möglich wird, gibt Anlass zur vorsichtigen Interpretation, dass bei der gesamten Stichprobe die Lernfortschritte in der Mathematik grösser sind als in der Sprache. Zusätzlich kann man beobachten, dass auch bei der Untersuchung von *Haeberlin; Bless; Moser; Klaghofer* (1991, 277) die Fortschritte der gesamten Stichprobe in Mathematik grösser waren als im sprachlichen Leistungsbereich. Die Argumentation, komplexe sprachliche Fähigkeiten wie Rechtschreibung oder Lesefertigkeit würden sich nur langsam und mit vielen Übungssequenzen entwickeln, kann in Vermutungen zu den Ursachen dieses Sachverhalts Platz finden.

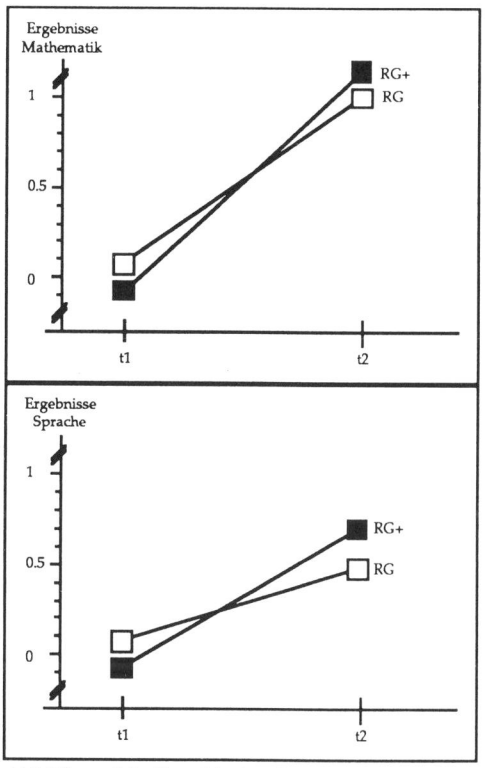

*Abbildung 14:* Graphische Gegenüberstellung der Lernfortschritte in den Bereichen Mathematik und Sprache bezüglich der Experimental- und der Kontrollgruppe

## 4.6 Zusammenfassung

Das vierte Kapitel befasst sich mit der Fragestellung 1, das heisst mit der Überprüfung folgender Hypothese: Schulleistungsschwache Kinder in Regelklassen mit Heilpädagogischer Schülerhilfe des zweiten Schuljahres, welche zusätzlich zum Regelschulunterricht heilpädagogische Stützmassnahmen erhalten, weisen bezüglich der Mathematik- und Sprachleistungen einen grösseren Lernfortschritt auf als vergleichbare Kinder in gewöhnlichen Regelklassen.

Das gewählte Vorgehen lässt sich in zwei Phasen einteilen: In der ersten Phase werden in einer grossen Stichprobe (N=1962) Schüler des zweiten Schuljahres aus "Regelklassen mit Heilpädagogischer Schülerhilfe" und aus gewöhnlichen Regelklassen bezüglich ihrer Leistungen in den Kernfächern Mathematik und Sprache untersucht. Zudem werden Intelligenzabklärungen vorgenommen. Diese Daten bilden die Grundlage für die Parallelisierung von Schülern (Experimental- und Kontrollgruppe), welche zur reduzierten Stichprobe für die zweite Phase führt. Detaillierte Einzelabklärungen des Leistungsstandes in Mathematik und Sprache zu den Messzeitpunkten t1 und t2 erlauben es, den Lernfortschritt der untersuchten Schüler zu messen.

Zu Beginn des Kapitels 4.2 wird das angewendete Messinstrumentarium überblicksmässig vorgestellt.

Die Überprüfung der formulierten Hypothese wird mittels einer Varianzanalyse mit Messwiederholung vorgenommen.

Trotz einer sehr kurzen Zeitspanne zwischen t1 und t2 (20 Wochen) ergeben die statistischen Berechnungen einen hoch signifikanten Unterschiede zwischen Schülern mit und Schülern ohne heilpädagogischen Zusatzmassnahmen. Die Ergebnisse hinsichtlich des Lernfortschritts in den schulischen Kernfächern sprechen deutlich zugunsten der Schüler mit Heilpädagogischer Schülerhilfe.

# 5. Fragestellung 2: Für die Lernentwicklung bedeutsame Bedingungen und Vorgehensweisen - eine Erkundungsstudie

Entsprechend den Ausführungen in Kapitel 1 interessiert in Fragestellung 2, inwiefern bestimmte Unterrichtsbedingungen und/oder -vorgehensweisen mit der Lernentwicklung schulleistungsschwacher oder lernbehinderter Kinder, welche zusätzlich zum Regelklassenunterricht heilpädagogische Stützmassnahmen erhalten, derart zusammenhängen, dass sie zur Optimierung der "Regelklasse mit Heilpädagogischer Schülerhilfe" anderen Unterrichtsbedingungen und/oder Vorgehensweisen vorzuziehen sind.

Im Gegensatz zur Fragestellung 1, welche als Hauptfragestellung der vorliegenden Arbeit zu betrachten ist, werden bei der Bearbeitung der Fragestellung 2 keine Hypothesen geprüft, sondern generiert. Es handelt sich um eine Pilotstudie, in der Hypothesen für weitere Untersuchungen gewonnen werden. Als Ergebnis wird somit eine beschränkte Anzahl an Hypothesen vorliegen, von denen angenommen werden kann, dass sie eine determinierende Rolle für eine (bezüglich der Lernentwicklung der betreuten Schüler) effiziente Gestaltung der "Regelklasse mit Heilpädagogischer Schülerhilfe" spielen. Zur Weiterführung des mit der Bearbeitung von Fragestellung 2 begonnenen Forschungsprozesses müssten zusätzliche Untersuchungen die hier gewonnenen Hypothesen überprüfen. Wir möchten den Pilotstudiencharakter dieses Untersuchungsteils ausdrücklich betonen. Damit verknüpfen wir die Hoffnung, dass dargestellte Ergebnisse nicht überinterpretiert, sondern wirklich als das betrachtet werden, was sie sind; nämlich Hypothesen, die einer weiteren Prüfung unterzogen werden müssen.

## 5.1 Stichprobe und Vorgehen

Die Bearbeitung der Fragestellung 2 erfolgte parallel zu jener der Fragestellung 1 (vgl. Kapitel 4.1). Da die "Regelklasse mit Heilpädagogischer Schülerhilfe" im Zentrum des Interesses liegt, bildete die Experimentalgruppe (RG+) der reduzierten Stichprobe der Fragestellung 1 die Untersuchungsstichprobe (N= 24) für die Bearbeitung der Fragestellung 2. Auf diese Stichprobe wurde aus forschungsökonomischen Gründen zurückgegriffen, da die Entwicklung des

Lernens dieser Schülergruppe in den schulischen Kernfächern Mathematik und Sprache (abhängige Variable) über Einzelabklärungen minutiös untersucht worden war. Zur Beantwortung der Fragestellung 2 sind Prädiktorvariablen für den Lernfortschritt der durch die Heilpädagogische Schülerhilfe betreuten Kinder gesucht.

Aus Abbildung 13 geht hervor, dass von den 24 betreuten Kindern 17 Kinder nach 20 Wochen eine Rangverbesserung zwischen einem und 23 Rängen (von insgesamt 48 Rängen), sechs Kinder eine Rangverschlechterung zwischen drei und 16 Rangplätzen erzielten und ein Kind wiederum denselben Rangplatz einnahm. Obwohl Abbildung 13 keine Hinweise auf den effektiven Umfang des Lernfortschritts gibt, muss doch angenommen werden, dass die heilpädagogischen Stützmassnahmen unterschiedlich wirksam sind. Zur Erkundung möglicher Zusammenhänge wurden zahlreiche Variablen, die uns im Hinblick auf die Lernfortschritte als relevant erscheinen, mittels zusätzlicher Fragebögen und eines Protokolls zur Betreuungsarbeit erhoben.

## 5.2  Prädiktorvariablen

Der Stand der Integrationsforschung zur Frage, wie Integration sinnvoll zu bewerkstelligen ist (vgl. *Bächtold; Coradi; Hildbrand; Strasser* 1990 in Kapitel 2.1.4, *Benkmann; Pieringer* 1991 in Kapitel 2.2.1 sowie die Programme ALEM, TAI und Strategien "Peer Kooperation" und "Peer Tutoring" in Kapitel 2.2.3), ist im Sinne von theoriebildenden Erkenntnissen zu wenig fortgeschritten, als dass damit in Anbetracht der Funktionsweise der "Regelklasse mit Heilpädagogischer Schülerhilfe" für die vorliegende Fragestellung relevante Variablen abgeleitet werden könnten. Zudem ist der Forschungsstand zu generellen Determinanten der Schulleistung ebenfalls noch unzureichend. Nach wie vor fehlen geeignete theoretische Modelle des schulischen Lernens und seiner Bedingungen, die der Vielfalt der Determinanten und ihrer Verknüpfungen gerecht werden (*Helmke* 1992, 595-602). Aus diesem Grunde greifen wir zur Auswahl der Variablen zum Teil auf Erkenntnisse aus der Übersichtsarbeit von *Helmke* (1992, 596-600), auf alltagstheoretisches Wissen sowie auf Vermutungen, die sich in Gesprächen mit Praktikern herauskristallisiert haben, zurück, was den Pilotstudiencharakter unseres Vorgehens ein weiteres Mal unterstreicht.

Da im Vordergrund des Interesses Rahmenbedingungen organisatorisch-struktureller Art einerseits und Vorgehensweisen bei der pädagogischen Arbeit andererseits stehen, bezieht sich der grösste Teil der erhobenen Variablen auf diese beiden Bereiche. Auf die Erfassung von Persönlichkeitsmerkmalen der betreuten

Kinder, Klassenlehrpersonen und Heilpädagogen, auf Merkmale der häuslichen und familiären Umwelt sowie des Unterrichts- und Erziehungsstils der beteiligten Personen wurde verzichtet, obwohl aufgrund der bisherigen Forschungslage zu vermuten ist, dass diese für den Lernfortschritt der Kinder ebenfalls relevant sein könnten. Die Veränderungsmöglichkeiten zur Optimierung des Lernerfolges konzentrieren sich also vor allem auf die Optimierung des Schulmodells und der pädagogischen Einwirkung, und nicht auf die familiären Einflüsse oder die häusliche Umwelt. Auf die Analyse des Unterrichtsgeschehens im Klassenzimmer, beispielsweise mittels Videoaufnahmen, mussten wir bedauerlicherweise aus pragmatischen Gründen verzichten. Zahlreiche Lehrpersonen hätten deswegen nicht an der Untersuchung teilgenommen. Die Bereitschaft, zu Forschungszwecken die eigene Persönlichkeitssphäre erkennbar preiszugeben, ist zur Zeit nicht sehr hoch. Nachwirkungen der vor einigen Jahren an die Öffentlichkeit geratenen "Fichenaffaire" der zuständigen Schweizerischen Bundesbehörden für den Staatsschutz, welche ein äusserst vorsichtiges Bewusstsein gegenüber dem Datenschutz provozierte, waren in verschiedenen Diskussionen mit Lehrpersonen spürbar. In diesem Zusammenhang sei jedoch nochmals auf die Untersuchung von *Moulin* (1992) zum Unterrichtsverhalten von Lehrpersonen in Regel- und in Sonderklassen für Lernbehinderte hingewiesen. Die Ergebnisse deuten unter anderem darauf hin, dass die Unterschiede zwischen beiden Lehrerkategorien bezüglich des Unterrichtsverhaltens relativ minim sind und deshalb davon ausgegangen werden kann, dass Regelklassenlehrpersonen im allgemeinen durchaus in der Lage sind, in einem ähnlichen Ausmass wie Sonderklassenlehrpersonen ihren Unterricht den Bedürfnissen lernbehinderter oder schulleistungsschwacher Kinder anzupassen.

Am Lernprozess der betreuten Kinder sind in der Schule verschiedene Personen beteiligt: das Kind, die Klassenlehrperson sowie der Schulische Heilpädagoge respektive die Schulische Heilpädagogin. Merkmale dieser Personen, die unseres Erachtens potentiellen Erklärungswert für den Lernfortschritt besitzen, wurden untersucht. Merkmale der Klassensituation sowie Merkmale der Klassenzusammensetzung wurden ebenfalls in die Betrachtung einbezogen. Schliesslich wurden Variablen berücksichtigt, welche die Rahmenbedingungen der Heilpädagogischen Schülerhilfe und das konkrete pädagogische Vorgehen im Rahmen der Heilpädagogischen Schülerhilfe beschreiben.

Folgende Variablen wurden somit als mögliche Prädiktoren berücksichtigt:
- *Schüler*: Geschlecht, Alter, Schulleistungen, Intelligenz, Klassenwiederholung, Besuch einer Einführungsklasse
- *Klassenlehrperson*: Unterrichtserfahrung, allgemeine Unterrichtsziele, Berufszufriedenheit, Integration befürwortende Aussagen, Überzeugung bezüglich

der Wirksamkeit (Nutzen) der heilpädagogischen Stützmassnahmen, Zusammenarbeit mit dem Heilpädagogen
- *Schulischer Heilpädagoge*: Unterrichtserfahrung, Berufausbildung
- *Klassensituation*: Lehrerwechsel nach dem 1. Schuljahr, Abteilungsunterricht, Schülereinschätzung des Klassenklimas, Lehrereinschätzung des Klassenklimas
- *Klassenzusammensetzung*: mehr- oder einstufig geführte Klasse, Streuung der Schulleistungen innerhalb der Klasse, Streuung der Intelligenzwerte, Streuung des Alters, Klassengrösse, Anteil Mädchen/Jungen, Anteil ausländischer Kinder beziehungsweise Kinder mit fremder Muttersprache, Anteil Repetenten
- *Situation der Heilpädagogischen Schülerhilfe*: Stellendotation des Heilpädagogen, Zufriedenheit mit den Rahmenbedingungen, Anzahl betreuter Kinder, Anzahl betreuter Klassen, Anzahl betreuter Schulorte, Austausch mit anderen Fachpersonen, Bejahung des Schulmodells durch das beteiligte Umfeld
- *heilpädagogische Betreuung*: Förderstunden, Einzelunterricht ausserhalb der Klasse, Gruppenunterricht ausserhalb der Klasse, Arbeit im Klassenzimmer, Kontakt mit der Regelklassenlehrperson, Kontakt mit den Eltern, Einsatz offizieller Unterrichtsmittel, Einsatz von Sonderklassenlehrmitteln, Einsatz von eigenem Unterrichtsmaterial, Einsatz von Spielmaterial zur Förderung, klassenunterrichtsorientierte Zielsetzung, Persönlichkeitsbildung als Zielsetzung, Basisfunktionsförderung als Zielsetzung.

## 5.3  Erhebungsinstrumente

Der Lernfortschritt der durch die Heilpädagogische Schülerhilfe betreuten Kinder, in Fragestellung 2 die abhängige Variable, wurde, wie bereits erwähnt, mit dem Messinstrumentarium der Phase 2 (Einzelabklärung) der Fragestellung 1 erhoben (vgl. 4.2.2.1 und 4.2.2.2).

Tabelle 29 liefert eine Übersicht über die Erhebungsinstrumente, die zur Bearbeitung der Fragestellung 2 eingesetzt wurden (Erhebung der unabhängigen Variablen). Der Anhang unseres Berichtes gibt Einblick in die einzelnen Fragebögen. Diverse Auswertungen zur konkreten Realisierung der "Regelklasse mit Heilpädagogischer Schülerhilfe" beruhen ebenfalls auf Daten, die mit den aufgelisteten Erhebungsverfahren gewonnen wurden (vgl. Kapitel 3.4).

*Tabelle 29*: Übersicht über die Erhebungsinstrumente zur Fragestellung 2

| Variable | Quelle, Bemerkung | Instrument |
|---|---|---|
| **Bereich: Schüler** | | |
| Geschlecht | | Schülerbogen |
| Alter | | Schülerbogen |
| Schulleistungen | vgl. Kapitel 4.2.1.1 und 4.2.1.2 | Schulleistungstest Mathematik und Sprache (Phase 1) |
| Intelligenz | *Weiss; Osterland* 1980 | CFT1 |
| Klassenwiederholung | | Schülerbogen |
| Besuch einer Einführungsklasse | | Schülerbogen |
| **Bereich: Klassenlehrperson** | | |
| Unterrichtserfahrung | | Frageb. für Klassenlehrpers. |
| allgemeine Unterrichtsziele | *Dumke; Krieger; Schäfer* 1989 | Frageb. für Klassenlehrpers. |
| Berufszufriedenheit | *Dumke; Krieger; Schäfer* 1989 | Frageb. für Klassenlehrpers. |
| Integration befürwortende Aussagen | *Dumke; Krieger; Schäfer* 1989 | Frageb. für Klassenlehrpers. |
| Nutzen der heilpäd. Stützmassnahmen | | Frageb. für Klassenlehrpers. |
| Zusammenarbeit mit Heilpäd. | | Frageb. für Klassenlehrpers. |
| **Bereich: Klassensituation** | | |
| Lehrerwechsel nach dem 1. Schuljahr | | Frageb. für Klassenlehrpers. |
| Abteilungsunterricht | | Frageb. für Klassenlehrpers. |
| Schülereinschätzung des Klassenklimas | Pädagogisches Institut der Universität Freiburg (Skala) | Frageb. für Einzelabklärung (Phase 2) |
| Lehrereinschätzung des Klassenklimas | *Dumke; Krieger; Schäfer* 1989 | Frageb. für Klassenlehrpers. |
| **Bereich: Klassenzusammensetzung** | | |
| mehr-/einstufig geführte Klasse | | Klassenbogen |
| Streuung der Schulleistungen innerhalb der Klasse | Auswertung Phase 1 | Schulleistungstests in Mathematik und Sprache (Phase 1) |
| Streuung der Intelligenzwerte | Auswertung Phase 1 (*Weiss; Osterland* 1980) | CFT1 |
| Streuung des Alters | Auswertung Phase 1 | Schülerbogen |
| Klassengrösse | Auswertung Phase 1 | Schülerbogen |
| Anteil Mädchen/Jungen | Auswertung Phase 1 | Schülerbogen |
| Anteil Kinder mit fremder Muttersprache | Auswertung Phase 1 | Schülerbogen |

| Anteil Repetenten | Auswertung Phase 1 | Schülerbogen |
|---|---|---|
| **Bereich: Schulischer Heilpädagoge** | | |
| Unterrichtserfahrung | | Fragebogen: Heilpädagoge |
| Berufsausbildung | | Fragebogen: Heilpädagoge |
| **Bereich: Situation der Heilpädagogischen Schülerhilfe** | | |
| Stellendotation | | Fragebogen: Heilpädagoge |
| Zufriedenheit mit den Rahmenbeding. | | Fragebogen: Heilpädagoge |
| Anzahl betreuter Kinder | auf volles Pensum umger. | Fragebogen: Heilpädagoge |
| Anzahl betreuter Klassen | auf volles Pensum umger. | Fragebogen: Heilpädagoge |
| Anzahl betreuter Schulorte | auf volles Pensum umger. | Fragebogen: Heilpädagoge |
| Austausch mit anderen Fachpersonen | | Fragebogen: Heilpädagoge |
| Bejahung des Schulmodells durch das beteiligte Umfeld | | Fragebogen: Heilpädagoge |
| **Bereich: Heilpädagogische Betreuung** | | |
| Förderstunden | | Protokoll |
| Einzelunterricht ausserhalb der Klasse | | Protokoll |
| Gruppenunterricht ausserhalb der Klasse | | Protokoll |
| Arbeit im Klassenzimmer | | Protokoll |
| Kontakt mit Regelklassenlehrperson | | Protokoll |
| Kontakt mit Eltern | | Protokoll |
| Einsatz offizieller Unterrichtsmittel | | Protokoll |
| Einsatz von Sonderklassenlehrmitteln | | Protokoll |
| Einsatz von eigenem Unterrichtsmaterial | | Protokoll |
| Einsatz von Spielmaterial zur Förderung | | Protokoll |
| klassenunterrichtsorientierte Zielsetzung | | Protokoll |
| Persönlichkeitsbildung als Zielsetzung | | Protokoll |
| Basisfunktionsförderung als Zielsetzung | | Protokoll |

Die Messinstrumentarien zur Erhebung der Variablen 'Schulleistungen' und 'Intelligenz' wurden bereits in den Kapiteln 4.2.1.1 bis 4.2.1.3 beschrieben. Die 'Schulleistungen' sind jene Daten, die in der Phase 1, also mit allen Kindern (N= 1962) gesammelt wurden; sie können somit als traditionell gemessene Schulleistungen betrachtet werden. Der 'Lernfortschritt' hingegen beruht auf den Veränderungen hinsichtlich der Einzelabklärungen zu den Messzeitpunkten t1 und t2 und stellt somit eine sehr differenzierte Messung der Leistungen dar.

Die Variablen 'allgemeine Unterrichtsziele', 'Berufszufriedenheit', 'die Integration befürwortende Aussagen' sowie die 'Lehrereinschätzung des Klassenklimas' sind Skalen mit Items aus einem Fragebogen von *Dumke; Krieger; Schäfer* (1989, 174-184). Folgende Items wurden in unserer Erhebung verwendet:

*Skala 'allgemeine Unterrichtsziele' (5-stufiges Rating):*
Wie wichtig sind Ihnen folgende Ziele für Ihre Tätigkeit als Lehrer/in?
- Unterrichtsplan einhalten
- im Einklang mit fachwissenschaftlichen Erkenntnissen handeln
- sich um absolute Objektivität bemühen
- Klassendisziplin aufrechterhalten
- beim Schüler beliebt sein
- auch über den Unterricht hinaus erzieherische Aufgaben erfüllen
- vertrauensvolles Verhältnis zum Schüler herstellen
- Achtung und Wertschätzung der Kollegen gewinnen
- dem Schüler in jeder Beziehung Vorbild sein
- dem Schüler gegenüber Autorität wahren
- Achtung und Wertschätzung der Eltern gewinnen

*Skala 'Berufszufriedenheit (5-stufiges Rating):*
Wie zufrieden/unzufrieden sind sie mit den nachfolgend genannten Punkten?
- mit dem Beruf als Lehrer/in allgemein
- mit Ihrer Unterrichtstätigkeit
- mit den materiellen Arbeitsbedingungen der Schule
- mit dem Kontakt zu den Schülern
- mit der Bezahlung
- mit den Weiterbildungsmöglichkeiten
- mit dem Kontakt zu den Kollegen
- mit dem Kontakt zu den Vorgesetzten
- mit der schulischen Verwaltung

*Skala 'Integration befürwortende Aussagen' (5-stufiges Rating):*
Bitte geben Sie an, inwieweit Sie den folgenden Aussagen zustimmen:
- Wenn lernauffällige (gemeint sind schulleistungsschwache, verhaltensauffällige, lernbehinderte,...) Kinder zu einer Regelklasse gehören, ist es schwieriger, die Ordnung aufrechtzuerhalten.
- Das Verhalten lernauffälliger Kinder stellt für die sogenannt normalen Schüler/innen kein gutes Beispiel dar.
- Lernauffällige Kinder beanspruchen im Vergleich zu sogenannt normalen Schülern/innen unverhältnismässig viel Zeit des Lehrers.
- Durch die Anwesenheit lernauffälliger Kinder lernen sogenannt normale Schüler/innen individuelle Unterschiede zwischen Menschen besser akzeptieren.
- Durch den Besuch einer Regelklasse können bei Kindern mit Schulschwierigkeiten Verhaltensauffälligkeiten auftreten.
- Das lernauffällige Kind wird entsprechend seinen Fähigkeiten und Lernmöglichkeiten in der Kleinklasse oder Sonderschule am besten gefördert.

- Lernauffällige Kinder fühlen sich in der Kleinklasse oder Sonderschule viel wohler, da sie dort unter Schüler/innen mit ähnlichen Schwierigkeiten sind.
- Die besondere Aufmerksamkeit, die lernauffällige Kinder brauchen, führt zur Benachteiligung der sogenannt normalen Schüler/innen.
- Bei den Bemühungen, auch lernauffällige Kinder zu fördern, werden normal- und hochbegabte Schüler/innen unterfordert.
- Die Integration lernauffälliger Kinder kann für die sogenannt normalen Schüler/innen sehr vorteilhaft sein.
- Vieles, was im Unterricht für Regelklassen geschieht, ist auch für den Unterricht lernauffälliger Kinder geeignet.

*Skala 'Lehrereinschätzung des Klassenklimas' (5-stufiges Rating):*
Wie würden Sie zur Zeit das Klima in Ihrer Klasse einschätzen?
- entspannt - angespannt
- unkooperativ - kooperativ
- freundlich - aggressiv
- offene Gruppen - geschlossene Gruppen
- lustlos - arbeitsfreudig

Wie würden sie zur Zeit die Klasse im Hinblick auf Ihre Tätigkeit als Lehrer/in einschätzen? (als Zusatz)
- leicht zu führen - schwierig zu führen

Zur 'Schülereinschätzung des Klassenklimas' griffen wir auf eine Skala zurück, welche im Rahmen eines Forschungsprojektes des Pädagogischen Instituts der Universität Freiburg (Schulbegleitforschung) entwickelt und erprobt worden war. Es handelt sich um acht einfache Fragen, die von Kindern des zweiten Schuljahres unmissverständlich aufgenommen werden können und die im Einzelgespräch mündlich besprochen werden. Das Kind antwortet dabei im Sinne eines zusammenfassenden Urteils auf einem 4-stufigen Rating mit Gesichtern von lachend (sehr zufrieden/stimmt genau) bis grimmig (sehr unzufrieden/stimmt gar nicht). Die Durchführung fand im Rahmen der Einzelabklärung in Mathematik und Sprache statt.

Die Items, welche je nach Geschlecht variiert werden, lauten:

- Wie bist Du zufrieden mit dem Unterricht?
- Wie bist Du zufrieden mit dem Lehrer?
- Wie bist Du zufrieden mit den Mitschülern?
- Wie bist Du zufrieden mit der Schule?
- Die Schüler in unserer Klasse sind alles gute Kameraden.
- Einige Schüler in unserer Klasse suchen ständig Streit.
- Wenn ein Schüler Schwierigkeiten hat, helfen ihm die Mitschüler.
- Manche Schüler wollen immer besser sein als andere.

Die 'Zufriedenheit mit den Rahmenbedingungen' der Heilpädagogischen Schülerhilfe einerseits und die 'Bejahung des Schulmodells durch das beteiligte Umfeld' anderseits wurden über 4-stufige Rating-Skalen erfasst. Diese Variablen widerspiegeln die Einschätzung des Schulischen Heilpädagogen. Folgende Items mussten bearbeitet werden:

*Skala 'Zufriedenheit mit den Rahmenbedingungen' (4-stufiges Rating):*
Wie zufriedenstellend sind Ihrer Meinung nach folgende Sachverhalte für Ihre Tätigkeit?
- Grösse des Pensums
- räumliche Ausstattung
- zur Verfügung stehendes Material
- Möglichkeiten zur Anschaffung neuen Materials
- Zusammenarbeit mit Lehrpersonen
- Zuweisungsverfahren

Zusammenarbeit mit anderen Fachpersonen:
- Schulpsychologe
- Schulinspektor
- Logopädin
- andere

*Skala 'Bejahung des Schulmodells durch das beteiligte Umfeld' (5-stufiges Rating):*
Wie hoch schätzen Sie die Überzeugung in Ihrem Einzugsgebiet, dass das vorliegende Schulmodell ein sinnvolles Mittel zur Betreuung schwacher Kinder ist?
- Behörden
- Lehrpersonen
- Fachpersonen
- Eltern

Alle Variablen zum Bereich "Heilpädagogische Betreuung" stellen eine Auswertung von Protokollen dar, die der Schulische Heilpädagoge während sechs Wochen (zirka in der Mitte zwischen t1 und t2 der Einzelabklärung) führen musste. Die Protokolle beinhalten Angaben über die gesamte Tätigkeit zugunsten des betreuten Kindes, beispielsweise Einzelunterricht, Kleingruppenunterricht, Arbeit im Klassenzimmer, Elterngespräche, Gespräche mit anderen Fachpersonen, gemeinsame Vorbereitungen mit den Klassenlehrpersonen usw. Folgende Rubriken wurden für das Protokoll vorgegeben: Datum, beanspruchte Zeit, Vorgehen und Inhalt, Material, langfristige Ziele und Förderaspekte und Bemerkungen. Zur Instruktion wurde zudem ein Protokoll als Beispiel und Orientierungshilfe beigelegt.

Die übrigen Variablen sind direkte Antworten auf die in den diversen Fragebögen gestellten Fragen, so dass hier nicht weiter darauf eingegangen wird.

Schliesslich machen wir darauf aufmerksam, dass im Rahmen der vorliegenden Erkundungsstudie zum Teil Erhebungsverfahren eingesetzt wurden, bei denen keinerlei statistische Prüfungen der Gütekriterien vorliegen und somit nicht geklärt ist, inwiefern benutzte Items oder Skalen hohen wissenschaftlichen Standards im erwünschten Masse genügen. Ihr Einsatz im Rahmen einer Erkundungsstudie ist unseres Erachtens dennoch gerechtfertigt. Die von *Dumke; Krieger; Schäfer* (1989) übernommenen Skalen konnten faktorenanalytisch bestätigt werden. Über die Gütekriterien der Instrumente zur Erfassung der schulischen Leistungen und der Intelligenzleistungen wurde bereits in den Kapiteln 4.2.1 und 4.2.2 berichtet. Aufgrund der zu geringen Stichprobe konnten die übrigen Erhebungsverfahren nicht differenziert analysiert werden. Die Durchführungs- und die Auswertungsobjektivität waren insofern gewährleistet, da einerseits die Beantwortung der Fragebögen und deren Auswertung problemlos erfolgen und andererseits das Protokoll nach genauen Richtlinien (mit Beispiel) erstellt werden konnten. Die Auswertung der Protokolle wurde nach quantitativen Gesichtspunkten vorgenommen, was leicht überprüfbar ist und zu einer hohen Übereinstimmung der Auswerter führt.

## 5.4 Erhebung und Bearbeitung der Daten

Die Datenerhebung und -bearbeitung der Variablen 'Schulleistungen' und 'Intelligenz' sowie die Erfassung des Lernstandes in Mathematik und Sprache (Einzelabklärung) wurden bereits in Kapitel 4.4.1 beschrieben. Als Ergänzung hierzu bedarf die Bearbeitung der Daten beider Einzelabklärungen (t1 und t2) zur Variable 'Lernfortschritt', welche als abhängige Variable betrachtet wird, zusätzlicher Erklärungen.

Der 'Lernfortschritt' stellt nichts anderes dar als ein Veränderungsmass zwischen dem erhobenen Lernstand der beiden Messzeitpunkte der Einzelabklärung. *Bortz* (1984, 427-441) stellt verschiedene Veränderungsmasse vor und diskutiert deren Probleme. Dies berücksichtigend, haben wir uns für Regressionsresiduen als Veränderungsmass entschieden. Hierbei werden Pretestwerte regressionsanalytisch aus den Posttestwerten herauspartialisiert. "Die Abweichungen zwischen den vorhergesagten Posttestwerten und den tatsächlichen Posttestwerten stellen die Veränderungsmasse dar. (...) Gegenüber einfachen Differenzmassen oder standardisierten Differenzmassen sind residualisierte Veränderungsmasse reliabler, das heisst weniger messfehlerbehaftet" (*Bortz* 1984, 437). Für den 'Lernfortschritt' berechnen wir demnach Regressionsresiduen der z-Wert-transformierten und gewichteten Gesamtschulleistungswerte (vgl. Kapitel 4.4.1) von t1 und t2 mit der SPSS-Prozedur "Regression: Residuals" (*SPSS Inc.* 1990, 598-604). Damit können die Unterschiede bei t1 regressionsanalytisch aus den Ergebnissen von t2 herauspartialisiert werden, so dass der Einfluss unterschiedlicher "Ausgangspositionen" auf das Mass für den 'Lernfortschritt' minimalisiert wird.

Die Datensammlung über den Schüler- und Klassenbogen, den Fragebogen für die Regelklassenlehrperson und für den Heilpädagogen konnte ohne Schwierigkeiten durchgeführt werden. Sie war einfach und in einem Begleitbrief unmissverständlich beschrieben. Die Datenerhebung zur Betreuungsarbeit durch den Heilpädagogen konnte dank einer klaren Beschreibung und einem beigelegten Beispiel, das unsere Erwartungen aufzeigte, ebenfalls ohne Schwierigkeiten erfolgen.

Zur Aufarbeitung der Daten der Variablen 'allgemeine Unterrichtsziele', 'Berufszufriedenheit', 'Integration befürwortende Aussagen', 'Lehrereinschätzung des Klassenklimas', 'Schülereinschätzung des Klassenklimas', 'Zufriedenheit mit den Rahmenbedingungen' und 'Bejahung des Schulmodells durch das beteiligte Umfeld' werden die entsprechenden Items nach Umpolung aufaddiert, so dass hohe Werte gleichzeitig die positive Ausprägung der Variable ausdrücken. Die Summe der Ja-Antworten der ersten sechs Fragen von Punkt 7 (vgl. Anhang) bildet die Variable 'Zusammenarbeit mit dem Heilpädagogen'. Dieses Vorgehen wurde unter der Annahme gewählt, dass die Addition der gestellten indirekten Fragen zum Thema Zusammenarbeit die Intensität der Zusammenarbeit widerspiegelt.

Die Variablen zum Bereich Klassenzusammensetzung (vgl. Tabelle 29), ausser der Variable 'mehr-/einstufig geführte Klasse', sind Streuungsmasse oder Anteile innerhalb der Klasse. Diese wurden über die Daten der Phase 1 der Fragestellung 1 berechnet.

Die Variable 'Berufausbildung' der als Heilpädagogen tätigen Personen wurde dichotom kodiert (abgeschlossene Ausbildung ja oder nein).

Im Bereich Situation der Heilpädagogischen Schülerhilfe wurden die 'Anzahl betreuter Schüler', 'Anzahl betreuter Klassen' und 'Anzahl betreuter Schulhäuser und Schulorte' zur Vergleichbarkeit jeweils auf ein volles Pensum des Heilpädagogen umgerechnet.

Die Datenaufarbeitung des Betreuungsprotokolls erfolgte wie bereits erwähnt nach quantitativen Gesichtspunkten. Die Variable 'Förderstunden' beinhaltet die gesamte Betreuungszeit mit dem Kinde, während der 'Einzelunterricht ausserhalb der Klasse', der 'Gruppenunterricht ausserhalb der Klasse' und die 'Arbeit im Klassenzimmer' die Anteile an der gesamten Betreuungszeit ('Förderstunden') darstellen, so dass die verschiedenen Arbeitsweisen proportional zur Betreuungsarbeit gewichtet werden können. Der 'Kontakt mit der Regelklassenlehrperson' und der 'Kontakt mit den Eltern' wurden analog zur Variable 'Förderstunden' in Form einer Zeitangabe ausgewertet. Die Variablen, die den Einsatz verschiedener Unterrichtsmittel beschreiben, stellen den prozentualen Anteil am Einsatz aller Unterrichtsmittel dar. Beträgt die Variable 'Einsatz offizieller Unterrichtsmittel' beispielsweise 20, so bedeutet dies, dass für die Betreuungsarbeit zu 20% offizielle Unterrichtsmittel der Regelschule, welche vom Lehrplan vorgeschrieben werden, eingesetzt werden. Die Variablen zur Zielsetzung der Betreuungsarbeit werden ebenfalls als prozentuale Anteile der insgesamt formulierten Zielsetzungen angegeben. Auf diese Weise werden die diversen Vorgehensweisen in Relation zur individuellen Betreuungsarbeit gesetzt, welche von der Menge her sehr unterschiedlich sein können und demnach durch absolute Zahlen nur verzerrt dargestellt werden könnten.

## 5.5 Statistisches Vorgehen zur Hypothesengenerierung

Die Fragestellung 2 der Untersuchung beinhaltet, statistisch betrachtet, folgende Frage: Welche von den mutmasslich unabhängigen Variablen haben einen hohen Erklärungswert für die abhängige Variable? Gesucht werden demnach bedeutsame Prädiktorvariablen für den Lernfortschritt. Mögliche Verfahren hierzu sind: Korrelationsberechnungen, Extremgruppenvergleich, LISREL und Regressionsanalyse.

Korrelationsberechnungen zwischen den erhobenen Variablen und dem 'Lernfortschritt' zeigen auf, welche Variablen damit wie stark zusammenhängen. Der Zusammenhang muss jedoch für jede einzelne Variable interpretiert werden, wobei ein gleichzeitiges Zusammenwirken mehrerer Variablen und/oder Zusammenhänge mit Drittvariablen unberücksichtigt bleibt. Zudem liefern Korrelationsberechnungen keinerlei Ursache-Wirkung-Erklärungen.

Der Extremgruppenvergleich ist ein relativ empfindliches Verfahren zur Feststellung, ob eine unabhängige Variable potentiellen Erklärungswert für eine abhängige Variable haben kann. Unterschiede zwischen den Extremgruppen weisen auf einen Zusammenhang hin. Allerdings bleibt auch hier das gleichzeitige Zusammenwirken mehrerer Variablen unberücksichtigt. Extremgruppenvergleiche ermöglichen wie Korrelationsberechnungen nur eine hypothetische Ursache-Wirkung-Erklärung. Zudem benötigen wir in unserem Falle zahlreiche Signifikanzprüfungen, was zur Folge haben kann, dass Signifikanzen überinterpretiert werden. Schliesslich können damit mögliche Interaktionen zwischen einzelnen Variablen nicht erkannt werden.

Die Auswertung über LISREL (Linear Structural Relations; vgl. *Möbus* 1986, 71-81) erfordert eine relativ grosse Stichprobe, die uns leider nicht zur Verfügung stand. Zudem müssten wir auf ein oder mehrere theoretische Modelle (analog zur Pfadanalyse) zurückgreifen können, deren Passung anschliessend mit LISREL überprüft werden könnte. Die dargestellten Voraussetzungen erlauben uns (nebst weiteren Voraussetzungen) nicht, LISREL einzusetzen.

Als geeignetes Verfahren bot sich in Anbetracht der Qualität der erhobenen Daten und der weiter oben erwähnten Schwierigkeiten die Regressionsanalyse an. Allerdings kann diese nur in eingeschränktem Masse benutzt werden. Zum einen muss in einem Zwischenschritt die hohe Anzahl der Variablen (im Vergleich zur Stichprobengrösse N= 24) reduziert werden, und zum anderen können nur Variablen mit Intervallskalenniveau in die Regressionsanalyse aufgenommen werden. Trotzdem ist unseres Erachtens der Einsatz der Regressionsanalyse im Vergleich zu anderen Vorgehensweisen als ein an die Voraussetzungen unserer Untersuchung angepasstes Verfahren zu betrachten. Unter Berücksichtigung der genannten Einschränkungen ergabe sich folgendes Vorgehen:

- Zur Reduktion der im Vergleich zur Stichprobengrösse sehr hohen Anzahl Variablen wurden in einem ersten Schritt Signifikanzprüfungen im Sinne eines Extremgruppenvergleiches zwischen dem oberen und dem unteren Teil der bezüglich des Lernfortschritts medianhalbierten Stichprobe vorgenommen. Je nach Skalenniveau kamen der U-Test (Intervall) und der $Chi^2$-Test (Nominal) zur Anwendung. Entsprechend der Empfehlung von *Bortz* (1984, 408) wurden ausschliesslich parameterfreie Verfahren verwendet, da mit der Gegenüberstellung medianhalbierter Stichproben (Extremgruppenvergleich) nur Ausschnitte einer Verteilung miteinander verglichen werden.

Durch den Schulischen Heilpädagogen betreute Kinder mit grossem Lernfortschritt wurden mit jenen mit geringem Lernfortschritt verglichen. Für den Extremgruppenvergleich wurden jene Variablen als abhängige Variablen betrachtet, von denen wir annahmen, dass sie möglicherweise eine determinierende Rolle für den Lernfortschritt haben könnten.

- Als zweiter Schritt wurde mit jenen signifikant ($p< .05$) oder tendenziell ($p< .10$) bedeutsamen Variablen, die ein Intervallskalenniveau aufwiesen, eine Regressionsanalyse durchgeführt. Mit signifikanten, doch nominalskalierten Variablen, wurde zur Ergänzung des Extremgruppenvergleichs eine Varianzanalyse durchgeführt.

## 5.6 Ergebnisse der Hypothesengenerierung

### 5.6.1 Schritt 1: Ergebnisse des Extremgruppenvergleichs

Tabelle 30 fasst die Ergebnisse des Extremgruppenvergleiches (durch den Heilpädagogen betreute Schüler mit grossem versus mit kleinem Lernfortschritt) in einem Überblick zusammen. Die Spalten der Tabelle geben Auskunft über: untersuchte Variable, verwendeten statistischen Signifikanztest, durchschnittlichen Rangplatz beim U-Test von *Mann-Whitney* oder beobachtete Häufigkeit pro Kategorie beim Chi$^2$-Test pro Extremgruppe, Z-Wert beziehungsweise Chi$^2$-Wert und schliesslich den p-Wert, der Auskunft über die Bedeutsamkeit des Unterschiedes beider Extremgruppen gibt. Liegt der p-Wert knapp über der Signifikanzgrenze von .05, so wird der Unterschied im Sinne einer Tendenz interpretiert.

*Tabelle 30*: Ergebnisse des Extremgruppenvergleichs

| Variable | Statistischer Test | mittlerer Rangplatz / beobacht. Häufigkeit untere Extremgruppe | mittlerer Rangplatz / beobacht. Häufigkeit obere Extremgruppe | Z-Wert Chi$^2$-Wert | p-Wert |
|---|---|---|---|---|---|
| **Bereich: Schüler** | | | | | |
| Geschlecht | Chi$^2$-Test | m5 / w7 | m8 / w4 | .67133 | .413 |
| Alter | U-Test | 11.13 | 13.88 | -.9557 | .339 |
| Schulleistungen | U-Test | 10.29 | 14.71 | -1.5310 | .126 |
| Intelligenz | U-Test | 11.21 | 13.79 | -.8974 | .369 |
| Klassenwiederholung | Chi$^2$-Test | j2 / n10 | j3 / n9 | .0000 | 1.000 |
| Besuch einer Einführungsklasse | Chi$^2$-Test | j1 / n11 | j2 / n10 | .0000 | 1.000 |
| **Bereich: Klassenlehrperson** | | | | | |
| Unterrichtserfahrung | U-Test | 10.42 | 14.58 | -1.526 | .126 |
| allgemeine Unterrichtsziele | U-Test | 12.33 | 12.67 | -.1180 | .906 |
| Berufszufriedenheit | U-Test | 10.00 | 15.00 | -1.7783 | .075 **tend.** |
| Integration befürwortende Aussagen | U-Test | 11.17 | 13.83 | -.9371 | .349 |
| Nutzen der heilpäd. Stützmassnahmen | Chi$^2$-Test | j12 / n0 | j12 / n0 | .0000 | 1.000 |
| Zusammenarbeit mit Heilpäd. | U-Test | 11.17 | 13.83 | -.9422 | .346 |
| **Bereich: Klassensituation** | | | | | |
| Lehrerwechsel nach dem 1. Schuljahr | Chi$^2$-Test | j2 / n10 | j4 / n8 | .2222 | .640 |
| Abteilungsunterricht | Chi$^2$-Test | j8 / n4 | j9 / n3 | .0000 | 1.000 |

| Schülereinschätzung des Klassenklimas | U-Test | 10.00 | 15.00 | -1.7396 | .082 tend. |
| --- | --- | --- | --- | --- | --- |
| Lehrereinschätzung des Klassenklimas | U-Test | 9.29 | 15.71 | -2.2479 | .025 sign. |
| **Bereich: Klassenzusammensetzung** | | | | | |
| ein-/mehrstufig geführte Klasse | Chi$^2$-Test | j10 / n2 | j9 / n3 | .0000 | 1.000 |
| Streuung der Schulleistungen innerhalb der Klasse | U-Test | 12.67 | 12.33 | -.1162 | .908 |
| Streuung der Intelligenzwerte | U-Test | 9.50 | 15.50 | -2.0917 | .037 sign. |
| Streuung des Alters | U-Test | 12.92 | 12.08 | -.2905 | .771 |
| Klassengrösse | U-Test | 13.04 | 11.96 | -.3900 | .697 |
| Anteil Mädchen/Jungen | U-Test | 12.17 | 12.83 | -.2342 | .815 |
| Anteil Kinder mit fremder Muttersprache | U-Test | 14.15 | 10.75 | -1.2529 | .210 |
| Anteil Repetenten | U-Test | 14.25 | 10.75 | -1.2459 | .213 |
| **Bereich: Schulischer Heilpädagoge** | | | | | |
| Unterrichtserfahrung | U-Test | 12.50 | 12.50 | .0000 | 1.000 |
| Berufsausbildung | Chi$^2$-Test | j6 / n6 | j11 / n1 | 3.22689 | .069 tend. |
| **Bereich: Situation der Heilpädagogischen Schülerhilfe** | | | | | |
| Stellendotation | U-Test | 12.04 | 12.96 | -.4473 | .655 |
| Zufriedenheit mit den Rahmenbeding. | U-Test | 12.29 | 12.71 | -.1457 | .884 |
| Anzahl betreuter Kinder | U-Test | 13.04 | 11.96 | -.3816 | .705 |
| Anzahl betreuter Klassen | U-Test | 13.67 | 11.33 | -.8154 | .4148 |
| Anzahl betreuter Schulorte | U-Test | 12.79 | 12.21 | -.2206 | .825 |
| Austausch mit anderen Fachpersonen | U-Test | 9.21 | 15.79 | -2.3665 | .018 sign. |
| Bejahung des Schulmodells durch das beteiligte Umfeld | U-Test | 11.21 | 13.79 | -.9138 | .361 |
| **Bereich: Heilpädagogische Betreuung** | | | | | |
| Förderstunden | U-Test | 13.38 | 11.63 | -.6098 | .542 |
| Einzelunterricht ausserhalb der Klasse | U-Test | 12.13 | 12.88 | -.3097 | .757 |
| Gruppenunterricht ausserhalb der Klasse | U-Test | 13.38 | 11.63 | -.6112 | .541 |
| Arbeit im Klassenzimmer | U-Test | 12.04 | 12.96 | -.3656 | .715 |
| Kontakt mit Regelklassenlehrperson | U-Test | 12.29 | 12.71 | -.1459 | .884 |
| Kontakt mit Eltern | U-Test | 13.46 | 11.54 | -.6735 | .500 |
| Einsatz offizieller Unterrichtsmittel | U-Test | 12.25 | 12.75 | -.1735 | .862 |
| Einsatz von Sonderklassenlehrmitteln | U-Test | 14.92 | 10.08 | -1.6962 | .090 tend. |
| Einsatz von eigenem Unterrichtsmaterial | U-Test | 12.63 | 12.38 | -.0867 | .931 |
| Einsatz von Spielmaterial zur Förderung | U-Test | 12.88 | 12.12 | -.2648 | .791 |
| klassenunterrichtsorientierte Zielsetzung | U-Test | 13.08 | 11.92 | -.4048 | .686 |

| | | | | | |
|---|---|---|---|---|---|
| Persönlichkeitsbildung als Zielsetzung | U-Test | 9.79 | 15.21 | -1.9282 | .054 **tend.** |
| Basisfunktionsförderung als Zielsetzung | U-Test | 13.50 | 11.50 | -.7020 | .483 |

Der Vergleich zwischen der unteren und der oberen medianhalbierten Stichprobe legt nahe, dass die Variablen 'Lehrereinschätzung des Klassenklimas', 'Streuung des IQ innerhalb der Klasse' und 'Austausch mit anderen Fachpersonen' potentiellen Erklärungswert für den 'Lernfortschritt' der betreuten Kinder haben. Als etwas weniger bedeutsam erweisen sich die Merkmale 'Berufszufriedenheit', 'Schülereinschätzung des Klassenklimas', 'Berufsausbildung', (geringer) 'Einsatz von Sonderklassenlehrmitteln' und 'Persönlichkeitsbildung als Zielsetzung'.

### 5.6.2 Schritt 2: Ergebnisse der Regressions- und Varianzanalyse

Mit Ausnahme der Variable 'Berufsausbildung', welche nominalskalierte Daten aufweist, werden alle signifikanten und tendenziell bedeutsamen (p< .10) Variablen in die Regressionsanalyse einbezogen und bilden die Prädiktorvariablen für die abhängige Variable 'Lernfortschritt'. Tabelle 31 liefert eine Übersicht über die Ergebnisse der durchgeführten Regressionsanalyse.

*Tabelle 31*: Ergebnisse der Regressionsanalyse zu den Prädiktorvariablen für den Lernfortschritt

| **abhängige Variable: Lernfortschritt** | | | **Sig F: .0014** | |
|---|---|---|---|---|
| Prädiktorvariable | Beta | T | Sig T | Rsq |
| Austausch mit anderen Fachpersonen | .695310 | 4.192 | .0007 | .4516 |
| Lehrereinschätzung des Klassenklimas | .469330 | 2.974 | .0090 | .6177 |
| Streuung des IQ | .402901 | 2.352 | .0318 | .6630 |
| Einsatz von Sonderklassenlehrmitteln | .276611 | 1.388 | .1842 | .6918 |
| Persönlichkeitsbildung als Zielsetzung | -.259960 | -1.181 | .2548 | .7128 |
| Schülereinschätzung des Klassenklimas | .097302 | .628 | .5389 | .7208 |
| Berufszufriedenheit des Lehrers | .106219 | .493 | .6286 | .7249 |

Die durchgeführte Regressionsanalyse lässt die Interpretation zu, dass die Variablen 'Austausch mit anderen Fachpersonen', 'Lehrereinschätzung des Klassenklimas' und die 'Streuung des IQ' signifikante (Sig T < .05) Prädiktorvariablen für den Lernfortschritt darstellen. Insgesamt klären diese drei Variablen ca. 66% (Rsq) der Varianzen der Kriteriumsvariable 'Lernfortschritt' auf. Die übrigen, in die Regressionsanalyse eingebrachten Prädiktorvariablen sind in diesem Zusammenhang unbedeutsam.

Wie bereits erwähnt, kann die Variable 'Berufsausbildung' aufgrund des nominalen Skalenniveaus nicht in die Regressionsanalyse einbezogen werden. Somit kann nicht verhindert werden, dass sich die Datenauswertung auf ein statistisches Verfahren beschränkt, was zur Folge hat, dass eventuelle Interaktionen zwischen der Variable 'Berufsausbildung' und den Variablen, die in die Regressionsanalyse aufgenommen wurden, unberücksichtigt bleiben. Aus diesem Grunde bedürfen die in Tabelle 32 und Abbildung 15 dargestellten Ergebnisse einer vorsichtigen Interpretation. Die Möglichkeit der "Messwiederholung" bei der durchgeführten Varianzanalyse bedingt, dass nicht der 'Lernfortschritt' (Regressionsresiduen als Veränderungsmass) als unabhängige Variable, sondern die 'Gesamtschulleistungswerte' der Einzelabklärung zu den Messzeitpunkten t1 und t2 betrachtet werden. Die unabhängige Variable 'Berufsausbildung' ist dichotom kodiert (abgeschlossene Ausbildung als Schulischer Heilpädagoge versus nicht-abgeschlossene Ausbildung).

*Tabelle 32*: Ergebnisse der Varianzanalyse zur Berufsausbildung der Heilpädagogen

| **abhängige Variable: Gesamtschulleistung** | | | | | | |
|---|---|---|---|---|---|---|
| | Messzeitpunkt t1 | | | Messzeitpunkt t2 | | |
| | Mittelwert | Standardabweichung | Anzahl | Mittelwert | Standardabweichung | Anzahl |
| ohne Ausb. | .193 | .310 | 7 | .825 | .250 | 7 |
| mit Ausb. | -.197 | .736 | 17 | .836 | .630 | 17 |
| Faktor | F-Wert | | DF | | p-Wert | |
| A Ausbildung (ja, nein) | .52 | | 1 | | .478 | |
| B Messzeitpunkt (t1, t2) | 160.18 | | 1 | | .000 | |
| A x B | 9.31 | | 1 | | .006 | |

Die erforderliche hochsignifikante Interaktion 'Ausbildung' x 'Messzeitpunkt' (p= .006) legt den Schluss nahe, dass die Variable 'Berufsausbildung' ebenfalls potentiellen Erklärungswert für den Lernfortschritt der betreuten Kinder aufweist. Zur Veranschaulichung dieser Interaktion wird das Ergebnis in Abbildung 15 graphisch dargestellt. Im Zusammenhang mit unserer Fragestellung interessiert nur der mögliche Einfluss der Ausbildung auf den Lernfortschritt (über die Messzeitpunkte t1 und t2), weshalb ausschliesslich die Interaktion zu betrachten ist. Der signifikante Haupteffekt des Faktors 'Messzeitpunkt' (p= .000) ist trivial und besagt, dass alle Kinder, unabhängig vom Ausbildungsstand ihrer Heilpädagogen, beim Messzeitpunkt t2 statistisch bedeutsam bessere Schulleistungen erbringen als zum Messzeitpunkt t1.

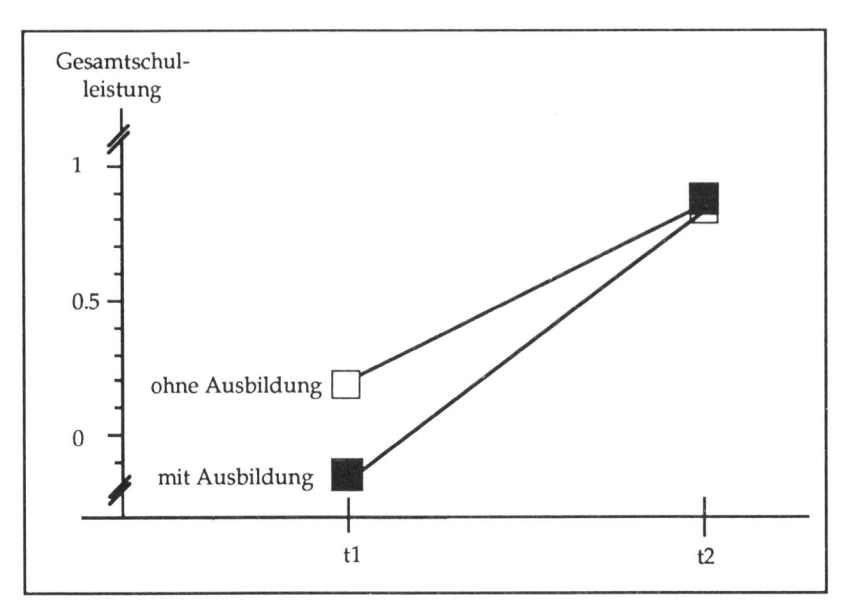

*Abbildung 15*: Lernfortschritt der Schüler, welche von Heilpädagogen mit beziehungsweise ohne abgeschlossene Ausbildung betreut werden

## 5.7 Zusammenfassung

Das fünfte Kapitel befasst sich mit der Generierung von Hypothesen zur Frage, inwiefern bestimmte Unterrichtsbedingungen und/oder -vorgehensweisen mit der Lernentwicklung schulleistungsschwacher oder lernbehinderter Kinder, welche zusätzlich zum Regelklassenunterricht heilpädagogische Stützmassnahmen erhalten, derart zusammenhängen, dass sie zur Optimierung der "Regelklasse mit Heilpädagogischer Schülerhilfe" anderen Unterrichtsbedingungen und/oder -vorgehensweisen vorzuziehen sind.

Dazu wurden insgesamt 47 Variablen zu den Bereichen Schüler, Klassenlehrperson, Klassensituation, Klassenzusammensetzung, Schulischer Heilpädagoge, Situation der Heilpädagogischen Schülerhilfe und heilpädagogische Betreuung, die uns im Hinblick auf die Lernentwicklung der durch die Heilpädagogische Schülerhilfe betreuten Schülerinnen und Schüler als relevant erscheinen, erhoben. Zur Datenerhebung wurden einerseits Messinstrumente, welche in Kapitel 4.2 beschrieben sind, und andererseits diverse Fragebögen sowie ein Protokoll zur Betreuungsarbeit eingesetzt. Die Stichprobe umfasste 24 durch Schulische Heilpädagogen betreute Schüler des zweiten Schuljahres (vgl. Kapitel 4.3.2).

Mittels eines Extremgruppenvergleichs (medianhalbierte Stichprobe bezüglich des Lernfortschritts) wurde die Anzahl der möglichen Einflussvariablen reduziert. Anschliessend wurde mit den intervallskalierten Variablen eine Regressionsanalyse, mit der verbleibenden nominalskalierten Variable eine Varianzanalyse durchgeführt.

Als Ergebnis liegt folgende, generierte Hypothese vor: Auf den Lernfortschritt schulleistungsschwacher oder lernbehinderter Kinder der Unterstufe der Primarschule, welche im Rahmen der Heilpädagogischen Schülerhilfe zusätzlich zum Regelklassenunterricht betreut werden, scheinen folgende Variablen einen bedeutsamen Einfluss zu haben: die Möglichkeit der Heilpädagogen, mit anderen Fachpersonen berufsbezogenen Austausch zu pflegen, ein nach Einschätzung der Regelklassenlehrperson positives Klassenklima, eine bezogen auf die Intelligenz heterogene Klassenzusammensetzung und schliesslich eine abgeschlossene Ausbildung des Heilpädagogen.

# 6. Diskussion der Ergebnisse

## 6.1 Zusammenfassender Überblick über die erarbeiteten Ergebnisse

Tabelle 33 fasst die Ergebnisse der vorliegenden Arbeit in der Reihenfolge der Kapitel 2 bis 5 im Sinne eines Überblicks zusammen.

*Tabelle 33*: Überblick über die erarbeiteten Ergebnisse

| Ergebnistyp | Ergebnisse |
|---|---|
| **Ergebnisse der Literaturrecherche** zum Stand der Integrationsforschung (vgl. Kapitel 2) | Die Bewertung der Forschungslage zeigt, dass man sich nicht eindeutig und ohne Vorbehalte für die Integration bzw. Separation von behinderten Kindern aussprechen kann. Dennoch überwiegen unseres Erachtens die Nachteile der Separation, so dass die dargestellten Forschungsergebnisse ausreichen, um pädagogisch verantwortbare Entscheidungen zugunsten der Integration treffen zu können.<br>Für die Integration als **positiv** zu werten sind:<br>- der mehr oder weniger nachweisbare positive Einfluss integrierender Schulformen auf die Lernentwicklung behinderter Schüler;<br>- durch die Integration von Behinderten erwachsen keinerlei Nachteile für die Entwicklung der nichtbehinderten Mitschüler;<br>- weitgehende Vermeidung einer Entwurzelung der Behinderten aus dem sozialen Gefüge ihrer Wohnumwelt;<br>- Eltern äussern sich im allgemeinen positiv zur Integration;<br>- Untersuchungen zur Langzeitwirkungen schulischer Serparation oder Integration deuten eher auf Vorteile der gemeinsamen Beschulung hin.<br>Als **neutral** zu bewerten sind:<br>- bei zahlreichen Persönlichkeitsvariablen scheint die Beschulungsart keinen besonderen Einfluss zu haben;<br>- Lehrereinstellung muss als ambivalent bezeichnet werden, wobei zu erwarten ist, dass durch das Ermöglichen von Erfahrungen mit Behinderten oder der Integration die Einstellung positiv beeinflusst werden kann.<br>A priori als **negativ** zu werten sind:<br>- insgesamt schwierige soziale Stellung der Behinderten in Integrationsklassen; dies gilt insbesondere für Lernbehinderte und Verhaltensauffällige und kann nicht auf alle Behinderten und Behinderungsarten übertragen werden; Separation vermag dieses Problem nicht zu lösen;<br>- niedriges Begabungskonzept vor allem von Lernbehinderten; je nach Behinderungsart treten spezifische Aspekte des Selbstwertgefühls in den Vordergrund. |
| **Indikatoren** zur praktischen Umsetzung der "Regelklasse mit Heilpädagogischer Schülerhilfe" (vgl. Kapitel 3.4) | - Die äusseren Rahmenbedingungen (Stellendotation des Heilpädagogen) haben sich im Vergleich zur Untersuchung von 1986-1989 verbessert.<br>- Pro Heilpädagoge (100%) werden durchschnittlich 16 Kinder betreut. Dies ist mehr, als Richtlinien oder Pflichtenhefte vorschreiben.<br>- Heilpädagogen betreuen in der Regel Kinder aus mehreren Schulhäusern |

| | und vereinzelt in mehreren Ortschaften.<br>- 69% der Heilpädagogen verfügen über die erforderliche Ausbildung.<br>- "Regelklassen mit Heilpädagogischer Schülerhilfe" weisen bezüglich der üblichen Verfügbarkeit zusätzlicher Förderangebote (Logopädie, Schulpsychologie, Psychomotorik, Legasthenie-, Dyskalkulietherapie usw.) eine leichte Veränderung gegenüber gewöhnlichen Regelklassen in Richtung einer Reduktion der involvierten Fachpersonen auf.<br>- Unseres Erachtens ist bei einer beachtlichen Anzahl der Kinder, die vom Heilpädagogen betreut werden, im Vergleich zu anderen schwachen Kindern aufgrund der vorliegenden Daten nicht nachvollziehbar, weshalb gerade sie heilpädagogische Stützmassnahmen erhalten. Der Verdacht auf mögliche Fehlentscheide in der Zuweisung besonderer Hilfen muss ernst genommen werden.<br>- In "Regelklassen mit Heilpädagogischer Schülerhilfe" werden Kinder mit fremder Muttersprache im Vergleich zu gewöhnlichen Regelklassen intensiver betreut.<br>- Wichtige Elemente einer konsequent durchgeführten Integration, zum Beispiel die individuelle Schülerbeurteilung und die Toleranz gegenüber Lernzielabweichungen, werden in der Praxis nicht umgesetzt. |
|---|---|
| **Hypothesenprüfung**:<br>Effizienz der heilpädagogischen Stützmassnahmen bezüglich der Lernentwicklung<br>(vgl. Kapitel 4) | Kinder des zweiten Schuljahres, welche im Rahmen der "Regelklasse mit Heilpädagogischer Schülerhilfe" zusätzliche Hilfen durch den Heilpädagogen erhalten, erzielen signifikant grössere Lernfortschritte in den schulischen Kernfächern Mathematik und Sprache als vergleichbare Kinder in gewöhnlichen Regelklassen. Dieser Unterschied lässt sich bereits nach 20 Wochen deutlich erkennen. |
| **Hypothesengenerierung**:<br>Unterrichtsbedingungen und -vorgehensweisen, die im Hinblick auf den Lernfortschritt der betreuten Kinder zur Optimierung der "Regelklasse mit Heilpädagogischer Schülerhilfe" beitragen<br>(vgl. Kapitel 5) | Generierte Hypothese:<br>Der Lernfortschritt schulleistungsschwacher oder lernbehinderter Kinder in "Regelklassen mit Heilpädagogischer Schülerhilfe" dürfte, bei Beibehaltung der aktuellen Rahmenbedingungen, um so grösser sein,<br>- wenn die Schulischen Heilpädagogen die Möglichkeit haben, sich mit anderen Fachpersonen mit einer ähnlichen Aufgabe regelmässig über ihre Arbeit auszutauschen,<br>- wenn es den Regelklassenlehrpersonen gelingt, das Klassenklima positiv zu beeinflussen (Klassenmanagement),<br>- wenn die Klasse bezüglich des Begabungspotentials eher heterogen zusammengesetzt ist,<br>- und die eingesetzten Heilpädagogen eine qualifizierte Ausbildung bereits absolviert haben. |

## 6.2    Hypothesenprüfung

Als Hauptergebnis der vorliegenden Arbeit ist die in Kapitel 4 beschriebene Hypothesenprüfung zu betrachten, weshalb sie an den Anfang der Diskussion gestellt wird. Diese ergibt, dass schulleistungsschwache oder lernbehinderte Kinder des zweiten Schuljahres, welche in der Schulform "Regelklasse mit Heilpädagogischer Schülerhilfe" durch den Heilpädagogen unterstützt werden, bedeutsam grössere Lernfortschritte in den schulischen Kernfächern Mathematik und Sprache erzielen als vergleichbare Kinder in gewöhnlichen Regelklassen ohne heilpädagogische Stützmassnahmen.

Durch das gewählte Vorgehen, aufgrund einer ersten Datenerhebung Schülerpaare (Experimental- und Kontrollgruppe) zu bilden und deren Lernentwicklung in zwei aufwendigen Einzelabklärungen des Lernstandes weiterzuverfolgen, kann der Befund forschungsmethodisch als gut abgesichert gelten. Mit der Methode der Parallelisierung und durch weitere Kontrollberechnungen kann sichergestellt werden, dass die Ergebnisse nicht durch intervenierende Variablen (z.B. Geschlecht, Alter, Intelligenz oder ungleiche Ausgangsposition bei den Schulleistungen) verfälscht werden.

Der vorliegende Befund unterscheidet sich von den Ergebnissen der Ausgangsstudie (*Haeberlin; Bless; Moser; Klaghofer* 1991, 275-280), in welcher, nicht zuletzt aus forschungsmethodischen Gründen, keine befriedigende Klärung der Frage nach der spezifischen Wirkung der Heilpädagogischen Schülerhilfe auf den Lernfortschritt der schulleistungsschwachen Kinder gelang. Bei der gegenüberstellenden Interpretation der Ergebnisse beider Untersuchungen müssen folgende Faktoren mitberücksichtigt werden: Zum einen wurde die damalige Studie in der 4. bis 6. Klasse der Primarschulstufe durchgeführt; in unserer Studie wurde die 2. Primarklasse erfasst. Zum anderen haben sich die äusseren Rahmenbedingungen der "Regelklasse mit Heilpädagogischer Schülerhilfe" zwischen dem damaligen und dem aktuellen Untersuchungszeitpunkt verbessert (vgl. Kapitel 3.4.1). Schliesslich wurde in der Ausgangsstudie die Wirkung der "Regelklasse mit Heilpädagogischer Schülerhilfe" auf Schüler untersucht, welche nach einer operationalen Definition der "Schulleistungsschwäche" bestimmt wurden (vgl. *Haeberlin; Bless; Moser; Klaghofer* 1991, 204-205). Dies hatte zur Folge, dass Kinder, welche aufgrund der Zuordnungsregel nicht mehr als "schulleistungsschwach" betrachtet und trotzdem heilpädagogisch betreut wurden, nicht auf die gleiche Weise in die Wirkungsanalyse einbezogen wurden. Im Gegensatz dazu wurde in der aktuellen Studie die Wirkung der Heilpädagogischen Schülerhilfe auf jene Kinder untersucht, die einerseits heilpädagogisch betreut werden und bei denen andererseits nach Aussagen der Heilpädagogen das vorrangige Betreuungsziel im Bereich Mathematik und/oder Sprache liegt. Die Kinder wurden demnach nicht aufgrund einer operationalen Definition von "Schulleistungsschwäche" in die Untersuchung aufgenommen, sondern weil sie durch den Heilpädagogen betreut werden. Dieses Vorgehen wurde gewählt, weil die Überprüfung der Wirkung heilpädagogischer Massnahmen auf jene Population, die in der Praxis tatsächlich zusätzlich zum Regelschulunterricht betreut wird, im Vordergrund stand. Ob und wie diese Faktoren im Hinblick auf die unterschiedlichen Ergebnisse eine Rolle spielen oder ob in der Ausgangsstudie die Wirkung der

Heilpädagogischen Schülerhilfe bereits grösser war, jedoch aufgrund der Stichprobe (zu unterschiedliche Rahmenbedingungen konnten nicht kontrolliert werden) nicht nachgewiesen werden konnte, bleibt offen.

Die in Kapitel 3.4.4 dargestellten Indikatoren zur betreuten Schülerpopulation weisen darauf hin, dass in den "Regelklassen mit Heilpädagogischer Schülerhilfe" (aktuelle Untersuchungsstichprobe) nebst Kindern mit erheblichen Lernschwierigkeiten auch Schüler betreut werden, die in einem separierenden Schulsystem offensichtlich nicht in eine Sonderklasse für Lernbehinderte überwiesen würden und somit weniger gravierende Lernschwierigkeiten aufweisen als sogenannt lernbehinderte Kinder. Kontrollberechnungen ergeben tendenziell eine grössere Wirksamkeit der "Regelklasse mit Heilpädagogischer Schülerhilfe" im Vergleich zur gewöhnlichen Regelklasse (Ergebnis der Varianzanalyse [N= 13]: p-Wert der Interaktion 'Schulform' x 'Messzeitpunkt' ist p< .1). Für die Zuordnung der betreuten Kinder zur Kategorie "lernbehindert" wird die operationale Definition von *Haeberlin; Bless; Moser; Klaghofer* (1991, 204) verwendet. Diese ist im Vergleich zur Population der Schweizer Sonderklassen für Lernbehinderte als streng zu betrachten. Unter Berücksichtigung der äusserst kurzen Zeitspanne zwischen den Messzeitpunkten t1 und t2 (20 Wochen), welche in Relation zur Messempfindlichkeit des eingesetzten Erhebungsinstrumentariums betrachtet werden muss, kann somit aufgrund der festgestellten Tendenz davon ausgegangen werden, dass auch Kinder mit erheblichen Lernschwierigkeiten im Vergleich zu einer Beschulung in gewöhnlichen Regelklassen von den heilpädagogischen Massnahmen in "Regelklassen mit Heilpädagogischer Schülerhilfe" im Hinblick auf ihre Lernentwicklung profitieren.

Zudem ist aufgrund der Datenlage sowohl der Ausgangsstudie als auch der vorliegenden Arbeit anzunehmen, dass unter Beibehaltung der aktuellen Rahmenbedingungen die "Regelklassen mit Heilpädagogischer Schülerhilfe" bezüglich der Lernentwicklung in den schulischen Kernfächern auch in höheren Klassen der Primarschulstufe effizienter sind (oder geworden sind) als gewöhnliche Regelklassen. Wie bereits in der ersten Studie gezeigt werden konnte (*Haeberlin; Bless; Moser; Klaghofer* 1991, 229-259) und in Übereinstimmung mit dem diesbezüglichen Ergebnis der Literaturrecherche (vgl. Kapitel 2.2.3) steht wissenschaftlich gut abgesichert fest, dass schulleistungsschwache oder lernbehinderte Kinder in der "Regelklasse mit Heilpädagogischer Schülerhilfe" grössere Lernfortschritte erzielen, als dies in Sonderklassen für Lernbehinderte möglich wäre.

Die nachgewiesene Effizienz dieser Schulform wird von zahlreichen, in der Praxis tätigen Personen entsprechend ihrer Erwartung wahrscheinlich als selbstverständlich betrachtet, was jedoch nach unserer Auffassung nicht der Fall ist.

Wir sind der Meinung, dass dieses Hauptergebnis nur *ein* Kriterium unter vielen darstellt, die zur Bewertung einer Schulform zu berücksichtigen sind. In diesem Sinne sind für die Gesamtbeurteilung der "Regelklasse mit Heilpädagogischer Schülerhilfe" auch andere Aspekte, die bei der Beantwortung der Fragestellung 1 zwar ausgeklammert, jedoch nicht als weniger wichtig erachtet werden, in die Beurteilung einzubeziehen (vgl. Forschungsüberblick in Kapitel 2).

## 6.3    Stand der Integrationsforschung

Der in Kapitel 2 dargestellte Forschungsüberblick legt den Schluss nahe, dass man sich nicht ohne Vorbehalte für die Integration von Behinderten in die Regelschule beziehungsweise ihre Separation aussprechen kann. Dennoch überwiegen unseres Erachtens die Nachteile der Separation, so dass die derzeitige Forschungslage ausreicht, um pädagogisch verantwortbare Entscheidungen zugunsten der Integration treffen zu können.

Wir möchten aber in Übereinstimmung mit *Langfeldt* (1991, 1) und *Tenorth* (1991, 164) betonen, dass empirische Befunde keine Entscheidungen für oder gegen die Integration erzwingen können. Aus ihnen ist auch nicht ableitbar, ob man Integration wollen soll oder nicht. Dies ist letztendlich eine Frage der Weltanschauung, des Menschenbildes oder der Ethik. Empirische Befunde können hingegen beschreiben, was geschieht, wenn man sich für oder gegen Integration entscheidet. Die Bewertung solcher Beschreibungen führt unseres Erachtens zu vernünftig begründeten Entscheidungen.

Für die Integration spricht sicherlich der mehr oder weniger positive Einfluss integrierender Schulformen auf die Lernentwicklung behinderter Schüler. Zudem ergeben sich aus dem Einbezug von Behinderten keinerlei Nachteile für die Entwicklung der nichtbehinderten Mitschüler. Durch die Integration kann ferner dank der wohnortnahen Beschulung eine Entwurzelung aus dem sozialen Gefüge der Wohnumwelt weitgehend vermieden werden. Die Eltern von Behinderten äussern sich im allgemeinen positiv zur Integration. Untersuchungen zur Langzeitwirkung schulischer Separation oder Integration deuten eher auf leichte Vorteile der gemeinsamen Beschulung hin. Schliesslich gibt es zahlreiche Variablen der Persönlichkeitsentwicklung, auf welche die Schulungsform keinen Einfluss zu haben scheint. Das ambivalente Bild bezüglich der Einstellung von Lehrpersonen zur Integration darf unseres Erachtens insofern nicht überbewertet werden, als die Forschungen deutlich darauf hinweisen, dass Lehrpersonen, die Erfahrungen mit Behinderten und/oder Integrationsklassen sammeln konnten, generell positiver zur Integration Stellung nehmen. In diesem Sinne besteht die berechtigte Hoffnung, dass durch das Ermöglichen entsprechender Erfahrungen die Integration durch die Lehrpersonen ideell auch gestützt werden kann.

A priori gegen die Integration sprechen einerseits die allgemein eher ungünstige soziale Akzeptanz, die Behinderte in Regelklassen erfahren und andererseits das teilweise niedrigere Selbstwertgefühl von Behinderten. Bezüglich der sozialen Akzeptanz muss jedoch mit aller Deutlichkeit unterstrichen werden, dass dieses ungünstige Ergebnis nicht für alle Behinderten und alle Behinderungsarten gilt und dass diverse Arbeiten darauf hindeuten, dass die Überweisung in eine Sonderklasse dieses Problem nicht befriedigend zu lösen vermag. Auch die Ergebnisse zu Bereichen des Selbstwertgefühls müssen je nach Behinderungsart differenziert betrachtet werden. Beispielsweise ist bei integrierten Lernbehinderten das niedrigere Begabungskonzept trotz grösserer Lernfortschritte nicht zwingend oder ausschliesslich als negativ zu beurteilen, denn im Vergleich zu Sonderschülern schätzen sich Lernbehinderte in Integrationsklassen entsprechend der Realität tiefer ein. Sie erbringen in ihrer Bezugsgruppe tatsächlich schlechtere Leistungen als ihre nichtbehinderten Mitschüler und Mitschülerinnen. Im Schonraum der Sonderschule entsteht eine realitätsinadäquate Selbsteinschätzung, die zwar unter motivationspsychologischen Gesichtspunkten wichtig sein mag, die aber, wie einzelne Studien zeigen, bei einer bevorstehenden Öffnung der Bezugsgruppe (z.B. Schulabgang) drastisch sinkt.

Die dargestellte Forschungslage kann aufgrund der Ergebnisse unserer Hauptfragestellung noch ergänzt werden. Demnach kann die Effizienz der Integration im Hinblick auf die Lernentwicklung schulleistungsschwacher oder lernbehinderter Kinder gesteigert werden, wenn begleitend zum Regelklassenunterricht heilpädagogisch tätige Fachkräfte um die an die individuellen Bedürfnisse der Kinder angepasste und erforderliche Förderung bemüht sind. Damit sprechen die Ergebnisse relativ eindeutig gegen Versuche, behinderte Kinder "still", das heisst ohne zusätzliche Massnahmen und personelle Ressourcen zu integrieren. Zudem bestätigen sie die von *Madden; Slavin* (1983) im Anschluss an ihren Forschungsüberblick zur Lernentwicklung geäusserten Schlussfolgerung, dass lern- und geistigbehinderte Kinder in integrierenden Schulformen mehr lernen als in getrennten Sonderklassen, wenn Individualisierung im Klassenzimmer und/oder ausgewogene Förderung im "resource room" stattfindet.

Die Wissenschaft ist aufgefordert, weiter und vermehrt Forschungen im Hinblick auf die Optimierung der Integration anzustellen. Dabei rückt unweigerlich die Frage, wie denn Integration unter welchen Bedingungen sinnvoll praktiziert und wie ungünstige Wirkungen vermindert werden sollen, in den Blickpunkt des Interesses. Für die im Kanton Zürich realisierte Schulform, welche unter formalen Gesichtspunkten von der "Regelklasse mit Heilpädagogischer Schülerhilfe" zu unterscheiden ist, haben *Bächtold*; *Coradi*; *Hildbrand* und *Strasser* (1990) ihre Untersuchung bereits in diesem Sinne geplant und durchgeführt (vgl. Kapitel 2.1.4). Für die "Regelklasse mit Heilpädagogischer Schülerhilfe" leistet die Bearbeitung der zweiten Fragestellung in dieser Hinsicht einen Beitrag.

## 6.4 Hypothesengenerierung

Im fünften Kapitel unseres Berichts wird die Generierung von Hypothesen über den Zusammenhang von Unterrichtsbedingungen und -vorgehensweisen und dem Lernfortschritt der betreuten Kinder beschrieben. Ziel der Erkundungsstudie ist es, Variablen herauszukristallisieren, welche potentiellen Erklärungswert für den Lernfortschritt der Kinder haben könnten, um diese als Ausgangshypothesen für weitere, diese Themen vertiefende Forschungsbemühungen aufzubereiten. Damit verknüpfen wir die Hoffnung, dass im Anschluss an weiterführende Untersuchungen konkrete Hinweise zur Optimierung der "Regelklasse mit Heilpädagogischer Schülerhilfe" bereitgestellt werden können.

Aufgrund der durchgeführten statistischen Auswertungen wird folgende allgemeine Hypothese generiert:

Der Lernfortschritt schulleistungsschwacher oder lernbehinderter Kinder in "Regelklassen mit Heilpädagogischer Schülerhilfe" dürfte, unter Beibehaltung der aktuellen Rahmenbedingungen, um so grösser sein,
- wenn die Schulischen Heilpädagogen die Möglichkeit haben, sich mit anderen Fachpersonen mit einer ähnlichen Aufgabe regelmässig über ihre Arbeit *auszutauschen*,
- wenn es den Regelklassenlehrpersonen gelingt, das *Klassenklima* so zu beeinflussen, dass sie dieses als positiv erleben können,
- wenn die Klasse bezüglich des Begabungspotentials eher *heterogen* zusammengesetzt ist,
- wenn die eingesetzten Heilpädagogen eine *qualifizierte Ausbildung* bereits absolviert haben.

Dass im Zusammenhang mit dem Lernfortschritt der betreuten Schüler die Möglichkeit der Schulischen Heilpädagogen zum Austausch mit anderen Fachpersonen vermutlich eine Rolle spielt, kann möglicherweise auf die schwierige Arbeitssituation des Heilpädagogen zurückgeführt werden. In ländlichen Regionen, in denen die "Regelklassen mit Heilpädagogischer Schülerhilfe" eingerichtet wurde, ist der Heilpädagoge fast ausschliesslich auf sich selbst angewiesen. Die Gelegenheit, sich mit Fachpersonen, die eine ähnliche Betreuungsaufgabe zu erfüllen haben (zum Beispiel andere Heilpädagogen, Schulpsychologen oder Logopädinnen), regelmässig über die Arbeit auszutauschen, trägt wahrscheinlich zu einer konstruktiven Verarbeitung der geleisteten Arbeit und/oder zu positiven Lösungen bei anstehenden pädagogischen Massnahmen und/oder zu einer grösseren Selbstsicherheit bei. Künftige Forschungen müssten sich diesbezüglich insbesondere im Hinblick auf mögliche Veränderungen formaler Strukturen dieser Schulform oder auf die Umschreibung der Arbeitsweise des Heilpädagogen (z.B. Pflichtenheft) um die Frage bemühen, inwiefern und ob sich institutionalisierte versus informelle Austauschmöglichkeiten in Form von Super- oder Intervision auf die Qualität der geleisteten pädagogischen Arbeit auswirken. Die Frage der geeigneten oder sinnvollen "Austauschpartner" könnte ebenfalls angegangen werden.

Ferner scheint auch das Klassenklima (aus der Sicht der Klassenlehrperson beurteilt) einen Einfluss auf die Lernfortschritte der untersuchten Kinder zu haben. Betrachtet man die einzelnen Items der eingesetzten Skala zur Erhebung dieser Variable, so handelt es sich vorwiegend um Inhalte, die im allgemeinen die Klassenführung erleichtern respektive erschweren.

Dass das Klassenklima einen nicht zu unterschätzenden Einfluss auf die Lernleistung ausübt, konnte auch in anderen Zusammenhängen in verschiedenen Untersuchungen gezeigt werden (vgl. Forschungsüberblicke von *Dreesmann* 1982, 151-154 und von *Dreesmann; Eder; Fend; Pekrun; Saldern v.; Wolf* 1992, 666). Nach *Dreesmann* (1982, 176-177) fügt sich das Klassenklima schlüssig als unabhängige Variable in eine Konzeption zum schulischen Lernen ein, in der es zusammen mit den Fähigkeiten des Schülers und dem Lernangebot eine der drei Variablengruppen bildet, die Lernfortschritte weitgehend zu erklären vermögen. Folgende Klimabedingungen scheinen besonders förderlich zu sein: "... das Erleben guter sozialer Beziehungen zwischen allen am Unterricht Beteiligten, das Erfahren eines höheren Masses an Eigenständigkeit und Eigenverantwortung bei unterrichtlichen Aktivitäten, die Möglichkeit zur Mitgestaltung des Unterrichtsverlaufs, die Aussicht, für Anstrengungen auch belohnt zu werden und schliesslich das Empfinden, dass der Unterricht verständlich und gut organisiert ist" (*Dreesmann* 1982, 177). Ferner haben empirische Befunde ergeben, dass ein klimapositiver Unterricht besonders für das Leistungsverhalten von Schülern mit niedriger Intelligenz günstig zu sein scheint, was auch in unserer Untersuchung eine gewisse Bestätigung findet. Bedingungen des Klassenklimas wirken sich demzufolge nicht auf alle Schüler gleich aus. Sie können im Zusammenspiel mit bestimmten persönlichen Merkmalen einen stimulierenden oder hemmenden Einfluss haben. Als Beispiel sei darauf hingewiesen, dass sich ein Konkurrenzklima für gute und wenig ängstliche Schüler förderlich, für ängstliche Schüler jedoch eher hemmend auf die Lernentwicklung auswirkt.

In den Folgeuntersuchungen sollte überprüft werden, inwiefern das Klassenklima unter Berücksichtigung möglicher Wechselwirkungen zwischen Klassenklima und Schüler- beziehungsweise Lehrermerkmalen (ähnlich wie weiter oben dargestellt) einen Einfluss auf den Lernfortschritt integrierter behinderter Kinder ausübt. In Anbetracht dessen, dass hier das Klassenklima aus der Perspektive der Lehrerwahrnehmung im Vordergrund steht, könnten sich künftige Forschungsarbeiten der Ausarbeitung von Aus- und Fortbildungskonzepten im Zusammenhang mit Klassenführung, -klima und Lehrerverhalten in heterogenen Klassen des integrativen Unterrichts widmen.

Die dritte als relevant erscheinende Variable bezieht sich auf die Zusammensetzung der Regelklasse, in der schwache Kinder integriert werden. Die Variable deutet darauf hin, dass bezüglich des Begabungspotentials heterogen zusammengesetzte Klassen Lernfortschritte schwacher Kinder scheinbar positiv beeinflussen. Die lang aufrechterhaltene und der Separationsidee zugrundeliegende Annahme, dass homogene Lerngruppen für den Fortschritt der Kinder förderlicher sind, wird im Rahmen dieser Untersuchung einmal mehr in Frage gestellt. Dieser Befund wird durch zahlreiche Untersuchungergebnisse zum Nutzen homogener versus heterogener Lerngruppen gestützt, die beispielsweise von *Fend* (1981, 290-306) und *Wocken* (1988) zusammengetragen und diskutiert werden. Auch neuere Untersuchungen, welche in anderen Zusammenhängen durchgeführt wurden, widersprechen dem Mythos homogener Lerngruppen (*Helmke; Renkl* 1993, *Nitsch* 1986). Insgesamt kann zur Frage der Klassenzusammensetzung gesagt werden, dass die Ergebnisse empirischer Untersuchungen dem pädagogischen Alltagsverstand, wonach leistungshomogene Lerngruppen leistungsheterogenen vorzuziehen sind, in hohem Masse widersprechen.

Im Sinne einer vorsichtigen Teilerklärung des vorliegenden Ergebnisses ist zu vermuten, dass der Unterricht umso individualisierter, das heisst dem jeweiligen Lernniveau der einzelnen Kinder angepasst erfolgt, je heterogener die Klassenzusammensetzung ist. Genügend hohe Heterogenität dürfte die Möglichkeit eines Unterrichts für einen fiktiven Durchschnittsschüler einschränken.

Der Zusammenhang zwischen dem Ausmass der Heterogenität und der damit möglicherweise einhergehenden Überforderung des beteiligten pädagogischen Personals und der Schülerschaft stellt unseres Erachtens eine für die Weiterentwicklung der Integrationspraxis relevante Forschungsfrage dar.

Schliesslich scheint die Frage der Ausbildung des für die heilpädagogischen Betreuung schwacher Kinder eingesetzten Fachpersonals im Hinblick auf die Lernfortschritte ebenfalls von Bedeutung zu sein. Allerdings wurde im Rahmen unserer Untersuchung nur auf den Aspekt der abgeschlossenen beziehungsweise nicht-abgeschlossenen Ausbildung zum Schulischen Heilpädagogen (Sonderschullehrer) geachtet. Vorstellbar oder wünschenswert wäre, dass auch inhaltliche Aspekte von Ausbildungsgängen in Untersuchungen einbezogen würden. Es darf im Zusammenhang mit dem dargestellten Ergebnis vermutet werden, dass sich die Arbeit von Fachpersonen, die sich parallel zu dieser anspruchsvollen beruflichen Funktion berufsbegleitend noch in Ausbildung befinden oder nicht über die erforderliche Qualifikation verfügen, nicht im erwünschten Masse als effizient erweist. Es stellt sich unter anderem die Frage, ob sich die Doppelbelastung "Ausbildung - Beruf" (zum Teil die Dreifachbelastung "junge Familie - Ausbildung - Beruf") negativ auf das Engagement in der Betreuungsarbeit auswirkt. Unser Ergebnis dürfte somit auf die Notwendigkeit hinweisen, ausschliesslich ausgebildetes Personal (vgl. Kapitel 3.4.2) für die anspruchsvolle Tätigkeit als Heilpädagoge in der Regelklasse anzustellen. Bezüglich inhaltlicher Aspekte der Ausbildungsgänge dürften in künftigen Arbeiten parallel zur Ausbildung Schulischer Heilpädagogen auch die Ausbildungen der Klassenlehrpersonen nicht vernachlässigt werden.

Künftige Studien müssten sich nach unserer Auffassung zusätzlich mit der Frage befassen, inwiefern sich vermehrte Arbeit im Klassenzimmer im Gegensatz zur Arbeit mit dem Kinde in einem separaten Raum ausserhalb des Klassenzimmers auf die Lernentwicklung auswirkt. Im Rahmen der vorliegenden Untersuchung scheint die Frage, ob die Betreuungsarbeit im Klassenzimmer oder ausserhalb davon stattfindet, nicht bedeutsam zu sein, denn aufgrund der diesbezüglichen Datenlage konnte die Wirkung dieses unterschiedlichen Vorgehens gar nicht festgestellt werden, da in der untersuchten Betreuungszeit relativ einheitlich nur äusserst selten im Klassenzimmer mit den betroffenen Kindern direkt oder indirekt gearbeitet wurde. Das Betreuungsvorgehen war zu einheitlich, so dass sich eventuelle Auswirkungen statistisch gar nicht hätten manifestieren können.

Damit zusammenhängend stellt sich auch die Frage, ob die Zusammenarbeit zwischen Klassenlehrperson und Heilpädagoge in Anbetracht der in *Haeberlin*; *Jenny-Fuchs*; *Moser Opitz* (1992) dargestellten Erfahrungen nicht eine wichtigere Rolle spielt, als aufgrund der vorgelegten Ergebnisse zu vermuten ist. Diese Zusammenarbeit zwischen Heilpädagogen und Regelklassenlehrpersonen kann sehr oberflächlich und somit nebensächlich sein, wenn die beiden, wie weiter oben dargelegt, vorwiegend räumlich getrennt ihre Arbeit verrichten.

Aus den eben dargelegten Gründen sind wir der Auffassung, dass Forschungen, welche die Optimierung der "Regelklasse mit Heilpädagogischer Schülerhilfe" zum Ziele haben, nebst den Variablen der generierten Hypothese auch das Betreuungsvorgehen (innerhalb respektive ausserhalb des Klassenzimmers) und die Auswirkungen der Zusammenarbeit berücksichtigen sollten.

## 6.5 Indikatoren zur praktischen Realisierung der "Regelklasse mit Heilpädagogischer Schülerhilfe"

Die Ergebnisse, welche in Tabelle 33 als Indikatoren zur praktischen Umsetzung der "Regelklasse mit Heilpädagogischer Schülerhilfe" aufgeführt sind, weisen sowohl auf positive als auch auf negative Entwicklungen in der Praxis hin. Die "Regelklasse mit Heilpädagogischer Schülerhilfe" als alternative Schulform zur separierenden Sonderklasse für Lernbehinderte muss sich in Anbetracht einiger der untersuchten Indikatoren zur praktischen Umsetzung den Vorwurf gefallen lassen, dass sie sich wohl eher als pragmatische Reaktion und, organisatorisch betrachtet, als einfache Lösung für die Schulung schulleistungsschwacher oder lernbehinderter Kinder in ländlichen Gebieten entpuppt und nicht als eine konsequente Umsetzung der pädagogischen Idee der "Gemeinsamen Schulung". Obwohl in den letzten Jahren die äusseren Rahmenbedingungen dieser Schulform verbessert worden sind, obwohl die Ausstattung an zusätzlichen Förderangeboten der Klassen als gut bezeichnet werden darf und obwohl gleichzeitig eine Reduktion der Anzahl involvierter Fachpersonen erreicht werden konnte und zudem fremdsprachige Schüler und Schülerinnen in dieser Schulform intensiver betreut werden, so stimmen folgende Indikatoren doch nachdenklich:
- Einige der verantwortlichen Schulbehörden scheinen die anspruchsvolle Aufgabe des Heilpädagogen zu unterschätzen. Sie sind teilweise bereit, diese Aufgaben Fachpersonen zu übertragen, die die notwendigen beruflichen Qualifikationen (noch) nicht mit sich bringen.
- Trotz der Verpflichtung zum Integrationsgedanken vermag die "Regelklasse mit Heilpädagogischer Schülerhilfe" bezüglich der Klassenziele nicht über den Schatten unseres Schulsystems zu springen. Wer Klassenziele nicht zu erreichen vermag, riskiert trotz integrativer Schulform, die Klasse zu repetieren und in einigen Orten sogar in Sonderklassen ausgesondert zu werden. Eine individuelle Schülerbeurteilung vermochte sich trotz langjähriger Erfahrungen mit dieser Schulform nirgends konsequent durchzusetzen. Die integrierte Schulung von Kindern, die den Anforderungen der Regelklasse nicht genügen können, auch wenn sie in dieser Schulform bedeutsame Fortschritte erzielen, kann scheinbar nach wie vor nicht ohne grosse Abweichungen vom üblichen Massstab erfolgen.
- Die Frage der Zuweisung zur "Heilpädagogischen Schülerhilfe" scheint nicht in befriedigender Weise gelöst zu sein.

Stellt man die Realisierungen der "Regelklasse mit Heilpädagogischer Schülerhilfe" der in *Haeberlin; Bless; Moser; Klaghofer* (1991) beschriebenen Vision der "integrationsfähigen Schule" gegenüber, so darf unseres Erachtens immerhin gesagt werden, dass diese Schulform einen ersten kleinen und bescheidenen Schritt in diese Richtung darstellt. Die Integrationsfähigkeit dieser Schulform als hoch einzuschätzen, wäre jedoch in Anbetracht der dargestellten Indikatoren sowie des Umstandes, dass Kinder mit schwerwiegenderen "Behinderungen" im Konzept dieser Schulform keinen Platz haben, trotz der nachgewiesenen Effizienz bezüglich der Lernfortschritte eine einseitige und selbstgenügsame Sichtweise.

## 6.6    Empfehlungen

Das von *Haeberlin* (1991) unter dem Begriff "wertgeleitete Integrationsforschung" erweiterte klassische, an der wissenschaftstheoretischen Position des Kritischen Rationalismus orientierte Modell der empirischen Forschung sieht vor, dass die Darstellung einer Untersuchung mit "Entscheidungen über praktisches und politisches Handeln bezüglich Teilschritten in Richtung Soll-Vorstellung" (*Haeberlin*, 1991, 35) endet. In diesem Sinne möchten wir die vorliegende Arbeit, aus der verschiedene Erkenntnisse über die Integration von Behinderten, über die Wirkung der "Regelklasse mit Heilpädagogischer Schülerhilfe" sowie deren Umsetzung vorliegen, mit Empfehlungen für die Integrationspraxis im Hinblick auf die Realisierung der Vision der integrationsfähigen Schule (vgl. *Haeberlin* 1991, 35 und *Freiburger Projektgruppe* 1993, 19-26) abschliessen. In einem ersten Schritt werden die Empfehlungen dargestellt, die von *Haeberlin*; *Bless*; *Moser*; *Klaghofer* (1991) im Anschluss an die Untersuchung abgegeben wurden, welche der vorliegenden Arbeit zugrundeliegt. Im zweiten Schritt werden diese Empfehlungen aufgrund der zusätzlichen Erkenntnissen kommentiert und allenfalls aktualisiert.

*- Empfehlungen der Ausgangsuntersuchung:*
"1. Der Heil(Sonder)pädagoge soll höchstens sechs Regelklassen betreuen müssen. Anzustreben ist für Integrationsklassen jedoch das Zwei-Lehrer-System.
2. Schon *vor* der Einrichtung von Integrationsklassen muss sichergestellt sein, dass gut ausgebildete Heil(Sonder)pädagogen und erfahrene Regelschullehrer, die Bereitschaft zur Kooperation zeigen, zur Verfügung stehen.
3. Die Eltern *aller* Schüler einer Integrationsklasse müssen im Rahmen von Elternabenden auf die Bejahung des Integrationsgedankens vorbereitet und während des Schuljahres regelmässig zu Information und Aussprache eingeladen werden.

4. Für die in den Integrationsklassen tätigen Regelklassenlehrer und Heil(Sonder)pädagogen sind regelmässige Möglichkeiten zu Beratungstreffen und zum gemeinsamen Besuch von Fortbildungsveranstaltungen zu schaffen.
5. Den in Integrationsklassen tätigen Heil(Sonder)pädagogen und Regelklassenlehrern muss ein bedeutend grösserer Freiheitsspielraum bezüglich Stundenplänen und Arbeitsweise eingeräumt werden, als dies im separierenden Schulwesen der Fall ist.
6. Der Heil(Sonder)pädagoge soll während mehr als der Hälfte seiner Betreuungsarbeit regelklassenintegriert arbeiten dürfen. Äussere Differenzierungsformen müssen inhaltlich mit dem Regelklassenunterricht koordiniert werden.
7. Die Idee eines für alle Schüler einer Klassenstufe verbindlichen Lernzielkatalogs muss aufgegeben werden; in Integrationsklassen muss lernzieldifferenter Unterricht zugelassen sein.
8. Für Integrationsklassen müssen administrative Vorschriften ausser Kraft gesetzt werden, welche eine typologisierende Abklärung verlangen. An ihrer Stelle sollen konkrete Fördervorschläge für ein bestimmtes Kind in einer bestimmten Klasse gemacht werden.
9. Die anderen Lehrer und Schüler eines Schulhauses sollen regelmässig über die Tätigkeit in den Integrationsklassen informiert werden.
10. Als Ziel sollen grosszügige Rahmenbedingungen für integrationsfähige Schulklassen und Schulhäuser angestrebt werden, in welchen grundsätzlich keine Behinderungsform einen Ausschlussgrund darstellt.
11. Die Integrationsfähigkeit der Schule muss durch eine integrationsfähige Frühförderung und einen integrationsfähigen Kindergarten vorbereitet werden."

(*Haeberlin*; *Bless*; *Moser*; *Klaghofer* 1991, 336-337)

Die 1990 veröffentlichten elf Empfehlungen im Hinblick auf die Einrichtung weiterer Integrationsversuche sind nach wie vor aktuell. Aufgrund der erarbeiteten Erkenntnissen einerseits und der zwischenzeitlichen Entwicklungen in der Praxis andererseits bedürfen einzelne Punkte verschiedener Präzisierungen.

*- Anmerkungen zu einzelnen Empfehlungen:*
*Empfehlung 1*: Solange im Rahmen der "Regelklasse mit Heilpädagogischer Schülerhilfe" die Integration nur lernbehinderte oder schulleistungsschwache Kinder umfasst, dürfte die Höchstzahl von sechs zu betreuenden Klassen als realistisch bezeichnet werden, sofern dem Schulischen Heilpädagogen durch besondere pädagogische Situationen, wie die Betreuung fremdsprachiger Schüler oder von Kindern mit anderen Behinderungen nicht zusätzliche Aufgaben übertragen

werden. Sollte dies der Fall sein, so müsste die Klassenzahl angepasst werden. Wie in Kapitel 3.4.1 dargestellt ist, betreuen die Heilpädagogen der Untersuchungsstichprobe durchschnittlich acht Klassen, so dass diese Empfehlung nicht als erfüllt betrachtet werden kann. Werden in dieser Schulform auch Kinder mit schwerwiegenderen Behinderungen aufgenommen, so ist das Zwei-Lehrer-System anzustreben.

*Empfehlung 2*: Die vorliegenden Untersuchungsergebnisse zeigen, dass nahezu ein Drittel der Personen, die als Schulische Heilpädagogen eingesetzt werden, (noch) nicht über die erforderliche berufliche Qualifikation verfügen. Entsprechend der generierten Hypothese scheint jedoch gerade dieser Umstand im Hinblick auf die Lernentwicklung der betreuten Kinder von Bedeutung zu sein. Damit wird die Wichtigkeit dieser Empfehlung erneut verdeutlicht.

*Empfehlung 4*: Auch dieser Empfehlung kommt aufgrund der generierten Hypothese besondere Bedeutung zu. Schulische Heilpädagogen scheinen für ihre Betreuungstätigkeit (somit indirekt auch die betreuten Kinder) von regelmässigen Austauschmöglichkeiten mit anderen Fachpersonen, welche ebenfalls Betreuungsaufgaben wahrnehmen, zu profitieren.

*Empfehlung 6*: Die vorhandenen Pflichtenhefte der Schulischen Heilpädagogen sehen in der Regel vor, dass die Betreuungsarbeit auch im Klassenraum parallel zum oder mit dem Unterricht geschehen kann. Leider mussten wir feststellen, dass die Betreuung der lernbehinderten oder schulleistungsschwachen Kinder relativ einheitlich ausserhalb des Klassenraumes stattfindet. Nebst anderen Vorteilen versprechen wir uns von der vermehrten Zusammenarbeit des Heilpädagogen und der Regelklassenlehrperson im Klassenunterricht eine Verbesserung der Entscheide über die Zuteilung zusätzlicher heilpädagogischer Massnahmen, welche sich bisher als eher problematisch erwiesen hat (vgl. Kapitel 3.4.4).

*Empfehlung 7*: Integration kann nicht konsequent realisiert werden, solange erwartet wird, dass alle Kinder zielgleich unterrichtet werden. Für die "Regelklasse mit Heilpädagogischer Schülerhilfe" konnte in Kapitel 3.4.6 in Erfahrung gebracht werden, dass lernzieldifferenter Unterricht nach wie vor ein Postulat darstellt.

*Empfehlung 10*: Sowohl der Überblick zum Stand der Integrationsforschung von Kapitel 2 (das Ergebnis der Hypothesenprüfung inbegriffen) als auch praktische Erfahrungen im Ausland (z.B. Hamburger Integrationsklassen [*Wocken; Antor*

1987 und *Wocken; Antor; Hinz* 1988] sowie die Integration ohne jegliche Aussonderung in der Provinz New Brunswick in Kanada [*Perner* 1993 und *Porter; Richler* 1991] und andere mehr) zeigen, dass die gewonnenen Erkenntnisse und Erfahrungen ausreichen, um pädagogisch verantwortbare Entscheidungen zugunsten einer breiten Integration treffen zu können. In diesem Sinne ist die zehnte Empfehlung nicht einseitig als Zielvorstellung zu verstehen, sondern zugleich als Hinweis darauf, dass praktische Realisierungen einer umfassenden Integration mit Erfolg existieren.

# 7. Anhang

- Phase 1: Schulleistungstest in Sprache Form B ................................................. 181
- Phase 1: Schulleistungstest in Mathematik Form A ........................................... 184
- Kommentar zur Durchführung der Leistungsprüfungen (Phase 1) ..................... 187
- Klassenbogen ..................................................................................................... 191
- Schülerbogen ..................................................................................................... 192
- Fragebogen für Klassenlehrpersonen in gewöhnlichen Regelklassen ................ 193
- Fragebogen für Klassenlehrpersonen in "Regelklassen mit Heilpädagogischer Schülerhilfe" ............................................................................. 198
- Fragebogen für Heilpädagogen .......................................................................... 203
- Phase 2: Instrument zur Einzelabklärung in Mathematik und Sprache .............. 206
- Phase 2: Einzelabklärung in Sprache (Schülerblatt) .......................................... 220
- Schülereinschätzung des Klassenklimas ............................................................ 222
- Protokoll der Betreuungsarbeit des Heilpädagogen (mit Beispiel) .................... 223

# B

**Sprache**

Name : _____  Vorname : _____

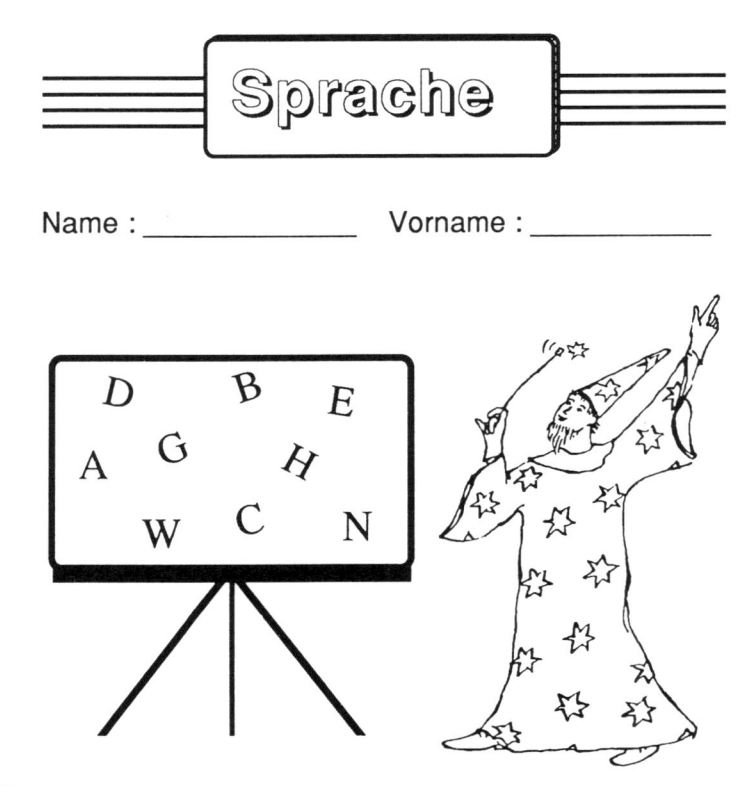

| D | B | E |
| A | G | H |
| W | C | N |

---

**1** Kreuze bitte das Richtige an

| Nagel | Nebel | Nabel | Nadel |
| Krone | Krug | Kropf | Korn |
| Kerle | Körbe | Krebse | Kerbe |

**2** Kreuze bitte das Richtige an

In der Vase sind viele Blumen.

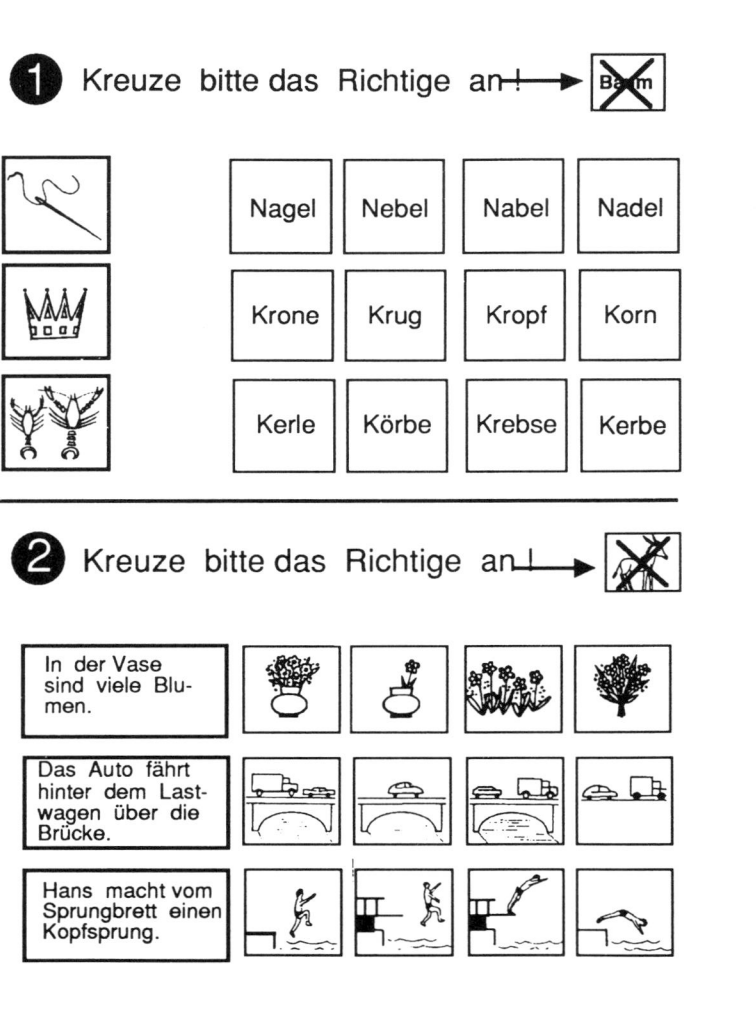

Das Auto fährt hinter dem Lastwagen über die Brücke.

Hans macht vom Sprungbrett einen Kopfsprung.

## ⑤ Trenne zwischen den Wörtern !

DiegrossePrüfung
HeutemachenwirinderSchuleeinegrossePrüfung.
WirsindsehrfleissigundderLehrerlobtuns.
VielleichtbekommenwireinmalkeineHausaufgaben.

## ⑥ Schreibe bitte den Satz richtig !

Kommt   Die   dem   aus   Maus   Haus

## ⑦ Schreibe bitte den Satz richtig !

sechs | Mutter | Blumen | kauft | schöne | Meine

## ③ Kreuze bitte das Richtige an

Ich weiss ein Tierlein hübsch und fein.
Es hat nicht Flügel und nicht Bein.
Es rutscht und trägt sein kleines Haus
gar fröhlich in die Welt hinaus.

Was trägt das Tier ?   Tierlein   Haus   Stein

Was kann das Tier ?   laufen   kriechen   fliegen

Wie heisst das Tier ?   Ameise   Blindschleiche   Schnecke

## ④ Finde die Wörter !

M au s   m u a B   V e r a t   a S c f e h

1: _____   3: _____
2: _____   4: _____

182

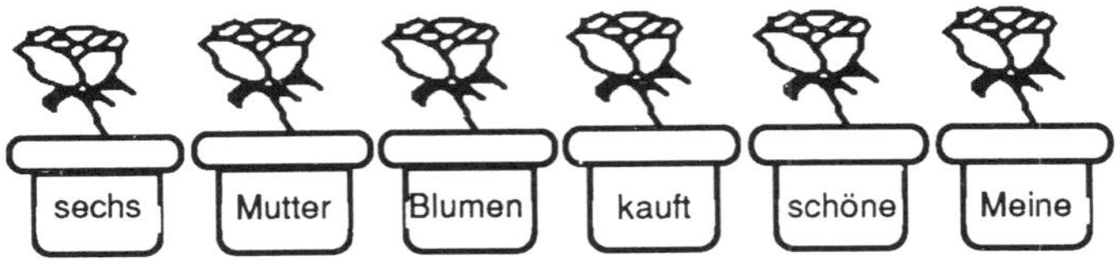

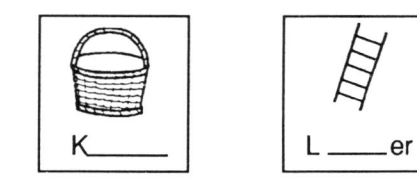

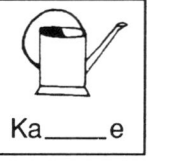

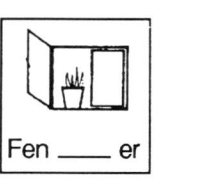

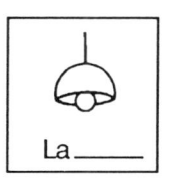

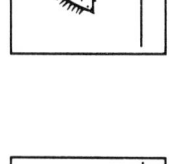

**8** Schreibe die Wörter bitte fertig

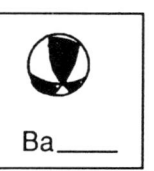

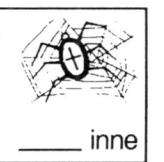

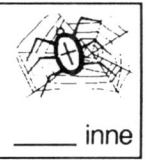

| K___ | L___er | Ka___e |
| Fen___er |  Ri___ | La___ |
| Ba___ |  Mon___ | ___inne |
| ___ | ___ | ___ |

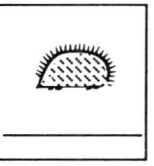

# A

## Rechnen

Name: _____ Vorname: _____

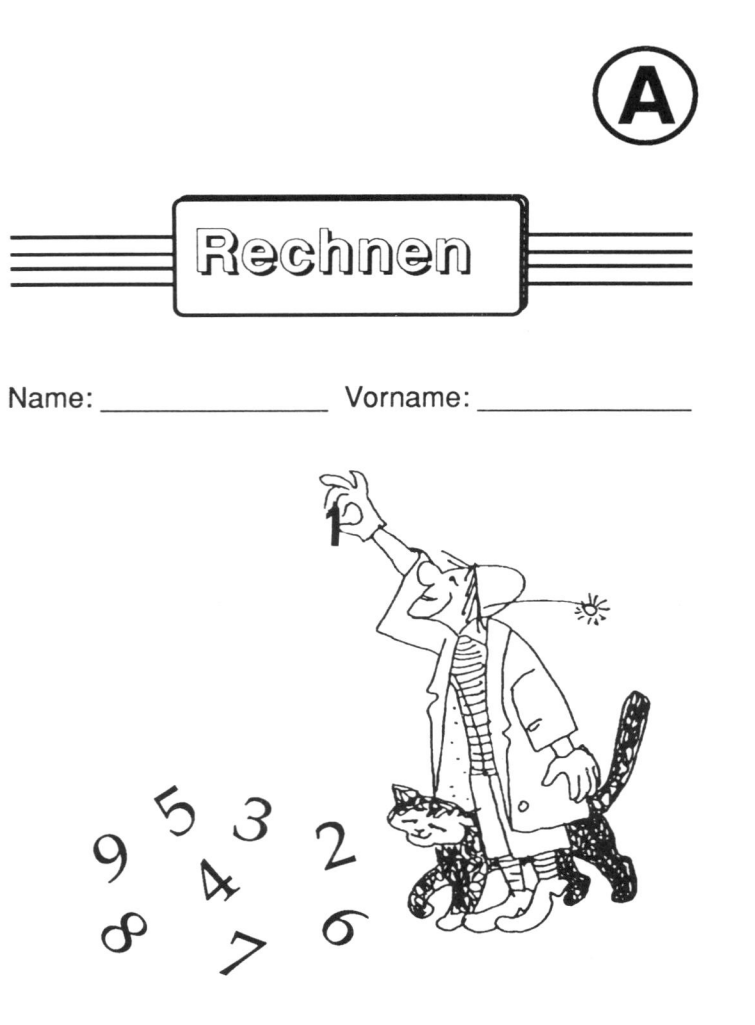

**1** Wieviele Gespenster siehst du?

## 6 Wieviele Ballone hat es?

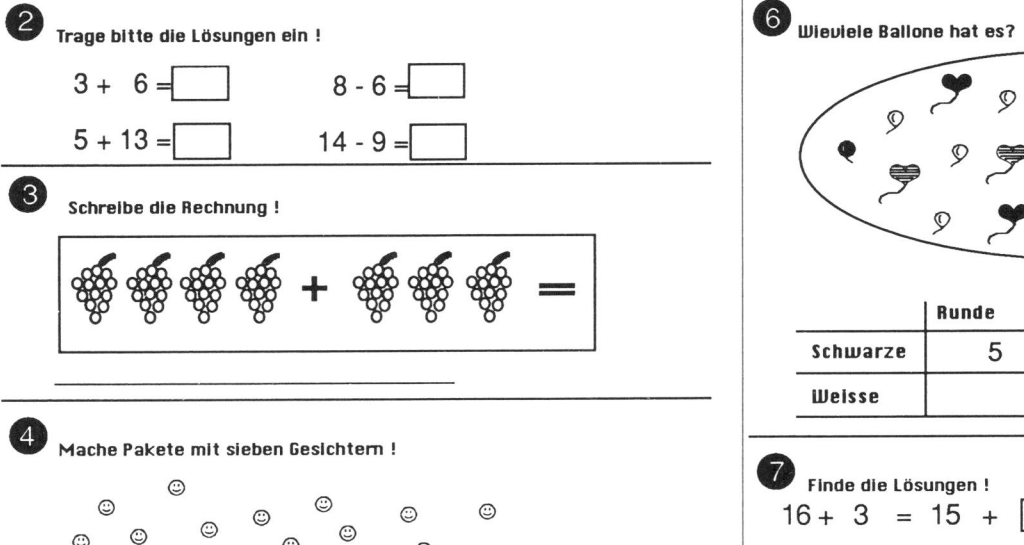

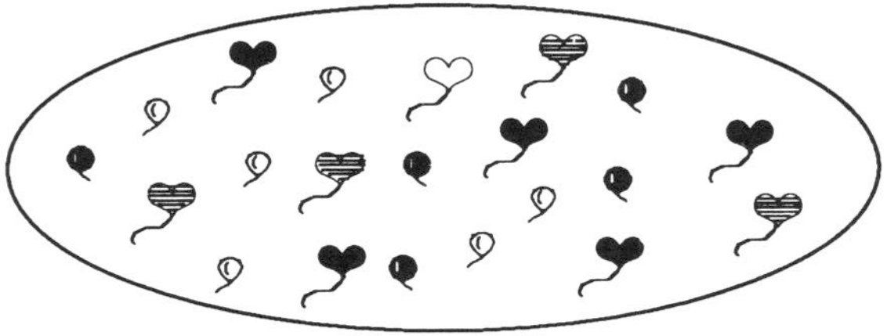

| | Runde | Herzförmige |
|---|---|---|
| Schwarze | 5 | |
| Weisse | | |

## 7 Finde die Lösungen!

$16 + 3 = 15 + \square$

$17 - 4 = 12 + \square$

$5 = \square + \square$

$8 + \square = 19 - 4$

$3 < \square > \square < 8$

$7 < \square$  $\boxed{9}$  $\boxed{8}$  $\boxed{5}$  $17 > \square$  $12$

## 2 Trage bitte die Lösungen ein!

$3 + 6 = \square$   $8 - 6 = \square$

$5 + 13 = \square$   $14 - 9 = \square$

## 3 Schreibe die Rechnung!

## 4 Mache Pakete mit sieben Gesichtern!

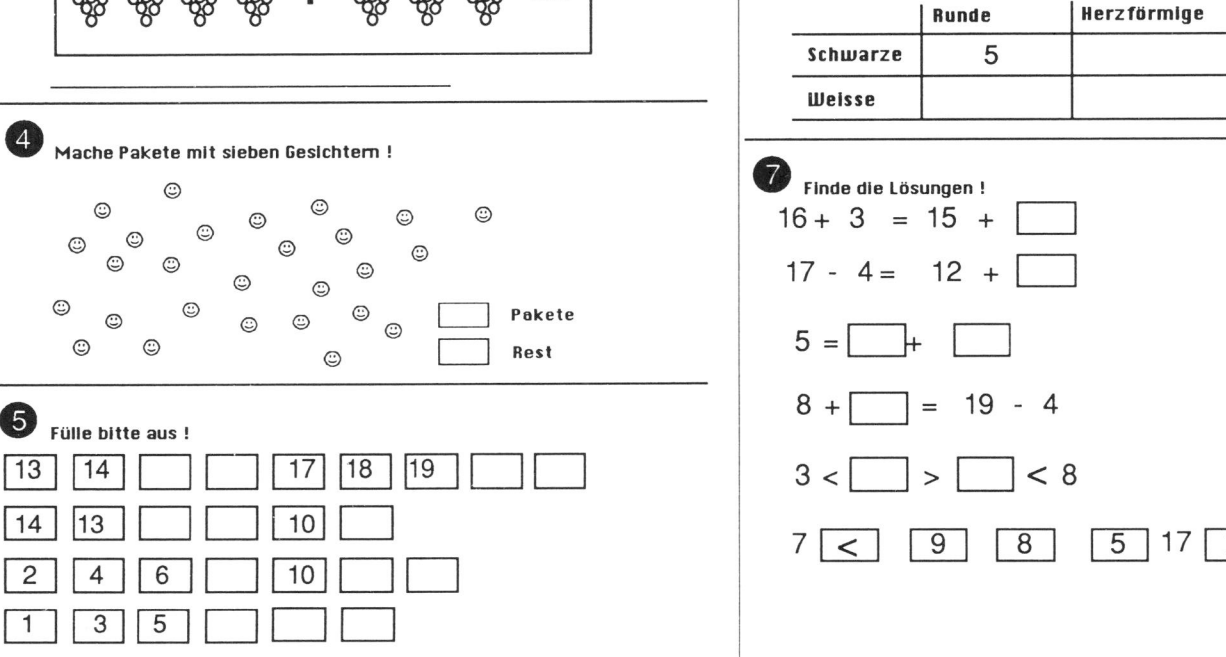

Pakete  Rest

## 5 Fülle bitte aus!

| 13 | 14 | | | | 17 | 18 | 19 | |
| 14 | 13 | | | | 10 | | | |
| 2 | 4 | 6 | | | 10 | | | |
| 1 | 3 | 5 | | | | | | |

**11** Zeichne den Weg!

Bahnhof 8

2 +4 → 6 +8 →
14 -9 →
5 +7 →
17 <
12 +5 →
11 -3 →
19 -8 →

**12** Die Prinzessin ist im Turm 7 gefangen!

Finde den richtigen Schlüssel und kreise ihn ein!

7

7 = 19 -
5 = 12 -
8 - 3 =
19 - 7 =

Trage bitte die Lösung ein!

:·: + :·: + :·: - :·: = 12

**9** In zwei Flaschen fehlt der Saft. Zeichne ihn ein!

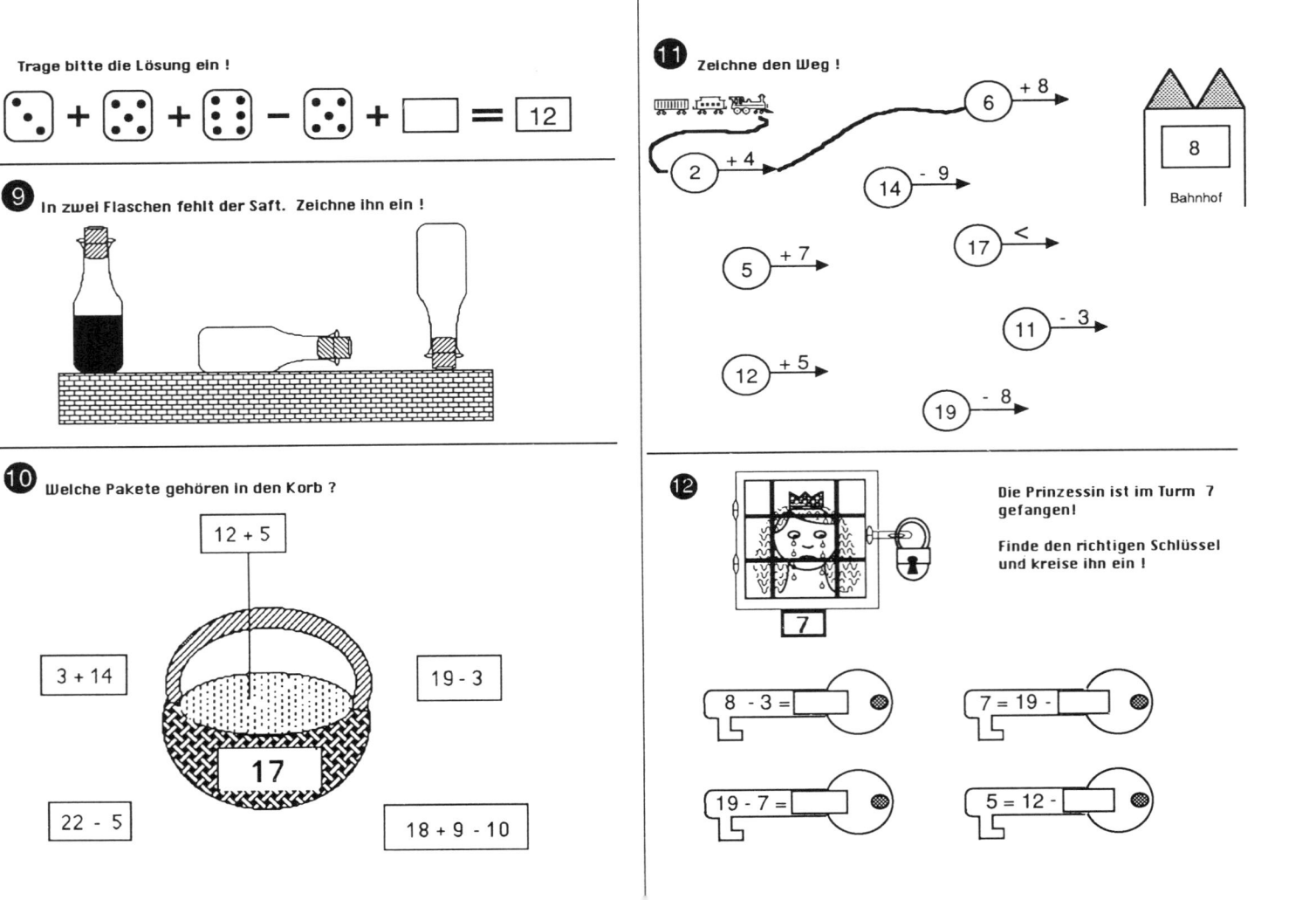

**10** Welche Pakete gehören in den Korb?

19 - 3
18 + 9 - 10
12 + 5
17
3 + 14
22 - 5

# Kommentar zur Durchführung der Leistungsprüfungen

Die Aufgaben der Leistungsprüfungen in Mathematik und Sprache wurden nach Einsicht in die verschiedenen Lehrpläne und -mittel aus den deutschsprachigen Kantonen der Schweiz zusammengestellt und in zwei Voruntersuchungen in mehreren Klassen des 2. Schuljahres erprobt, ausgewertet und entsprechend angepasst.

**Ziel:** Mit der Durchführung dieser Leistungsprüfungen verfolgen wir das Ziel, den momentanen Leistungsstand Ihrer Schüler bezüglich dem Erwerb der Kulturtechniken zu erfassen. Die Leistungsprüfungen ermöglichen Ihnen, einerseits ein Fremdurteil über die Leistungen Ihrer Schüler zu erhalten (Vergleich mit dem Eigenurteil) und andererseits die Leistungen Ihrer Schüler mit jenen anderer Schüler der 2. Klasse aus der "Deutschschweiz" zu vergleichen (repräsentative Stichprobe).

Damit dieses Ziel aus einer möglichst objektiven Sicht erreicht werden kann, ist es erforderlich, dass alle an der Untersuchung beteiligten Lehrpersonen, die Leistungsprüfungen auf die gleiche Art und Weise durchführen. Aus diesem Grunde , **bitten wir Sie, die folgenden Anweisungen genau zu beachten.**

## 1. Allgemeine Hinweise

a) Die Prüfungen sind an 2 verschiedenen Tage bis spätestens zum **1. November 1991** durchzuführen.

b) Falls Sie eine **mehrstufige Klasse** haben, führen Sie die Prüfungen nur mit den Schülern und Schülerinnen der 2. Klasse durch. Erstklässler werden damit über- und Drittklässler unterfordert.

c) Von beiden Leistungsprüfungen haben Sie eine A- und eine B-Form erhalten. Verteilen Sie die Prüfungsbögen so, dass ein **Abschreiben** verhindert wird.

d) **Begleiten** Sie die Schüler und Schülerinnen (von Aufgabennummer zu Aufgabennummer) durch die Leistungsprüfung, damit die einzelnen Arbeitsaufträge während der Durchführung erklärt werden können.

e) Die Durchführung einer Leistungsprüfung sollte **50 Minuten** nicht übersteigen. Wir bitten Sie, danach die Prüfungsbögen einzusammeln. Falls Sie bei schwierigeren Aufgaben beobachten, dass einzelne Schüler trotz längerem Warten nicht weiterkommen, gehen Sie zur nächsten Aufgabe über. Die Kinder, die schnell arbeiten, können beim Warten das Bild auf der ersten Seite des Prüfungsbogens mit Farbstiften anmalen.

f) Um die Leistungsbereitschaft der Kinder zu erhalten, ist es erlaubt, die Kinder mit Anerkennung zu motivieren, jedoch dürfen Sie Ihnen **keinerlei Hilfen** anbieten, die zur richtigen Aufgabenlösung führen. Da Zweitklässler noch relativ ungeübt sind, Prüfungen selbständig zu bearbeiten und vor schwierigeren Aufgaben unsicher sind, ist es wichtig, dass sie dazu aufgemuntert werden, die Aufgabe **selbstständig** zu lösen oder zur nächsten zu gehen. Schulleistungsprüfungen beinhalten immer einige Aufgaben, die nicht alle Kinder lösen können.

g) Sprechen Sie die Instruktionen zu den Leistungsprüfungen in der **üblichen Unterrichtssprache**.

h) Wir bitten Sie, die Kinder vor Beginn der Prüfung, ihren vollständigen **Namen** auf die erste Seite des Prüfungsbogens schreiben zu lassen.

## 1. Spezielle Anweisungen zur Mathematik

Einstieg: Ich möchte heute gerne wissen, wie gut ihr rechnen könnt. Dafür bekommt ihr mehrere Blätter mit Rechnungen. Einige Schüler bekommen grüne, andere bekommen gelbe Blätter. Auf den grünen Blättern sind nicht die gleichen Aufgaben wie auf den gelben Blättern. Darum könnt ihr beim Nachbarn nicht abschreiben, weil ihr sonst Fehler macht. Ich werde Euch jedesmal erklären, wie die Aufgaben gehen. Es gibt leichte Aufgaben, aber es gibt auch einige, die sehr schwierig sind. Ich bitte euch zu warten, bis wir zur nächsten Aufgabe gehen. Ihr benötigt einen Bleistift und Farbstifte. Versucht möglichst viele Aufgaben richtig zu lösen.

| Aufgabe | Anweisung |
|---|---|
| 1 | Blättert auf die 2. Seite. Hier sind Gespenster in einem Schloss gezeichnet. Wieviele hat es? Schreibe die Antwort in das Kästchen! |
| 2 | Rechne die Aufgaben und schreibe die Antwort ins Kästchen! |
| 3 | Bei dieser Aufgabe sind Trauben oder Hasen gezeichnet. Wieviele hat es vor, wieviele hat es hinter dem Plus-Zeichen? Schreibe die Rechnung und die Antwort auf die Linie! |
| 4 | In der Aufgabe 4 sind viele kleine Gesichter gezeichnet. Mache immer um 7 Gesichter einen Kreis. Schreibe die Anzahl Pakete in das Kästchen "Pakete"! Falls Gesichter übrig bleiben, schreibe die Anzahl in das Kästchen "Rest"! |
| 5 | Schreibe die fehlenden Zahlen in die Zahlenreihe! Schaut euch die Zahlenreihen gut an. |
| 6 | Im Kreis sind verschiedene Luftballons gezeichnet. In der Tabelle darunter könnt ihr sehen, wieviele schwarze, runde es hat. Auf den grünen Blättern sind es "5", auf den gelben sind es "4". Versucht nun die anderen Kästchen der Tabelle auszufüllen! |
| 7 | Rechne die Aufgaben und schreibe die Antwort in das Kästchen! |

| | |
|---|---|
| 8 | Hier ist eine Kettenrechnung mit Würfeln gezeichnet. Welche Zahl fehlt, um die richtige Antwort zu erhalten? |
| 9 | In der ersten Flasche ist der Saft (z.B. CocaCola) eingezeichnet. In der zweiten und dritten Flasche fehlt der Saft. Zeichne ihn ein! |
| 10 | Mach einen Strich von den Kästchen zum Korb, wenn die Rechnung die Zahl 17 gibt; so wie im Beispiel "12 + 5". |
| 11 | Bei dieser Aufgabe muss der Zug oder der Lastwagen den Bahnhof oder die Fabrik erreichen. Rechne und zeichne den Weg ein! Zum Beispiel: 2 + 4 gibt? Die Schüler antworten "6". Der Weg ist hier für den Anfang eingezeichnet. Nun müsst ihr 6 + 8 ausrechnen und die Antwort in einem Kreis suchen. Zeichnet den Weg ein, usw. |
| 12 | Die Prinzessin ist im Turm 7 gefangen. Finde den richtigen Schlüssel! Die Antwort der Rechnung muss 7 geben. Kreise den richtigen Schlüssel ein. |

## 1. Spezielle Anweisungen zur Sprache

Einstieg: Ich möchte heute gerne wissen, wie gut ihr lesen und schreiben könnt. Dafür bekommt ihr wiederum mehrere Blätter mit Aufgaben. Einige Schüler bekommen blaue, andere bekommen hellbraune Blätter. Auf den blauen Blättern sind nicht die gleichen Aufgaben wie auf den hellbraunen Blättern. Darum könnt ihr beim Nachbarn nicht abschreiben, weil ihr sonst Fehler macht. Ich werde Euch jedesmal erklären, wie die Aufgaben gehen. Es gibt leichte Aufgaben, aber es gibt auch einige die sehr schwierig sind. Ich bitte euch zu warten, bis wir zur nächsten Aufgabe gehen. Ihr benötigt einen Bleistift und Farbstifte. Versucht möglichst viele Aufgaben richtig zu lösen.

| Aufgabe | Anweisung |
|---|---|
| 1 | Im ersten Kästchen ist ein Bild gezeichnet. Welches Wort in den Kästchen nebenan gehört zum Bild? Mache ein Kreuz über das richtige Wort wie oben beim Beispiel "Baum"! |
| 2 | Hier müsst ihr den Satz im ersten Kästchen gut durchlesen. Schaut euch die Bilder genau an und kreuzt jenes Bild an, das zum Satz passt! |
| 3 | Im grossen Kasten ist ein kleines Gedicht geschrieben. Dieses müsst ihr genau durchlesen! Darunter stehen drei Fragen. Kreuzt dabei die richtige Antwort an. |

| | |
|---|---|
| 4 | Bei der Aufgabe 4 seht ihr vier Säcke mit Buchstaben. Diese Buchstaben ergeben ein Wort; nur sind sie durcheinandergeraten. Schreibt die Wörter darunter auf die Linien! |
| 5 | Im grossen Kasten sind verschiedene Sätze geschrieben. Leider hat man hier alle Wörter aneinandergeschrieben. Trennt die Wörter mit einem Strich. Die erste Linie machen wir gemeinsam: DiegrossePrüfung → Die\|grosse\|Prüfung. Passt beim Lesen der Sätze gut auf, dass ihr zwischen allen Wörter trennt! |
| 6 | In den Mäusen und im Mausloch sind Wörter geschrieben. Mache mit allen Wörtern einen richtigen Satz. Schreibe ihn auf die Linie darunter! |
| 7 | Auch hier müsst ihr mit den Wörtern einen Satz schreiben. |
| 8 | Bei dieser Aufgabe sind viele Bilder gezeichnet. Schreibe die Wörter unter den Bildern fertig. Auf der letzten Linie müsst ihr das Wort ganz schreiben. |

# Klassenbogen

Code
☐☐☐

Wir möchten uns für die zahlreichen Formulare, die auszufüllen sind, entschuldigen. Damit wir bei der Auswertung der Daten nur Ergebnisse vergleichen, die aufgrund der Bedingungen tatsächlich vergleichbar sind, ist dieser "Papierkrieg" leider notwendig. Wir danken Ihnen für Ihr Verständnis, denn damit können wir bei der Datenerfassung und -eingabe unsere bisherigen Informationen überprüfen und somit Fehler vermeiden.

Beschreibung der Klasse:

Die Klasse wird geführt von (falls zwei Lehrpersonen eine Stelle teilen, bitte beide Namen angeben): _____

Schulort: _____

Die Klasse enthält nur Schüler der 2. Klasse (einstufig): ❑
Die Klasse enthält mehrere Klassenstufen:  1. Kl    2. Kl    3. Kl
                                            ❑       ❑       ❑

Existiert an Ihrem Schulort die Einrichtung des "Heilpädagogischen Stützunterrichts", welcher für die Betreuung schwacher oder schwieriger Kinder durch einen Schulischen Heilpädagogen/in beansprucht werden kann? Andere Namen dafür sind: Heilp. Ergänzungsunterricht, Pädagogische Schülerhilfe, Heilp. Schülerhilfe, usw.
         ja ❑                      nein ❑

Datum der Leistungsprüfungen:   Mathematik  _____
                                Sprache     _____

---

**Bemerkung:** Die Daten der Schüler werden zur weiteren Verarbeitung mit dem Computer erfasst. Im Sinne des Datenschutzes werden wir die Namen der Schüler/innen und Lehrpersonen nicht eingeben, sondern sie vercoden. Nebst dieser Massnahme garantieren wir Ihnen eine streng vertrauliche Behandlung der gesammelten Daten. Nach Abschluss des Projekts werden alle im Computer gespeicherte Daten, Testblätter, Klassen- und Schülerbogen vernichtet.

Code

☐☐☐☐☐

# Schülerbogen

Name, Vorname: _____

Geburtsdatum: _____ männlich ☐ weiblich ☐

Hat der Schüler/in eine Klasse **repetiert**? ja ☐ nein ☐

Hat der Schüler/in eine **Einführungsklasse** besucht? (=Programm der 1. Klasse verteilt auf 2 Jahre) ja ☐ nein ☐

---

Besitzt das Kind eine **fremde Muttersprache** (nicht Schweizerdeutsch)?
ja, welche: _____

Wie gut sind die Deutschkenntnisse dieses Kindes?
☐ vergleichbar mit jenen der Kinder mit deutschschweizer Muttersprache
☐ kann sich trotz sprachlichen Schwierigkeiten verständigen
☐ hat sehr geringe Deutschkenntnisse
☐ keine Deutschkenntnisse

---

Erhält der Schüler oder die Schülerin **zusätzlich** zum Unterricht **Unterstützung** durch:

Wie oft und wie lange pro Woche (z. B. 3 x 20 Min.)?

| | | |
|---|---|---|
| Schulischer Heilpädagoge/in (heilp. Stützunterricht): | ☐ | _____ |
| Logopädie/in: | ☐ | _____ |
| Schulpsychologe/in: | ☐ | _____ |
| Legasthenietherapeut/in: | ☐ | _____ |
| Dyskalkulietherapeut/in: | ☐ | _____ |
| Fremdsprachenunterricht: | ☐ | _____ |
| Psychomotorik: | ☐ | _____ |
| Aufgabenhilfe: | ☐ | _____ |
| Nachhilfeunterricht: | ☐ | _____ |
| Einzelunterricht beim Klassenlehrer/in: | ☐ | _____ |
| anderes: _____ | ☐ | _____ |

(RG)

Name : ........................................   Vorname : ........................................

Schulort : ........................................   Datum : ........................................

Wir bitten Sie, alle Fragen zu beantworten.

---

**1.** Welche Lehrmittel verwenden Sie im Unterrichtsfach Sprache ?

........................................................................................................................

........................................................................................................................

Welche Lehrmittel verwenden Sie im Unterrichtsfach Mathematik ?

........................................................................................................................

........................................................................................................................

---

**2.** Hat es einen Lehrerwechsel nach der ersten Klasse gegeben?   *ja* ❑   *nein* ❑

Wird die Klasse in Abteilungen unterrichtet?   *ja* ❑   *nein* ❑

Wieviele Jahre Schulerfahrung haben Sie als Primarlehrer/in insgesamt?   ............

---

**3.** Wie würden Sie zur Zeit das Klima in Ihrer Klasse einschätzen?   (Pro Zeile 1 Kreuz)

| | | |
|---:|:---:|:---|
| *entspannt* | ❑----❑----❑----❑----❑ | *angespannt* |
| *unkooperativ* | ❑----❑----❑----❑----❑ | *kooperativ* |
| *freundlich* | ❑----❑----❑----❑----❑ | *aggressiv* |
| *offene Gruppen* | ❑----❑----❑----❑----❑ | *geschlossene Gruppen* |
| *lustlos* | ❑----❑----❑----❑----❑ | *arbeitsfreudig* |

Wie würden Sie zur Zeit die Klasse im Hinblick auf Ihre Tätigkeit als Lehrer/in einschätzen?

*leicht zu führen*   ❑----❑----❑----❑----❑   *schwierig zu führen*

**4. Wie wichtig sind Ihnen die folgenden Ziele für Ihre Tätigkeit als Lehrer/in?**

|  | sehr wichtig | eher wichtig | weder noch | eher unwichtig | ganz unwichtig |
|---|---|---|---|---|---|
| Unterrichtsplan einhalten | ❏ | ❏ | ❏ | ❏ | ❏ |
| im Einklang mit fachwissenschaftlichen Erkenntnissen handeln | ❏ | ❏ | ❏ | ❏ | ❏ |
| sich um absolute Objektivität bemühen | ❏ | ❏ | ❏ | ❏ | ❏ |
| Klassendisziplin aufrechterhalten | ❏ | ❏ | ❏ | ❏ | ❏ |
| beim Schüler beliebt sein | ❏ | ❏ | ❏ | ❏ | ❏ |

|  | sehr wichtig | eher wichtig | weder noch | eher unwichtig | ganz unwichtig |
|---|---|---|---|---|---|
| auch über den Unterricht hinaus erzieherische Aufgaben erfüllen | ❏ | ❏ | ❏ | ❏ | ❏ |
| vertrauensvolles Verhältnis zum Schüler herstellen | ❏ | ❏ | ❏ | ❏ | ❏ |
| Achtung und Wertschätzung der Kollegen gewinnen | ❏ | ❏ | ❏ | ❏ | ❏ |
| dem Schüler in jeder Beziehung Vorbild sein | ❏ | ❏ | ❏ | ❏ | ❏ |
| dem Schüler gegenüber Autorität wahren | ❏ | ❏ | ❏ | ❏ | ❏ |
| Achtung und Wertschätzung der Eltern gewinnen | ❏ | ❏ | ❏ | ❏ | ❏ |

**5. Wie zufrieden/unzufrieden sind Sie mit den nachfolgend genannten Punkten?**

|  | sehr unzufrieden | eher unzufrieden | weder noch | eher zufrieden | sehr zufrieden |
|---|---|---|---|---|---|
| mit dem Beruf als Lehrer/in allgemein | ❏ | ❏ | ❏ | ❏ | ❏ |
| mit Ihrer Unterrichtstätigkeit | ❏ | ❏ | ❏ | ❏ | ❏ |
| mit den materiellen Arbeitsbedingungen in der Schule | ❏ | ❏ | ❏ | ❏ | ❏ |
| mit dem Kontakt zu den Schülern | ❏ | ❏ | ❏ | ❏ | ❏ |
| mit der Bezahlung | ❏ | ❏ | ❏ | ❏ | ❏ |
| mit den Weiterbildungsmöglichkeiten | ❏ | ❏ | ❏ | ❏ | ❏ |
| mit dem Kontakt zu den Kollegen | ❏ | ❏ | ❏ | ❏ | ❏ |
| mit dem Kontakt zu den Vorgesetzten | ❏ | ❏ | ❏ | ❏ | ❏ |
| mit der schulischen Verwaltung | ❏ | ❏ | ❏ | ❏ | ❏ |

6. Bitte geben Sie an, inwieweit Sie den folgenden Aussagen zustimmen:

*Wenn lernauffällige (gemeint sind schulleistungsschwache, verhaltensauffällige, lernbehinderte,...) Kinder zu einer Regelklasse gehören, ist es schwieriger, die Ordnung aufrecht zu erhalten.*

| trifft voll zu | trifft weitgehend zu | trifft teilweise zu | trifft kaum zu | trifft überhaupt nicht zu |
|---|---|---|---|---|
| ❏ | ❏ | ❏ | ❏ | ❏ |

*Das Verhalten lernauffälliger Kinder stellt für die sogenannt normalen Schüler/innen kein gutes Beispiel dar.*

| trifft voll zu | trifft weitgehend zu | trifft teilweise zu | trifft kaum zu | trifft überhaupt nicht zu |
|---|---|---|---|---|
| ❏ | ❏ | ❏ | ❏ | ❏ |

*Lernauffällige Kinder beanspruchen im Vergleich zu sogenannt normalen Schüler/innen unverhältnismässig viel Zeit des Lehrers.*

| trifft voll zu | trifft weitgehend zu | trifft teilweise zu | trifft kaum zu | trifft überhaupt nicht zu |
|---|---|---|---|---|
| ❏ | ❏ | ❏ | ❏ | ❏ |

*Durch die Anwesenheit lernauffälliger Kinder lernen sogenannt normale Schüler/innen individuelle Unterschiede zwischen Menschen besser akzeptieren.*

| trifft voll zu | trifft weitgehend zu | trifft teilweise zu | trifft kaum zu | trifft überhaupt nicht zu |
|---|---|---|---|---|
| ❏ | ❏ | ❏ | ❏ | ❏ |

*Durch den Besuch einer Regelklasse können bei Kindern mit Schulschwierigkeiten Verhaltensauffälligkeiten auftreten.*

| trifft voll zu | trifft weitgehend zu | trifft teilweise zu | trifft kaum zu | trifft überhaupt nicht zu |
|---|---|---|---|---|
| ❏ | ❏ | ❏ | ❏ | ❏ |

*Das lernauffällige Kind wird entsprechend seinen Fähigkeiten und Lernmöglichkeiten in der Kleinklasse oder Sonderschule am besten gefördert.*

| trifft voll zu | trifft weitgehend zu | trifft teilweise zu | trifft kaum zu | trifft überhaupt nicht zu |
|---|---|---|---|---|
| ❏ | ❏ | ❏ | ❏ | ❏ |

*Lernauffällige Kinder fühlen sich in der Kleinklasse oder Sonderschule viel wohler, da sie dort unter Schüler/innen mit ähnlichen Schwierigkeiten sind.*

| trifft voll zu | trifft weitgehend zu | trifft teilweise zu | trifft kaum zu | trifft überhaupt nicht zu |
|---|---|---|---|---|
| ❏ | ❏ | ❏ | ❏ | ❏ |

*Die besondere Aufmerksamkeit, die lernauffällige Kinder brauchen, führt zur Benachteiligung der sogenannt normalen Schüler/innen.*

| trifft voll zu | trifft weitgehend zu | trifft teilweise zu | trifft kaum zu | trifft überhaupt nicht zu |
|---|---|---|---|---|
| ❏ | ❏ | ❏ | ❏ | ❏ |

*Bei den Bemühungen, auch lernauffällige Kinder zu fördern werden normal- und hochgabte Schüler/innen unterfordert.*

| trifft voll zu | trifft weitgehend zu | trifft teilweise zu | trifft kaum zu | trifft überhaupt nicht zu |
|---|---|---|---|---|
| ❏ | ❏ | ❏ | ❏ | ❏ |

*Die Integration lernauffälliger Kinder kann für die sogenannt normalen Schüler/innen sehr vorteilhaft sein.*

| trifft voll zu | trifft weitgehend zu | trifft teilweise zu | trifft kaum zu | trifft überhaupt nicht zu |
|---|---|---|---|---|
| ❏ | ❏ | ❏ | ❏ | ❏ |

*Vieles, was im Unterricht für Regelklassen geschieht, ist auch für den Unterricht lernauffälliger Kinder geeignet.*

| trifft voll zu | trifft weitgehend zu | trifft teilweise zu | trifft kaum zu | trifft überhaupt nicht zu |
|---|---|---|---|---|
| ❏ | ❏ | ❏ | ❏ | ❏ |

7. **Kurze Beschreibung des Heilpädagogischen Stützunterrichts (HSU)** :

In dem Konzept *Heilpädagogische Schülerhilfe* werden lernauffällige Kinder in die Primarklasse integriert und folgen dort gemeinsam mit Primarschülern demselben Unterricht. Sie kommen jedoch in den Genuss zusätzlicher heilpädagogischer Massnahmen. Der Lehrperson der Regelklasse werden dabei folgende Hilfen angeboten:

a) Der/dem Klassenlehrer/in wird von einer externen Fachperson (Schulischer Heilpädagoge/in SHP = Lehrperson mit Hilfs- und Sonderschullehrerdiplom) beraten, unterstützt und entlastet.
b) Das lernauffällige Kind wird vom SHP in bestimmten Fächern innerhalb des Klassenraums während des Unterrichts unterstützt.
c) Das lernauffällige Kind begibt sich für besondere Massnahmen einzeln oder in Kleingruppen zum SHP ausserhalb des Klassenzimmers.

**Würden Sie es begrüssen, wenn es an Ihrem Ort auch eine Heilpädagogische Schülerhilfe gäbe?**          ja ❏     nein ❏

**Haben Sie den Eindruck, dass der Stützunterricht einem oder mehreren Schülern Ihrer Klasse etwas nützen könnte?**          ja ❏     nein ❏

**Sehen Sie eine Schulform mit einem gut ausgebauten Stützunterricht als Alternative zur Aussonderung in Kleinklassen oder Sonderschulen?**          ja ❏     nein ❏

**Können Sie sich vorstellen mit einem SHP zusammenzuarbeiten?**          ja ❏     nein ❏

8. Bemerkungen/Anregungen:

..................................................................................................................................................
..................................................................................................................................................
..................................................................................................................................................
..................................................................................................................................................
..................................................................................................................................................
..................................................................................................................................................
..................................................................................................................................................
..................................................................................................................................................
..................................................................................................................................................

Für Ihre Bemühungen und die sorgfältige Beantwortung
der Fragen danken wir Ihnen herzlich!

(RG+)

Name : ........................................... Vorname : ...........................................

Schulort : ........................................... Datum : ...........................................

Wir bitten Sie, alle Fragen zu beantworten.

1. Welche Lehrmittel verwenden Sie im Unterrichtsfach Sprache ?

   ...........................................................................................

   ...........................................................................................

   Welche Lehrmittel verwenden Sie im Unterrichtsfach Mathematik ?

   ...........................................................................................

   ...........................................................................................

2. Hat es einen Lehrerwechsel nach der ersten Klasse gegeben?   *ja* ❑   *nein* ❑

   Wird die Klasse in Abteilungen unterrichtet?   *ja* ❑   *nein* ❑

   Wieviele Jahre Schulerfahrung haben Sie als Primarlehrer/in insgesamt? ..........

3. Wie würden Sie zur Zeit das Klima in Ihrer Klasse einschätzen?   (Pro Zeile 1 Kreuz)

   | | | |
   |---|---|---|
   | *entspannt* | ❑----❑----❑----❑----❑ | *angespannt* |
   | *unkooperativ* | ❑----❑----❑----❑----❑ | *kooperativ* |
   | *freundlich* | ❑----❑----❑----❑----❑ | *aggressiv* |
   | *offene Gruppen* | ❑----❑----❑----❑----❑ | *geschlossene Gruppen* |
   | *lustlos* | ❑----❑----❑----❑----❑ | *arbeitsfreudig* |

   Wie würden Sie zur Zeit die Klasse im Hinblick auf Ihre Tätigkeit als Lehrer/in einschätzen?

   *leicht zu führen*   ❑----❑----❑----❑----❑   *schwierig zu führen*

4. Wie wichtig sind Ihnen die folgenden Ziele für Ihre Tätigkeit als Lehrer/in?

|  | sehr wichtig | eher wichtig | weder noch | eher unwichtig | ganz unwichtig |
|---|---|---|---|---|---|
| Unterrichtsplan einhalten | ❏ | ❏ | ❏ | ❏ | ❏ |
| im Einklang mit fachwissenschaftlichen Erkenntnissen handeln | ❏ | ❏ | ❏ | ❏ | ❏ |
| sich um absolute Objektivität bemühen | ❏ | ❏ | ❏ | ❏ | ❏ |
| Klassendisziplin aufrechterhalten | ❏ | ❏ | ❏ | ❏ | ❏ |
| beim Schüler beliebt sein | ❏ | ❏ | ❏ | ❏ | ❏ |

|  | sehr wichtig | eher wichtig | weder noch | eher unwichtig | ganz unwichtig |
|---|---|---|---|---|---|
| auch über den Unterricht hinaus erzieherische Aufgaben erfüllen | ❏ | ❏ | ❏ | ❏ | ❏ |
| vertrauensvolles Verhältnis zum Schüler herstellen | ❏ | ❏ | ❏ | ❏ | ❏ |
| Achtung und Wertschätzung der Kollegen gewinnen | ❏ | ❏ | ❏ | ❏ | ❏ |
| dem Schüler in jeder Beziehung Vorbild sein | ❏ | ❏ | ❏ | ❏ | ❏ |
| dem Schüler gegenüber Autorität wahren | ❏ | ❏ | ❏ | ❏ | ❏ |
| Achtung und Wertschätzung der Eltern gewinnen | ❏ | ❏ | ❏ | ❏ | ❏ |

5. Wie zufrieden/unzufrieden sind Sie mit den nachfolgend genannten Punkten?

|  | sehr unzufrieden | eher unzufrieden | weder noch | eher zufrieden | sehr zufrieden |
|---|---|---|---|---|---|
| mit dem Beruf als Lehrer/in allgemein | ❏ | ❏ | ❏ | ❏ | ❏ |
| mit Ihrer Unterrichtstätigkeit | ❏ | ❏ | ❏ | ❏ | ❏ |
| mit den materiellen Arbeitsbedingungen in der Schule | ❏ | ❏ | ❏ | ❏ | ❏ |
| mit dem Kontakt zu den Schülern | ❏ | ❏ | ❏ | ❏ | ❏ |
| mit der Bezahlung | ❏ | ❏ | ❏ | ❏ | ❏ |
| mit den Weiterbildungsmöglichkeiten | ❏ | ❏ | ❏ | ❏ | ❏ |
| mit dem Kontakt zu den Kollegen | ❏ | ❏ | ❏ | ❏ | ❏ |
| mit dem Kontakt zu den Vorgesetzten | ❏ | ❏ | ❏ | ❏ | ❏ |
| mit der schulischen Verwaltung | ❏ | ❏ | ❏ | ❏ | ❏ |

6. **Bitte geben Sie an, inwieweit Sie den folgenden Aussagen zustimmen:**

*Wenn lernauffällige (gemeint sind schulleistungsschwache, verhaltensauffällige, lernbehinderte,...) Kinder zu einer Regelklasse gehören, ist es schwieriger, die Ordnung aufrecht zu erhalten.*

| trifft voll zu | trifft weitgehend zu | trifft teilweise zu | trifft kaum zu | trifft überhaupt nicht zu |
|---|---|---|---|---|
| ❑ | ❑ | ❑ | ❑ | ❑ |

*Das Verhalten lernauffälliger Kinder stellt für die sogenannt normalen Schüler/innen kein gutes Beispiel dar.*

| trifft voll zu | trifft weitgehend zu | trifft teilweise zu | trifft kaum zu | trifft überhaupt nicht zu |
|---|---|---|---|---|
| ❑ | ❑ | ❑ | ❑ | ❑ |

*Lernauffällige Kinder beanspruchen im Vergleich zu sogenannt normalen Schüler/innen unverhältnismässig viel Zeit des Lehrers.*

| trifft voll zu | trifft weitgehend zu | trifft teilweise zu | trifft kaum zu | trifft überhaupt nicht zu |
|---|---|---|---|---|
| ❑ | ❑ | ❑ | ❑ | ❑ |

*Durch die Anwesenheit lernauffälliger Kinder lernen sogenannt normale Schüler/innen individuelle Unterschiede zwischen Menschen besser akzeptieren.*

| trifft voll zu | trifft weitgehend zu | trifft teilweise zu | trifft kaum zu | trifft überhaupt nicht zu |
|---|---|---|---|---|
| ❑ | ❑ | ❑ | ❑ | ❑ |

*Durch den Besuch einer Regelklasse können bei Kindern mit Schulschwierigkeiten Verhaltensauffälligkeiten auftreten.*

| trifft voll zu | trifft weitgehend zu | trifft teilweise zu | trifft kaum zu | trifft überhaupt nicht zu |
|---|---|---|---|---|
| ❑ | ❑ | ❑ | ❑ | ❑ |

*Das lernauffällige Kind wird entsprechend seinen Fähigkeiten und Lernmöglichkeiten in der Kleinklasse oder Sonderschule am besten gefördert.*

| trifft voll zu | trifft weitgehend zu | trifft teilweise zu | trifft kaum zu | trifft überhaupt nicht zu |
|---|---|---|---|---|
| ❑ | ❑ | ❑ | ❑ | ❑ |

*Lernauffällige Kinder fühlen sich in der Kleinklasse oder Sonderschule viel wohler, da sie dort unter Schüler/innen mit ähnlichen Schwierigkeiten sind.*

| trifft voll zu | trifft weitgehend zu | trifft teilweise zu | trifft kaum zu | trifft überhaupt nicht zu |
|---|---|---|---|---|
| ❑ | ❑ | ❑ | ❑ | ❑ |

*Die besondere Aufmerksamkeit, die lernauffällige Kinder brauchen, führt zur Benachteiligung der sogenannt normalen Schüler/innen.*

| trifft voll zu | trifft weitgehend zu | trifft teilweise zu | trifft kaum zu | trifft überhaupt nicht zu |
|---|---|---|---|---|
| ❑ | ❑ | ❑ | ❑ | ❑ |

*Bei den Bemühungen, auch lernauffällige Kinder zu fördern werden normal- und hochbegabte Schüler/innen unterfordert.*

| trifft voll zu | trifft weitgehend zu | trifft teilweise zu | trifft kaum zu | trifft überhaupt nicht zu |
|---|---|---|---|---|
| ❏ | ❏ | ❏ | ❏ | ❏ |

*Die Integration lernauffälliger Kinder kann für die sogenannt normalen Schüler/innen sehr vorteilhaft sein.*

| trifft voll zu | trifft weitgehend zu | trifft teilweise zu | trifft kaum zu | trifft überhaupt nicht zu |
|---|---|---|---|---|
| ❏ | ❏ | ❏ | ❏ | ❏ |

*Vieles, was im Unterricht für Regelklassen geschieht, ist auch für den Unterricht lernauffälliger Kinder geeignet.*

| trifft voll zu | trifft weitgehend zu | trifft teilweise zu | trifft kaum zu | trifft überhaupt nicht zu |
|---|---|---|---|---|
| ❏ | ❏ | ❏ | ❏ | ❏ |

7. Sie unterrichten zur Zeit in einer Klasse, in welcher die Möglichkeit eines zusätzlichen Heilpädagogischen Stützunterrichts für lernauffällige Kinder besteht. Die folgenden Fragen betreffen diesen Stützunterricht.

**Verwenden Sie neue bzw. andere Fördermaterialien, die Ihnen vom SHP (Schulische/r Heilpädagoge/in) empfohlen wurden?**

*für die Arbeit mit der gesamten Klassse:* ja ❏ nein ❏
*für die Arbeit mit einem durch den SHP betreuten Kind:* ja ❏ nein ❏

**Sehen Sie sich durch situative Bedingungen veranlasst, neue bzw. andere Unterrichtsmethoden anzuwenden?**

*für die Arbeit mit der gesamten Klassse:* ja ❏ nein ❏
*für die Arbeit mit einem durch den SHP betreuten Kind:* ja ❏ nein ❏

**Wäre es richtig zu sagen, dass die Zusammenarbeit mit dem SHP teilweise Ihren Unterricht beeinflusst?** ja ❏ nein ❏

**Individualisieren Sie, bedingt durch die Zusammenarbeit mit dem SHP, vermehrt in Ihrem Unterricht?** ja ❏ nein ❏

**Fühlen Sie sich trotz der Mitarbeit des SHP für die Förderung lernauffälligen Kinder Ihrer Klasse zuständig?** ja ❏ nein ❏

**Haben Sie den Eindruck, dass der Stützunterricht dem betreffenden Kind nützt?** ja ❏ nein ❏

Die Wirkung der Förderung im Rahmen des Stützunterrichts ist umso grösser, wenn...

...*der SHP mit dem lernauffälligen Kind vorwiegend in einem separaten Raum arbeitet.*   ❑—❑—❑—❑—❑   *... der SHP mit dem lernauffälligen Kind vorwiegend <u>innerhalb</u> des Klassenzimmers arbeitet*

8. Bemerkungen/Anregungen:

...........................................................................................................................................................

...........................................................................................................................................................

...........................................................................................................................................................

...........................................................................................................................................................

...........................................................................................................................................................

...........................................................................................................................................................

...........................................................................................................................................................

...........................................................................................................................................................

...........................................................................................................................................................

Für Ihre Bemühungen und die sorgfältige Beantwortung
der Fragen danken wir Ihnen herzlich!

# Fragebogen (INTSEP 2): Heilpädagogen

Name:_____ Datum:_____

Zu den Bedingungen Ihrer Arbeit:

1. Wie gross ist der Umfang Ihrer Anstellung in % eines vollen Pensums?  [____]

2. Wieviele Klassen umfasst das Einzugsgebiet Ihrer Tätigkeit?  [____]

3. Wieviele Schülerinnen und Schüler werden in diesen Klassen insgesamt unterrichtet?  [____]

4. Seit wann existiert in Ihrem Einzugsgebiet die Schulform "Regelklasse mit Heilpädagogischer Schülerhilfe"?
   _____

5. Wieviele Kinder betreuen Sie regelmässig in den verschiedenen Klassen?

|  | Anzahl SchülerInnen | Anzahl Klassen | Anzahl Schulhäuser | Anzahl Orte |
|---|---|---|---|---|
| Kindergarten |  |  |  |  |
| 1. Schuljahr |  |  |  |  |
| 2. Schuljahr |  |  |  |  |
| 3. Schuljahr |  |  |  |  |
| 4. Schuljahr |  |  |  |  |
| 5. Schuljahr |  |  |  |  |
| 6. Schuljahr |  |  |  |  |

6. Existiert neben Ihrer Stelle eine weitere Stelle für die Heilpädagogische Schülerhilfe? Wenn ja, wieviel % (bei 2 vollen Stellen =200%, ohne Ihre Stelle)?  [____]

7. Haben Sie die Möglichkeit regelmässig mit anderen Fachpersonen über Pädagogische Fragen auszutauschen?

   Schulpsychologe ☐
   andere SHP ☐
   Logopäden ☐
   Schulinspektoren ☐
   Supervisor ☐
   andere:_____ ☐

8. Wie erfolgt die Zuweisung eines Kindes zur Heilpädagogischen Schülerhilfe?

   Absprache mit den Lehrpersonen ☐
   Absprache mit dem Schulinspektor ☐
   Abklärung durch Schulpsychologischen Dienst ☐
   andere:_____ ☐

9. Wie haben Sie das Problem der Leistungsbeurteilung in Ihrem Einzugsgebiet gelöst?

   Benotung wie üblich ☐
   Berichte ☐
   Vermerk ☐
   andere:_____ ☐

10. Welche Schuldienste werden in ihrem Einzugsgebiet ebenfalls regelmässig angeboten?

    Schulpsychologie ☐
    Logopädie ☐
    Legasthenie ☐
    Dyskalkulie ☐
    Psychomotorik ☐
    Aufgabenhilfe ☐
    Unterricht für fremdsprachige Kinder ☐
    andere: _____ ☐

11. Wie zufriedenstellend sind Ihrer Meinung nachfolgende Sachverhalte für Ihre Tätigkeit?

    |  | sehr gut | gut | zufriedenstellend | ungenügend |
    |---|---|---|---|---|
    | Grösse des Pensums | ☐ | ☐ | ☐ | ☐ |
    | räumliche Ausstattung | ☐ | ☐ | ☐ | ☐ |
    | zur Verfügung stehendes Material | ☐ | ☐ | ☐ | ☐ |
    | Möglichkeiten zur Anschaffung neuen Materials | ☐ | ☐ | ☐ | ☐ |
    | Zusammenarbeit mit Lehrpersonen | ☐ | ☐ | ☐ | ☐ |
    | Zuweisungsverfahren | ☐ | ☐ | ☐ | ☐ |
    | Zusammenarbeit mit anderen Fachpersonen: | | | | |
    | Schulsychologe | ☐ | ☐ | ☐ | ☐ |
    | Schulinspektor | ☐ | ☐ | ☐ | ☐ |
    | Logopädin | ☐ | ☐ | ☐ | ☐ |
    | _____ | ☐ | ☐ | ☐ | ☐ |

12. Wie hoch schätzen Sie die Ueberzeugung in Ihrem Einzugsgebiet, dass das vorliegende Schulmodell ein sinnvolles Mittel zur Betreuung schwacher Kinder ist?

    |  | sehr hoch | hoch | mittel | gering |
    |---|---|---|---|---|
    | Behörden | ☐ | ☐ | ☐ | ☐ |
    | Lehrpersonen | ☐ | ☐ | ☐ | ☐ |
    | Fachpersonen | ☐ | ☐ | ☐ | ☐ |
    | Eltern | ☐ | ☐ | ☐ | ☐ |

13. Wird Ihre Tätigkeit in einem speziellen Pflichtenheft oder in Richtlinien beschrieben?

    Nein ☐  Ja ☐   Wenn ja, könnten Sie uns eine <u>Kopie</u> davon zustellen?

14. Kommt es vor, dass trotz der Heilpädagogischen Schülerhilfe Schüler oder Schülerinnen in Kleinklassen eingewiesen werden (nicht Sonderschule für Schulbildungsfähig-Geistigbehinderte Kinder)?

    Nein ☐  Ja ☐

15. Was geschieht grundsätzlich mit den Kindern, die Ende des Schuljahres das Klassenziel nicht erreichen?

    ☐ Werden trotzdem in die nächst höhere Klasse befördert
    ☐ Sie repetieren das Schuljahr
    ☐ anderes: _____

<u>Angaben zu Ihrer Person:</u>

16. Seit wann arbeiten Sie in der Funktion als SHP am derzeitigen Arbeitsplatz?

    Seit: _____

17. Absolvieren Sie zur Zeit eine berufsbegleitende, pädagogische Ausbildung?

    _____

    _____

18. Wieviele Jahre Schulerfahrung haben Sie als Primar-, Klein- oder Sonderklassenlehrperson sowie als Fachperson für die Heilpädagogische Schülerhilfe insgesamt?

    _____ Jahre

19. Welche Berufsausbildung haben Sie absolviert?

    ☐ Lehrer(innen)seminar
    ☐ Matura
    ☐ Ausbildung in Schulischer Heilpädagogik (Hilfs- und Sonderschullehrerdiplom)
    ☐ andere : _____

20. Bemerkungen:

    _____

    _____

Besten Dank für Ihre Mitarbeit!

# Rechnen

Code: ☐☐☐☐

Datum: _____

## Aufgabe 1

Material: 50 grüne Klötze

Wer von uns kann die meisten Klötze mit zwei Händen greifen?

1) Wer hat mehr Klötze - Du oder ich.
2) Wie kannst du das feststellen.
3) Kannst Du auch ohne zu zählen feststellen, wer mehr Klötze hat?
4) Sch, wir legen immer zwei zusammen, einer von Dir und einer von mir. Mach so weiter.
(Schüler soll beide Reihen 1 zu 1 legen.)

☐☐☐☐   ☐☐☐
              ☐☐
              ☐☐

☐☐☐☐   ☐☐☐
              ☐☐☐
              ☐

Ergebnisse: -> zutreffendes + oder - umkreisen !

+ Vergleich durch Bündelung
+ Der Schüler kennt die Methode der paarweisen Zuordnung
+ Schüler setzt die paarweise Zuordnung nach Vormachen fort

- S. führt die paarweise Zuordnung auch nach Einhelfen nicht korrekt aus
- beherrscht keine andere Methode des Vergleichens als das Abzählen

## Aufgabe 2

Einführung ins Material: "Rechnungszug" mit drei Wagen

Kind kann den Zug erkunden und auf dem Tisch herumfahren. Anschl. soll er einen Wagen mit Kisten (Klötze) vollladen.

*Wieviele Kisten haben auf einem Wagen platz?*

Tl hängt einen vollen und einen Wagen mit drei Klötzen an, so dass 3 Wagen mit 23 Klötzen entstehen.

*Wir können spielen, dass dieser Zug von (entsprechender Wohnort) nach Zürich fährt. Du sollst dir merken, wie viele Kisten aufgeladen sind.*

1) *Kannst du die Anzahl der Kisten aufschreiben?*
2) *Ja. Was bedeutet diese Ziffer (die 2, dann die 3)?*
3) *Kannst Du mir das hier am Zug zeigen? (Ggf.: Was ist mit dieser Zahl gemeint?)*
4) *Warum schreibst du das nicht so (VI schreibt 32) wie ich? Hier steht auch : 2 Wagen und 3 Kisten.*

Ergebnisse:
+ Schüler notiert 23 korrekt
+ Er zählt nicht, sondern erfasst Zehner und Einer jeweils komplex
+ Zeigt die der 2 bzw. 3 entsprechende Menge am Modell

- Ist verunsichert, akzeptiert inverse Notation

☛ Wenn alle drei Plus erfüllt sind gehen Sie bitte zu Aufgabe 5

206

**Aufgabe 3**

Material: Rechnungszug mit 7 Wagen

*Wir laden solche Klötze auf diese Wagen (7). Du kannst diese drei Wagen beladen. Ich nehme die hier (nimmt vier Wagen / lädt jeweils nur 7-9 Klötze auf, so dass Lücken entstehen). Wer von uns hat dann nun mehr Kisten auf seinem Zug, du oder ich?*
*Falls der S. zählt: Warum musst du auch sagen ohne es zu zählen, wer mehr hat?*
*Was könntest Du tun, damit du sagen kannst, welcher Zug mehr Kisten hat?*

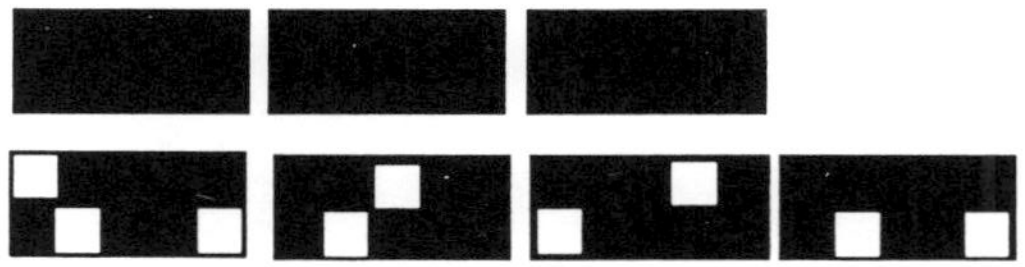

Ergebnisse:
+ Jede Art abwartender Reaktion (z.B. "das kann ich nicht sagen")
+ S. weist auf die unglieche Beladung der Wagen hin.
+ S. rückt spontan die Kisten auf den lückenhaft beladenen Wagen zusammen und urteilt.
+ Eine der aufgezählten Reaktionen.
− S. urteilt impulsiv nach Eindruck und bleibt dabei.
− S. tendiert zum und beharrt auf Abzählen; aussert sich nicht zur Bündelungsbasis.

**Aufgabe 4**

Material: Rechenzug 32 vs. 23 Zug (Zugenden bündig)

*Ich belade jetzt zwei Züge (23 , 32).*
1) *Auf welchem Zug sind mehr Kisten aufgeladen?*
2) *Aber auf diesem Wagen (23) sind doch mehr Kisten als auf jenem (32). Hat dieser Zug nicht mehr Kisten geladen?*

Ergebnisse:
+ S. beachtet die vollen Bündel und urteilt korrekt; S. lässt sich nicht verunsichern, verweist auf die volle 10er.
− S. zählt von vorn durch ist verunsichert.

**Aufgabe 5**

Material: Ziffernkärtchen 38 / 40 / 6

Die Kärtchen hintereinander zeigen.
*Jetzt stell dir einfach vor, du würdest einen Zug beladen. Wie sähe der Zug aus, wenn ich sage: Der Zug hat 38 Kisten ( anschl. 40 Kisten......)?*

Schau auf dieses Kärtchen. *Welchen Zug würdest du zu dieser Zahl bauen? Wie sähe der Zug aus?*

Ergebnisse:

S. beschreibt die zu bauenden Züge korrekt:
+ Zehner und Einer
+ nur volle Zehner
+ nur Einer

− S. entfaltet fehlerhaft oder unsicher.

**Aufgabe 6**

Material: Kärtchen mit Ziffern 11 / 47 Rechenzug

Die Kärtchen hintereinander zeigen.

*Auf diesen Kärtchen habe ich Züge aufgeschrieben. Die sollst du mir jetzt bitte bauen. Zuerst einen Zug mit soviel Kisten.......
Wie viele Kisten sind also auf dem Zug?*

Ergebnisse:
+ S. entfaltet korrekt alle Ziffern
+ S. nennt die Anzahl
+ Innerhalb der vollen Wagen wird nicht gezählt

− Irrtümer, Unsicherheiten, Abzählen

☞ Wenn alle drei Plus erfüllt sind gehen Sie bitte zu Aufgabe 8

**Aufgabe  7**

Material:   Rechenzug wie bei Nr. 6, Ziffernkarte  7

Vl zeigt dem S. einen Zug mit drei vollen Wagen (30).

*Schreibe mir bitte auf, wie dieser Zug heisst.* (Abwarten und ggf.: *Wie viele Kisten sind da drauf?*)

Konfrontation: *Ich schreibe diesen Zug so auf "3". Das genügt doch. Es sind nur 3 Wagen und sonst nichts. Ist das richtig?*

Vl gibt Ziffer 7 vor. *Dann bau mir bitte noch diesen Zug* (zeigt Kärtchen).

Ergebnisse:

+   S. notiert korrekt.
+   S. weist Falschlösung zurück (z.B. 'Dann könnte man meinen es sind nur 3 Kisten.
+   S. baut korrekt Einer-Zug (ein Waggon)
−   S. vertauscht Einer / Zehner, S. lässt sich verunsichern, keine überzeugte Zuordnung von Position und Bündelungsstufe.

**Aufgabe  8**

Material:   Arbeitsblatt für den Schüler

*Sieh dir diese Rechenaufgabe an* (Die jeweilige Aufgabe wird aufgeschrieben. Beginn siehe untenstehende Grafik). *Wie heisst diese Aufgabe? ..... Kannst du sie rechnen?*

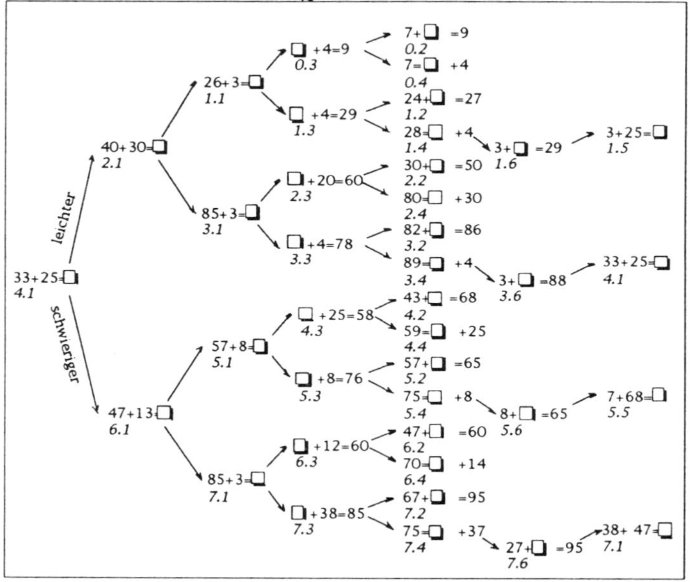

[Baumdiagramm mit Rechenaufgaben:]

leichter ← → schwieriger

33+25=□
4.1

40-30=□
2.1

26-3=□
1.1
 → 7+□=9  0.1
 → 0.2=□ +4  (0.2)
 → 7-□=4  (0.3, 0.4)
 → 24+□=27  0.4
 → □+4=9  0.3
 → 28+4=□  1.2
 → □+4=29  1.3
 → 3+□=29  1.6
 → 3+25=□  1.5

85+3=□
3.1
 → 30+□=50  2.2
 → 80+□=30 (?)  2.4
 → 82+□=86  3.2
 → □+20=60  2.3
 → 89+□=4 (?)  3.4
 → 3+□=88  3.6
 → □+4=78  3.3
 → 33+25=□  4.1

47+13=□
6.1

57+8=□
5.1
 → 43+□=68  4.2
 → 59=□+25  4.4
 → 57+□=65  5.2
 → □+25=58  4.3
 → 75+□=60 (?)  5.4
 → 8+□=65  5.6
 → □+8=76  5.3
 → 7+68=□  5.5

85+3=□
7.1
 → 47+□=60  6.3
 → 70+□=14 (?)  6.2
 → 67+□=95  6.4
 → 75+38=85 (?)  7.2
 → 27+□=95  7.6
 → □+38=85  7.3
 → 75+38=85  7.4
 → 38+47=□  7.1

Tragen Sie bitte die letzte richtig gelöste Aufgabe ein: (x)

|     | 1 | 2 | 3 | 4 | 5 | 6 |
|-----|---|---|---|---|---|---|
| 0.  |   |   |   |   |   |   |
| 1.  |   |   |   |   |   |   |
| 2.  |   |   |   |   |   |   |
| 3.  |   |   |   |   |   |   |
| 4.  |   |   |   |   |   |   |
| 5.  |   |   |   |   |   |   |
| 6.  |   |   |   |   |   |   |
| 7.  |   |   |   |   |   |   |

**Weiterer Fortgang**

Die erste nicht beherrschte Aufgabe wird in Form von Aufgabe 9 mit anschaulicher Stütze im Zugmodell geboten.
Beispiel: letzte gekonnte 2.4 (in die Tabelle eingetragen) => 3.1
Die höchsten sicher gerechnete Aufgabe wird in **Aufgabe 10** zur Erklärung gestellt.
Beispiel: letzte gekonnte Aufgabe 2.4  => 2.1

**Aufgabe 9**

Material: Rechenzug

*Gerade hatten wir die Aufgabe ........ (die erste nicht gekonnte Additionsaufgabe nennen; z.B. 3.1). Auf dem Zug sind jetzt ........ Kisten. Lade die bitte auf. Gut. Jetzt wird eine Zug mit ....... Kisten angekoppelt. Wieviele werden dann auf dem Zug sein?*

Es ist unbedingt notwendig, dass ein neuer Wagen angekoppelt wird, denn der S. sollte anschl. umladen, so dass keine überflüssigen Wagen mitgeführt werden.

Ergebnisse:

+ Der S. ergänzt korrekt, indem er unter Anschauung der (Teil-) Menge die Operation vorstellend zu Ende führt.

- S. ist auf die vollständige konkrete Ausführung angewiesen. Der Schüler erkennt und nutzt nicht das Prinzip der Zehnerbündelung, kommt zum falschen Ergebnis.

**Aufgabe 10**

Material: Rechenzug

*Wir rechnen jetzt mit der Eisenbahn. Vorher hast du diese Rechnung ........ (die letzte gekonnte Aufgabe; z.B. 2.1) richtig gerechnet. Lies sie bitte noch einmal durch. Jetzt zeige mir bitte mit der Bahn und den Klötzchen, was du gerechnet hast. Bau mir die Aufgabe mit der Bahn. Zeige mir mit den Klötzen genau, was du gemacht hast.*

Ergebnisse:

+ S. setzt die Zahloperation in eine Mengenoperation und demonstriert mit Hilfe der Wagen und Kisten.

- S. bildet keine korrekten (Teil-) Mengen oder führt keine angemessenen Verknüpfungen durch.

**Aufgabe 11**

Material: Schreibzeug

*Sieh dir diese Rechenaufgabe an* (Die jeweilige Aufgabe wird aufgeschrieben. Beginn siehe untenstehende Grafik). *Wie heisst diese Aufgabe? ...... Kannst du sie rechnen?*

[Diagramm mit Subtraktionsaufgaben, ausgehend von 58-25= 4.1, verzweigt in "leichter" (70-30=, 2.1) und "schwieriger" (60-13=, 6.1):

leichter-Zweig:
- 70-30= 2.1 → 29-3= 1.1 → ☐-3=5 0.3 → 9-☐=5 0.2, 5=☐=4 0.4, 0.4 ☐-=25 1.2
  → ☐-4=25 1.3 → 26-☐=-3 1.4, 29-☐=-4 1.5, 28-24=☐ 1.5
- 88-3= 3.1 → ☐-20=40 2.3 → 70-☐=40 2.2, 40-☐=30 2.4, 86-☐=83 3.2
  → ☐-5=74 3.3 → 89-☐=4 3.4, 88-☐=5 3.6, 69-64=☐ 4.1

schwieriger-Zweig:
- 60-13= 6.1 → 65-8= 5.1 → ☐-8=68 5.3 → 68-☐=43 4.2, 44-☐=25 4.4, 65-☐=57 5.2
  → 67-☐=-8 5.4, 65-☐=8 5.6, 66-58=☐ 5.5
- 95-37= 7.1 → ☐-13=37 6.3 → 60-☐=47 6.2, 70-☐=14 6.4, 95-☐=67 7.2
  → ☐-37=48 7.3 → 75-☐=37 7.4, 96-☐=27 7.6, 87+-38=☐ 7.1]

Tragen Sie bitte die letzte richtig gelöste Aufgabe ein: (x)

| | 1 | 2 | 3 | 4 | 5 | 6 |
|---|---|---|---|---|---|---|
| 0. | | | | | | |
| 1. | | | | | | |
| 2. | | | | | | |
| 3. | | | | | | |
| 4. | | | | | | |
| 5. | | | | | | |
| 6. | | | | | | |
| 7. | | | | | | |

**Weiterer Fortgang:**
Die erste nicht beherrschte Aufgabe wird in Form von **Aufgabe 12** mit anschaulicher Stütze im Zugmodell geboten.
Beispiel: letzte gekonnte 2.4 (in die Tabelle eingetragen) => 3.1
Die höchsten sicher gerechnete Aufgabe wird in **Aufgabe 13** zur Erklärung gestellt.
Beispiel: letzte gekonnte Aufgabe 2.4 => 2.1

**Aufgabe 12**

Material: Rechenzug

*Gerade hatten wir die Aufgabe........* (die erste nicht gekonnte Subtraktionsaufgabe nennen; z.B. 3.1). *Auf dem Zug sind jetzt ....... Kisten. Lade die bitte auf. Gut. Jetzt sollen ..... Kisten abgeladen werden. Wieviele werden dann auf dem Zug sein?*

Ergebnisse:

+ Der S. vermindert korrekt, indem er unter Anschauung der (Teil-) Menge die Operation vorstellend zu Ende führt.

- S. ist auf die vollständige konkrete Ausführung angewiesen. Der Schüler erkennt und nutzt nicht das Prinzip der Zehnerbündelung, kommt zum falschen Ergebnis.

**Aufgabe 13**

Material: Rechenzug

Wir rechnen jetzt mit der Eisenbahn. Vorher hast du diese Rechnung ........ (die letzte gekonnte Aufgabe; z.B. 2.1) richtig gerechnet. Lies sie bitte noch einmal durch. Jetzt zeige mir bitte mit der Bahn und den Klötzchen, was du gerechnet hast. Bau mir die Aufgabe mit der Bahn. Zeige mir mit den Klötzen genau, was du gemacht hast.

Ergebnisse:
+ S. setzt die Zahloperation in eine Mengenoperation und demonstriert mit Hilfe der Wagen und Kisten.
- S. bildet keine korrekten (Teil-) Mengen oder führt keine angemessenen Verknüpfungen durch.

☞ Aufgabe 14 nur lösen wenn bis jetzt erst 40 Min verstrichen sind!!!
Andernfalls machen Sie eine kurze Pause und gehen dann zu Aufgabe 15

**Aufgabe 14**

Material: Vorlage für den Schüler (beim Darstellen des Problems aufschreiben!)

39
54    } Vor dem Schüler auf den Block schreiben!

39
54
-39

*Stell dir vor, zwei Schulklassen haben beim Schulfest einen Flohmarkt gemacht und Geld eingenommen. Die eine Klasse hatte 39 Fr. in der Kasse, die andere 54 Fr.*
*Wieviel Franken haben beide Klassen eingenommen?*
*Welche Klasse hat mehr Geld eingenommen?*
*Wieviel Franken mehr sind es?*

Nachfrage zur Additionsaufgabe, dass Positionssystem (Bündelung Durchgängigkeit) betreffend.
*Das ist richtig. Warum hast du das so gerechnet? Du zählst hier die 9 und die 4 zusammen; und hier die 5 und die 3.*

Nachfrage zur Subtraktionsaufgabe: die Bündelung betreffend.
*Wie kommst du hier auf die 1? 5 weniger 3 sind doch 2 !? Und woher kommt diese 5, wenn du 4 weniger 9 rechnest?*

Ergebnisse:

+ S. erklärt, dass Zehner und Einer unterschiedlich viele Elemente sind und darum nicht vertauscht werden dürfen; S. erklärt das Entstehen neuer Zehnerbündel bzw. deren Auflösung in Einer.

- Formale Erklärungen. (z.B. " Das macht man so, das haben wir so gelernt").
- S. kann nicht schriftlich addieren und oder subtrahieren.

☞ Kurze Pause mit Aufstehen !!!

☞ Aufgabe 14 nur lösen wenn bis jetzt erst 40 Min verstrichen sind!!!
Andernfalls machen Sie eine kurze Pause und gehen dann zu Aufgabe 15

**Aufgabe 15**

Material: Kärtchen mit Aufgaben:

5 + 5 + 5 =
4 + 4 + 4 + 4 =
2 + 2 + 2 + 2 + 2 =
3 + 3 + 3 + 3 =

*Sieh bitte diese Aufgaben: lies diese Aufgabe bitte. Wie könntest du zu der Aufgabe auch noch sagen, so dass sie ganz kurz und einfach ist?*
*Kannst du eine Mal-Aufgabe daraus machen?*

*Sage bei jeder Aufgabe, wie sie als Malaufgabe heissen würden.*

Ergebnisse:

+    S. erfasst die Anzahl gleicher Summanden und nimmt mal (kann ab drei richtigen als eingekreist werden!)

−    S. nennt Additionsaufgaben

**Aufgabe 16**

Material: 3 X 4 Klötze

Anordnung von 12 Klötzen. Vl zeigt auf die vier Dreierbündel. *Wie viele Klötze liegen denn hier in all diesen Häufchen* (umfährt sie mit dem Finder)?

Ergebnisse:

+    S. nimmt mal oder
+    S. addiert komplex erfasste Teilmengen

−    S. zählt einzelheitlich ab

☞ Wenn gelöst gehen Sie zu Aufg. 17

**Aufgabe 17**

Material: Schokoladentafel

Diese Schokolade wollten drei Kinder teilen. Wie viele Stücke bekommt jedes Kind? Könnte man die Tafel auch noch auf fünf Kinder verteilen?

Ergebnisse:

+ S. zeigt drei Längsriegel bzw. fünf senkrechte Riegel
+ S. nennt die Anzahl 3/5 und zeigt Riegel
+ S. errechnet die Gesamtzahl (15) und verteilt abzählend

− S. irrt.

**Aufgabe 18**

Material: 18 Klötze

Hier liegen Klötze auf dem Tisch. Jetzt sollst du die Klötze bitte auf drei Kinder verteilen. Jedes soll gleich viele bekommen.

Ergebnisse:

+ S. verteilt einzeln reihum
+ S. verteilt mehrfach in Teilmengen untergliedernd

− S. zählt, rechnet und verteilt je sechs
− S. irrt

☛ Wenn gelöst gehen Sie zu Aufg. 19

**Aufgabe 19**

Material: Kärtchen mit verschiedenen Kreisformationen

```
OOO      OOOOO
OOO      OOOOO
OOO      OOOOO
OOO      OOOOO
OOO
```

*Schau dir bitte dieses Bild an. Da stecken Rechenaufgaben drin. Welche Aufgabe ist hier drin? Welche noch?*

Dasselbe mit der zweiten Anordnung.

Ergebnisse:

+ S. erkennt in den Anordnungen je zwei Malaufgaben

– S. zählt oder irrt.

**Aufgabe 20**

Material: Block, die Aufgaben werden fortlaufend aufgeschrieben!

Frage an den Schüler: *Wie schreibst du bei Rechnungen das Mal-Zeichen? Ein Kreuz oder ein Punkt?* Entsprechende Notation der Aufgaben.

```
3 X 3 + 2 X 3   =
4 X 5 + 5       =
3 X 4 + 3 X 5   =
```

*Schau bitte an, was ich geschrieben habe. Lies die Aufgabe bitte! Wie könntest du der Aufgabe auch noch sagen?*
*Abwarten und ggf.: Du kannst eine reine Malaufgabe daraus machen. Wie heisst sie?*

Ergebnisse:

+ S. nennt die entsprechenden Malaufgaben

– S. rechnet die Aufgabe, ohne umzuformulieren (wie sie dasteht).
– S. rechnet ohne Beachtung der Punkt- (vor) Strich-Regel
   (bei der Rechnung 4 X 5 + 5   =).

**Aufgabe** 21

Material: Block, die Aufgaben werden vor dem Schüler aufgeschrieben

Schreibweise entsprechend Aufg. 20!

6 X 3    | 6 X 4

*Links und rechts vom Strich steht eine Malaufgabe. Auf welcher Seite kommt mehr heraus. Hier oder dort ?*

Ergebnisse:

+    S. beurteilt durch Vergleich der Multiplikanten

-     S. rechnet beide Seiten aus und vergleicht
-     falsche Lösungen.

216

# Sprache

**Testbereich**    1    **Silben**

Material:    Arbeitsblatt des Schülers Nr.1
Auswertung:    Diese erfolgt bei diesem Testbereich später!

*Schau her. Das ist ein ziemlich langes Wort. Es kommt vor, dass Wörter so lang sind. Mann kann sie aber in kleine Stücke teilen. Ich spreche es jetzt einmal in kleinen Stücken:*

*To - ma - ten - sa - lat*

*Diese Stücken nennt man Silben. Jetzt trage ich hier nach jeder Silbe einen Strich ein. Dann sieht man, wie viele Silben das Wort hat. Höre und schau zu.*
(-> vormachen !)

*Hier auf diesem Blatt stehen noch mehr solche langen Wörter. Die liest du jetzt durch. Du kannst dabei leise vor Dich hin sprechen. Jedenfalls sollst du überall da einen Strich machen, wo man beim Sprechen eine Pause machen kann. Wie heisst das erste Wort, bei dem du das machen sollst? ......ja, dann fang an.*

Beispiel: T o m a t e n s a l a t

                K a u g u m m i a u t o m a t
                R e i s e w e t t e r b e r i c h t
                A u t o b a h n r a s t s t ä t t e
                F r ü h s t ü c k s b a n a n e n m i l c h

## Testbereich 2  Morpheme

**Material:** Kärtchen mit den Wörtern
Arbeitsblatt des Schülers Nr.2

**Auswertung:** Diese erfolgt bei diesem Testbereich später!

Wir lesen diese Wörter zusammen. Dies heisst ? ..... Ja, und dies..... In allen Wörtern steckt ein Stück drin, das bei allen gleich ist. Hast du das schon entdeckt? Ja...... das Stückchen heisst "lauf" oder "läuf". Es ist so wie in Baustein, der in allen Wörtern vorkommt. Weil das Stück so ist wie ein Baustein für alle diese Wörter, nähme es viereckig ein. So..... und so.
Nun sieht man genau, dass hier überall das gleiche Wörtchen "lauf" drinsteckt.

Auf deinem Blatt steht eine Geschichte. In der Geschichte kommt ein Wortbaustein öfter vor. Dieser Baustein heisst "fahr" wie von "fahren", also "fahr" oder "fähr"
(-> auf den Titel hinweisen!). Siehst du, ich habe sie im Titel schon eingerahmt.
Du liest jetzt die Geschichte durch. Immer wenn das Tücken vorkommt, das "fahr" oder "fähr" heisst, dann rahmst du es ein.

| Sätze | Punkte | Erläuterung |
|---|---|---|
| Mutter - arbeiten - Garten | | **2 Punkte:** Alle Wörter sind in einen sinnvollen und grammatisch korrekten Satz eingebaut. |
| Apfel - beissen | | |
| Hof - liegen - Hund | | |
| Kind - schnell - rennen | | **1 Punkte:** Alle Wörter, jedoch mit grammatischen Abweichungen |
| freuen - Vater - Geschenk | | |
| Sessel - Doktor - sitzen | | |
| weinen - traurig | | **0 Punkte:** Nicht alle Wörter. Unvollständige Sätze oder mehrere Sätze |
| Sand - schwitzen | | |
| Sonne - kalt | | |

## Testbereich 3  Sätze bilden

**Material:** für den Schüler keines

**Auswertung:** Diese erfolgt entsprechend der Tabelle / Erläuterung nach jedem Satz. Die Punkte sind in das Feld einzutragen.

Die untenstehenden Wörter werden dem Schüler bei mittlerem Tempo gleichmässig und auf Hochdeutsch vorgetragen. Jeweils eine Reihe. Der Schüler versucht direkt im Anschluss einen Satz zu machen.

Zuerst wird ein Beispiel gemacht. *Ich werde dir jetzt drei Wörter sagen. Daraus sollst du einen sinnvollen Satz machen. Das wollen wir zusammen probieren.*
*Mädchen - spielen - Puppe.*
*Welchen Satz kann man daraus machen? Ja richtig, daraus kann man den Satz machen....... Tl* wiederholt den Satz des Kindes. Bei keinem oder falschem Satz, sagt der Tl: *Aus Mädchen - spielen - Puppe, kann man den Satz machen: Das Mädchen spielt mit der Puppe.*

## Testbereich 4    Lesefertigkeit / Leseverständnis

**Material:** Kärtchen mit Sätzen für den Schüler
Tonband mit Kasetten (pro Schüler eine Kasette!)
Achtung: Reservebatterie
Figuren; Tuch

**Auswertung:** Die Leseleistung wird später anhand der Aufnahmen analysiert. Der Schüler versucht selbst die Figuren zu benennen.
Die Handlungen werden direkt protokolliert!

*Schau, ich habe dir viele Figuren (Spielzeuge) mitgebracht. Da hat es einen Turm.... der Schüler versucht selbst die Figuren zu benennen. Alle Figuren müssen einmal richtig benannt werden, bevor die eigentliche Aufgabe beginnt.*
*Lies bitte einmal den Satz auf diesem Kärtchen....... versuche das einmal zu spielen!*

Diese Sätze werden vom Schüler gelesen:

| | Punkte 0-3 |
|---|---|
| Die Mutter geht zum Baum. | |
| Der Vater steigt ins Auto. | |
| Der Bub wird vom Mädchen umgestossen. | |
| Der Ball wird vom Bub versteckt. | |
| Der Vogel fliegt auf den Turm und dann auf das Hausdach. | |
| Der Vater steigt aus dem Auto, ruft dem Hund und macht mit ihm einen grossen Spaziergang. | |

Je ein Punkt für: - richtig ausgeführte Handlung
- alle Personen einbezogen
- alle Satzteile gespielt

## Testbereich 5    Sprachverständnis

*Nun werde ich dir einige Sätze vorsagen, die du spielen kannst!*

Diese Sätze werden vom TI auf Hochdeutsch vorgetragen:

| | Punkte 0-3 |
|---|---|
| Der Bub rennt mit dem Hund zum Baum. | |
| Die Kinder spielen mit dem Hund. | |
| Das Mädchen holt den Ball und bringt ihn dem Hund. | |
| Das Mädchen streichelt den Hund bevor es ins Haus geht. | |
| Der Hund bellt, weil ihm der Bub den Ball weggenommen hat. | |
| Weil der Bub das Mädchen geschlagen hat, muss es mit der Mutter ins Haus. | |
| In der Zeit, in der das Mädchen vm Turm herabsteigt, fliegt der Vogel auf den Baum. | |
| Die Mutter umarmt den Vater und dann tanzen das Mädchen und der Bub. | |
| Alle, nur das Mädchen nicht, suchen den Hund, der hinter den Turm gerannt ist. | |
| Das Mädchen kommt aus dem Haus, und nach dem es auf den Turm gestiegen ist, ruft es dem Vater laut zu: Hu uuu! | |
| Bevor die Mutter zum Auto geht, winkt sie dem Mädchen zu. | |

Je ein Punkt für: - richtig ausgeführte Handlung
- alle Personen einbezogen
- alle Satzteile gespielt

## Testbereich 6  Rechtschreibung

Material: Arbeitsblatt für den Schüler Nr. 3 + 4
Schreibzeug
Auswertung: Diese erfolgt bei diesem Testbereich später!

*Du kannst jetzt in deinem Arbeitsheft eine Seite weiter blättern. Hier siehst du die viele verschiedene Bildchen. Ich möchte gerne, dass du unter das Bild schreibst, was auf ihm zu sehen ist. Wir werden diese Aufgaben zusammen lösen.*
*Was ist auf dem ersten Bild zu sehen.......Schüler schreibt....... was ist auf dem zweiten zu sehen..... Schüler schreibt........*

Es ist wichtig, dass der jeweilige Begriff immer klar ausgesprochen wird. Falls der Schüler nicht auf die richtige Antwort kommt (wird nicht in die Beurteilung aufgenommen) wird das Wort vorgesagt. Auch dann, wenn der Begriff falsch ausgesprochen wurde (z. B. dialekt). Die Aufgaben werden von links nach rechts gelöst.

Wörterliste

| Rose | Pinguin | Krokodil | Kinderwagen | Flugzeug |
| Schneemann | Fahne | Schmetterling | Geschirr | Fallschirm |

*Du kannst jetzt wieder eine Seite weiter blättern. Was siehst du auf dem Bild (Ritter, Windmühle, es regnet, man sieht ein Gewitter......). Ich werden dir nun einen Satz sagen, denn du bitte aufschreibst. Es ist vielleicht ein etwas schwieriger Satz. Versuche trotzdem, ihm so gut wie möglich zu schreiben.*
Satz einmal vollständig durchlesen, anschl. zeilenweise diktieren (warten, bis der Schüler fertig geschrieben hat). Komma und Punkt diktieren.

Satz lesen: *Vor der Windmühle steht eine Ritter, kümmert sich nicht um das Gewitter.*

Diktieren: *Vor der Windmühle steht eine Ritter, kümmert sich nicht um das Gewitter.*

## Testbereich 7  Stichwortschatz

Material: Arbeitsblatt des Schülers Nr.5
Schreibzeug
Auswertung: Erfolgt bei diesem Testbereich später.

*So nun kommen wir zur letzten Aufgabe. Bald sind wir fertig! In jedem Kästchen, dass jetzt kommt, steht ein Wort. Einmal ist es richtig geschrieben, und dreimal ist es falsch geschrieben. Du kriegst sicher sofort heraus, wie das Wort heisst. Das ist leicht. Aber du sollst finden, wo das Wort richtig geschrieben ist. Nur einmal im Kästchen ist es richtig. Wenn du es gefunden hast, machst du bitte ein Kreuzchen dahinter.*

Einmal richtig - dreimal falsch.
Kreuze das richtige Wort an.

| Uhr | Ur | Father | Fater |
| Uch | Uer | Vather | Vater |

| Loite | Leute | Broot | Brot |
| Läude | Leude | Brod | Brood |

| geet | geht | Bir | Bihr |
| get | gedt | Biehr | Bier |

| Straasse | Strase | Fänster | Venster |
| Strahsse | Strasse | Fenster | Vänster |

| Brief | Brif | vahren | faren |
| Briev | Briv | fahren | faaren |

| Mätchen | Mädchen | Stad | Stadd |
| Medchen | Metchen | Stadt | Stat |

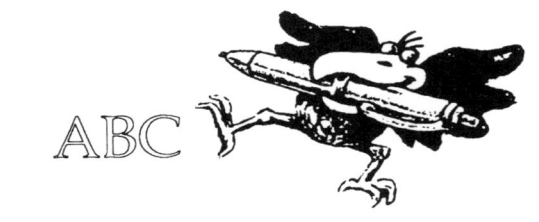

# Sprache

ABC DEF ...Z

**1)** Unterteile die langen Wörter nach Silben

Beispiel: To ma ten sa lat

Kaugummiautomat

Reisewetterbericht

Autobahnraststätte

Frühstücksbananenmilch

**2)** Finde den Wortbaustein

Ich laufe - gelaufen - Endlauf - Läufer - du läufst

Entdecke den Wortbaustein fahr oder fähr und rahme ein.

Ich fahre mit dem Fahrrad, du fährst mit dem Bus. Ohne gültigen Fahrschein darf man nicht mitfahren. Es ist gefährlich, während der Fahrt mit dem Fahrer Gespräche zu führen. Für das Fahrrad braucht man keinen Führerschein. Man verfährt auch nicht so viel Fahrgeld.

Code:

**3)** Schreibe die Wörter unter die Bilder

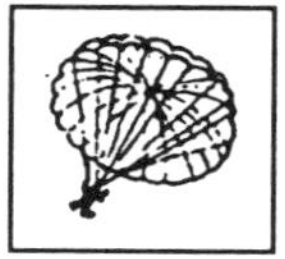

**4)** Schreibe den Satz

**5)** Einmal richtig - dreimal falsch.
Kreuze das richtige Wort an.

| Uhr | Ur | Father | Fater |
| Uch | Uer | Vather | Vater |

| Loite | Leute | Broot | Brot |
| Läude | Leude | Brod | Brood |

| geet | geht | Bir | Bihr |
| get | gedt | Biehr | Bier |

| Straasse | Strase | Fänster | Venster |
| Strahsse | Strasse | Fenster | Vänster |

| Brief | Brif | vahren | faren |
| Briev | Briv | fahren | faaren |

| Mätchen | Mädchen | Stad | Stadd |
| Medchen | Metchen | Stadt | Stat |

# Unsere Schule

Wie bist Du zufrieden mit dem Unterricht?

Wie bist Du zufrieden mit dem Lehrer?

Wie bist Du zufrieden mit den Mitschülern?

Wie bist Du zufrieden mit der Schule?

---

Die Schüler in unserer Klasse sind alles gute Kameraden.

stimmt gar nicht — stimmt weniger — stimmt ziemlich — stimmt genau

Einige Schüler in unserer Klasse suchen ständig Streit.

stimmt gar nicht — stimmt weniger — stimmt ziemlich — stimmt genau

Wenn ein Schüler Schwierigkeiten hat, helfen ihm die Mitschüler.

stimmt gar nicht — stimmt weniger — stimmt ziemlich — stimmt genau

Manche Schüler wollen immer besser sein als andere.

stimmt gar nicht — stimmt weniger — stimmt ziemlich — stimmt genau

# Arbeitsprotokoll zur Betreuung von: _____  Klassenlehrer: _____

| Zeit/Datum | Ort | Vorgehen/Inhalt | Material | langfrist. Ziele / Förderaspekte | Bemerkungen |
|---|---|---|---|---|---|
| | | | | | |
| | | | | | |

Unter der Rubrik Bemerkungen sollten auch die Beteiligten erwähnt sein. Beispielsweise die Eltern bei einem Elterngespräch

**Arbeitsprotokoll zur Betreuung von:** _____  **Klassenlehrer:** _____

| Zeit/Datum | Ort | Vorgehen/Inhalt | Material | langfrist. Ziele / Förderaspekte | Bemerkungen |
|---|---|---|---|---|---|
| 37.13.99 20' | separat. Raum | Subtraktion: Uebungen auf dem Zahlenstrahl laufen im Raum | Kleinklassenlehrmittel eigenes, | Verbesserung d. räumli. Denkens u. Erfassens. | |
| 39.13.99 80' | Elternhaus | Elterngespräch: Zusammentragen von Uebungen, die die Eltern ausführen können | ------- | Aktive Mitarbeit der Eltern | Bisher wurden wenig sinnvolle Uebungen gemacht nur Vater anwesend |
| 42.13.99 30' | Klasse | Lehrergespräch: Wochenplanung | Lehrmittel | | Schüler kann wegen Ausflug nur einmal betreut werden |
| 44.13.99 50' | Klasse | Vorbereitung des Ausflugs Errechnen der Spesenkosten in Gruppenarbeit. Unterstützung des S. | | Durchsetzen können in einer Gruppe | Schüler verhält sich in der Gruppe eher passiv |

Unter der Rubrik Bemerkungen sollten auch die Beteiligten erwähnt sein. Beispielsweise die Eltern bei einem Elterngespräch

# 8. Verzeichnisse

## Abbildungen

Abbildung 1: Struktur der Schulform "Regelklasse mit Heilpädagogischer Schülerhilfe" ............................................................ 58
Abbildung 2: Übersicht über den Stütz- und Förderunterricht in den Kantonen ............ 62
Abbildung 3: Pädagogische Massnahmen im Förderunterricht ............................ 66
Abbildung 4: Ausbildung der als Schulische Heilpädagogen tätigen Personen ............ 72
Abbildung 5: Verteilung der Gesamtschulleistungswerte (Anteil gelöster Aufgaben in Prozenten) in "Regelklassen mit Heilpädagogischer Schülerhilfe", mit besonderer Kennzeichnung der Kinder, welche durch den Schulischen Heilpädagogen regelmässig betreut werden ............................................................ 75
Abbildung 6: Phasen der Untersuchung ............................................ 94
Abbildung 7: Itembeispiele aus dem CFT 1 (*Weiss; Osterland* 1980) ................ 105
Abbildung 8: Auszug aus dem Flussdiagramm für die Additionsaufgaben .............. 113
Abbildung 9: Testmaterial für den Bereich Sprachverständnis .................... 122
Abbildung 10: Ergebnisse der Gesamtstichprobe in den Schulleistungstests der Phase 1 ............................................................ 128
Abbildung 11: Ergebnisse der Gesamtstichprobe im Intelligenztest ................ 128
Abbildung 12: Veränderung der Mittelwerte der beiden Gruppen RG und RG+ bezüglich der Gesamtschulleistung ............................ 137
Abbildung 13: Entwicklungsverlauf der individuellen Mittelwerte über die beiden Messzeitpunkte durch Verteilung von Rangplätzen .............. 138
Abbildung 14: Graphische Gegenüberstellung der Lernfortschritte in den Bereichen Mathematik und Sprache bezüglich der Experimental- und der Kontrollgruppe ........................................ 141
Abbildung 15: Lernfortschritt der Schüler, welche von Heilpädagogen mit beziehungsweise ohne abgeschlossene Ausbildung betreut werden ....... 160

# Tabellen

| | | |
|---|---|---|
| Tabelle 1: | Schweizerische Untersuchungen zur sozialen Situation behinderter Kinder | 19 |
| Tabelle 2: | Schweizerische Untersuchungen zur emotionalen Situation behinderter Kinder | 22 |
| Tabelle 3: | Schweizerische Arbeiten zu diversen Bereichen im Zusammenhang mit der Integration behinderter Kinder | 29 |
| Tabelle 4: | Verfügbarkeit zusätzlicher Förderangebote in Wochenminuten pro Klasse (2. Schuljahr) | 73 |
| Tabelle 5: | Rangplatz bezüglich der Schulleistungsergebnisse, Intelligenzquotient, Schulleistungsergebnisse, Klassenränge von Kindern, welche durch Heilpädagogen betreut werden | 77 |
| Tabelle 6: | Rangplatz bezüglich der Schulleistungsergebnisse, Intelligenzquotient, Schulleistungsergebnisse, Klassenränge von Kindern, welche tiefere Schulleistungswerte erzielen als 51 (Abbildung 5; Säulen 1 bis 4) und welche nicht durch Heilpädagogen betreut werden | 80 |
| Tabelle 7: | Anzahl Kinder verschiedener Muttersprache in "Regelklassen mit Heilpädagogischer Schülerhilfe" und gewöhnlichen Regelklassen vergleichbar dünnbesiedelter Regionen | 86 |
| Tabelle 8: | Durchschnittliche zusätzliche Betreuung zum Klassenunterricht in Wochenminuten pro Schüler mit fremder Muttersprache und schwachen Deutschkenntnissen | 87 |
| Tabelle 9: | Überblick über die praktizierte Schülerbeurteilung | 89 |
| Tabelle 10: | Übersicht zum Messinstrumentarium (Phase 1 und Phase 2) | 95 |
| Tabelle 11: | T-Test zum Vergleich der Parallelform (Mathematik) | 98 |
| Tabelle 12: | Statistische Kennzahlen des Schulleistungstests Mathematik | 98 |
| Tabelle 13: | Schwierigkeitsindizes und Trennschärfe des Schulleistungstests Mathematik | 99 |
| Tabelle 14: | T-Test zum Vergleich der Parallelform (Sprache) | 101 |
| Tabelle 15: | Statistische Kennzahlen des Schulleistungstests Sprache | 102 |
| Tabelle 16: | Schwierigkeitsindizes und Trennschärfe des Schulleistungstests Sprache | 102 |
| Tabelle 17: | Statistische Kennzahlen des Intelligenztests | 106 |
| Tabelle 18: | Ladungsanteile der Subtests am General Factor | 107 |
| Tabelle 19: | Einteilung und Gewichtung der Verlesungskategorien | 121 |
| Tabelle 20: | Verteilung der Stichprobe auf die Kantone | 126 |
| Tabelle 21: | Schülerdurchschnitte der einstufigen Klassen | 127 |
| Tabelle 22: | Übersicht über Merkmale der Stichprobe | 127 |

| | | |
|---|---|---|
| Tabelle 23: | Schulleistungs- und IQ-Werte | 129 |
| Tabelle 24: | Differenzen der beiden Gruppen hinsichtlich der Kriteriumsvariablen | 131 |
| Tabelle 25: | Merkmale der reduzierten Stichprobe | 131 |
| Tabelle 26: | Ergebnisse der varianzanalytischen Überprüfung der Entwicklung von Lernfortschritten bei der Gesamtschulleistung | 136 |
| Tabelle 27: | Ergebnisse der Varianzanalyse zu den Lernfortschritten in Mathematik | 140 |
| Tabelle 28: | Ergebnisse der Varianzanalyse zu den Lernfortschritten in Sprache | 140 |
| Tabelle 29: | Übersicht über die Erhebungsinstrumente zur Fragestellung 2 | 147 |
| Tabelle 30: | Ergebnisse des Extremgruppenvergleichs | 156 |
| Tabelle 31: | Ergebnisse der Regressionsanalyse zu den Prädiktorvariablen für den Lernfortschritt | 158 |
| Tabelle 32: | Ergebnisse der Varianzanalyse zur Berufsausbildung der Heilpädagogen | 159 |
| Tabelle 33: | Überblick über die erarbeiteten Ergebnisse | 163 |

# Literatur

*Armstrong, B.; Johnson, D.W.; Balow, B.*: Effects of cooperative vs individualistic learning experiences on interpersonal attraction between learning-disabled and normal-progress elementary school students. In: Contemporary Educational Psychology 6 (1981) 102-109.

*Bächtold, A.*: Schulversuch im Sonderklassenwesen des Kantons Zürich - Evaluation des Schulversuchs im Schuljahr 1986/87. In: Vierteljahresschrift für Heilpädagogik und ihre Nachbargebiete (VHN) 56 (1987) 600-618.

*Bächtold, A.; Coradi, U.; Hildbrand, J.; Strasser, U.*: Integration ist lernbar. Erfahrungen mit schulschwierigen Kindern im Kanton Zürich. Luzern 1990.

*Bartnitzky, H.; Christiani, R.*: Zeugnisschreiben in der Grundschule. Heinsberg ²1987.

*Benkmann, R.; Pieringer, Gabriele*: Gemeinsame Erziehung behinderter und nichtbehinderter Kinder und Jugendlicher in der allgemeinen Schule. Entwicklungsstand und Forschung im In- und Ausland. Pädagogisches Zentrum Berlin 1991.

*Bless, G.*: Der soziometrische Status des integrierten Hilfsschülers - Untersuchungen in "Regelklassen mit Heilpädagogischer Schülerhilfe". In: Vierteljahresschrift für Heilpädagogik und ihre Nachbargebiete (VHN) 55 (1986) 49-58.

*Bless, G.*: Die soziale Stellung lernbehinderter Schüler. Ergebnisse empirischer Forschungsarbeiten im Überblick. In: Vierteljahresschrift für Heilpädagogik und ihre Nachbargebiete (VHN) 58 (1989) 362-374.

*Bless, G.*: Merkmale schulleistungsschwacher Schüler in soziometrischen Extrempositionen. Untersuchung in Schulklassen mit unterschiedlichen schulorganisatorischen Bedingungen. Dissertation der Philosophischen Fakultät der Universität Freiburg/Schweiz. Zürich 1989.

*Bless, G.; Haeberlin, U.; Moser, U.*: Schulleistungsschwache Schüler in Hilfsschulen oder in Regelschulen unterrichten? Erster Zwischenbericht über ein laufendes Forschungsprojekt über Wirkungen separierender und integrierender Schulformen auf schulleistungsschwache Schüler. In: Vierteljahresschrift für Heilpädagogik und ihre Nachbargebiete (VHN) 56 (1987) 580-599.

*Bless, G.; Klaghofer, R.*: Begabte Schüler in Integrationsklassen: Untersuchung zur Entwicklung von Schulleistungen, sozialen und emotionalen Faktoren. In: Zeitschrift für Pädagogik 37 (1991) 215-223.

*Blöchlinger, H.*: Langfristige Effekte schulischer Separation. Luzern 1991.

*Bortz, J.*: Lehrbuch der empirischen Forschung für Sozialwissenschaftler. Berlin, Heidelberg, New York 1984.

*Bortz, J.*: Statistik für Sozialwissenschaftler. Berlin, Heidelberg, New York ³1989.

*Bruininks, R.H.; Rynders, J.E.; Gross, J.C.*: Social acceptance of mildly retarded pupils in resource rooms and regular classes. In: American Journal of Mental Deficiency 78 (1974) 377-383.

*Bruininks, V.L.*: Actual and perceived peer status of learning-disabled students in mainstream programs. In: The Journal of Special Education 12 (1978) 51-58.

*Bruininks, V.L.*: Peer status and personality characteristics of learning disabled and nondisabled students. In: Journal of Learning Disabilities 11 (1978) 484-489.

*Bryan, T.H.*: Peer popularity of learning disabled children. In: Journal of Learning Disabilities 7 (1974) 621-625.

*Bryan, T.H.*: Peer popularity of learning disabled children: A replication. In: Journal of Learning Disabilities 9 (1976) 307-311.

*Bryan, T.H.; Bryan, J.H.*: Social interactions of learning disabled children. In: Learning Disability Quarterly 1 (1978) 33-37.

*Bundesamt für Statistik*: Schülerinnen, Schüler und Studierende 1991/92. Statistische Resultate. Bern 1992.

*Bursuck, W.D.*: Sociometric status, behavior ratings and social knowledge of learning disabled and low-achieving students. In: Learning Disability Quarterly 6 (1983) 329-338.

*Carlberg, C.; Kavale, K.*: The efficacy of special versus regular class placement for exeptional children: a meta-analysis. In: Journal of Special Education 14 (1980) 295-309.

*Catell, R.B.*: Abilities: their structure, growth and action. Boston, New York 1971.

*Chambers, Shirley; Kay R.*: Research on social integration: What are the problems? In: International Journal of Disability, Development and Education 39 (1992) 47-59.

*Chapman, J.*: Learning disabled children's self-concepts. In: Review of Educational Research 58 (1988) 347-371.

*Childs, R.E.*: Perceptions of mainstreaming by regular classroom teachers who teach mainstreamed educable mentally retarded students in the public schools. In: Education and Training of the Mentally Retarded 16 (1981) 225-227.

*Cole, T.*: Apart or a part? Integration and the growth of British special education. Milton Keynes 1989.

*Dehn, M.*: Zeit für die Schrift. Bochum 1988.

*Direktion für Erziehung und kulturelle Angelegenheiten des Kantons Freiburg*: Vorläufiges Pflichtenheft für den Heilpädagogischen Stützlehrer. Freiburg 1989.

*Dozio, E.*: L'immagine di sé negli allievi scolasticamente più deboli. In: SSP Revista del Servizio di sostegno pedagogico della Scuola media 10 (1993) settembre, 5-36.

*Dreesmann, H.*: Unterrichtsklima. Wie Schüler den Unterricht wahrnehmen. Weinheim, Basel 1982.

*Dreesmann, H.; Eder, F.; Fend, H.; Pekrun, R.; Saldern, M. von; Wolf, B.*: Schulklima. In: *Ingenkamp, K.; Jäger, R.; Petillon, H.; Wolf, B.* (Hrsg.): Empirische Pädagogik 1970-1990. Eine Bestandsaufnahme der Forschung in der Bundesrepublik Deutschland. Band 2. Weinheim 1992, 655-682.

*Drunkemühle, L.*: Förderunterricht in der Grundschule. Frankfurt am Main 1985.

*Dumke, D.*: Integrative Erziehung: Behinderte in der Regelschule. In: Psychologie in Erziehung und Unterricht 40 (1993) 130-142.

*Dumke, D.*: Schulleistungen nichtbehinderter Schüler in Integrationsklassen. In: Zeitschrift für Pädagogische Psychologie 5 (1991) 33-42.

*Dumke, D.; Krieger, Gertrude; Schäfer, G.*: Schulische Integration in der Beurteilung von Eltern und Lehrern. Weinheim 1989.

*Dumke, D.; Schäfer, G.*: Entwicklung behinderter und nichtbehinderter Kinder in Integrationsklassen. Weinheim 1992.

*Dütsch-Bühler, Susanne; Strasser, U.*: Hilfen für Sehbehinderte Schüler an der Volksschule in Zürich. In: Vierteljahresschrift für Heilpädagogik und ihre Nachbargebiete (VHN) 55 (1986) 141-150.

*Eisert, H.G.*: "Der Resource Room" - eine Alternative zur Sonderschule. In: *Sander, A.* (Hrsg.): Sonderpädagogik in der Regelschule. Berlin 1976, 253-267.

*Elmiger, Priska*: Soziale Situation von integriert geschulten Schwerhörigen in Regelschulen. Unveröffentlichte Lizentiatsarbeit der Philosophischen Fakultät der Universität Freiburg/ Schweiz 1992.

*Fahrni, P.*: Meinungen von Eltern, Lehrern und Heilpädagogen zur Heilpädagogischen Schülerhilfe. Eine Befragung. Unveröffentlichte Lizentiatsarbeit der Philosophischen Fakultät der Universität Freiburg/Schweiz, 1989.

*Fend, H.*: Theorie der Schule. München, Wien, Baltimore $^2$1981.

*Feuser, G.; Meyer, H.*: Integrativer Unterricht in der Grundschule: Ein Zwischenbericht. Solms-Oberbiel 1987.

*Flammer, A.*: Diagnostischer Rechtschreibtest DRT 3. Schweizer Bearbeitung des deutschen DRT 3 von Rudolf Müller. Basel 1971.

*Flicek, M.; Landau, S.*: Social status problems of learning disabled and hyper-active/learning disabled boys. In: Journal of Clinical Child Psychology 14 (1985) 340-344.

*Fox, Lynn*: Peer acceptance of learning disabled children in the regular classroom. In: Exceptional Children 56 (1989) 50-59.

*Freiburger Projektgruppe* (bearbeitet von: *Burgener Woeffrey, Andrea; Jenny-Fuchs, Elisabeth; Moser Opitz, Elisabeth; Hess, K.*, Projektleitung: *Haeberlin U.*): Heilpädagogische Begleitung in Kindergarten und Regelschule. Dokumentation eines Pilotprojektes zur Integration. Bern 1993.

*Gagné, R.M.*: Die Bedingungen menschlichen Handelns. Hannover 1976.

*Garrett, M.K.; Crump, W.D.*: Peer acceptance, teacher preference and self-appraisal of social status among learning disabled students. In: Learning Disability Quarterly 3 (1980) 42-48.

*Gerster, H.-D.*: Schülerfehler bei schriftlichen Rechenverfahren. Diagnose und Therapie. Freiburg im Breisgau 1982.

*Goetze, H.*: Verhaltensgestörte in Integrationsklassen - Fiktionen und Fakten. In: Zeitschrift für Heilpädagogik 41 (1990) 832-840.

*Goodman, H.; Gottlieb, J.; Harrison, R.H.*: Social acceptance of EMR's integrated into a nongraded elementary school. In: American Journal of Mental Deficiency 76 (1972) 412-417.

*Gottlieb, B.W.; Gottlieb, J.; Berkell, D.; Levy, L.*: Sociometric status and solitary play of LD boys and girls. In: Journal of Learning Disabilities 19 (1986) 619-622.

*Gottlieb, J.; Budoff, M.*: Social acceptability of retarded children in nongraded schools differing in architecture. In: American Journal of Mental Deficiency 78 (1973) 15-19.

*Gottlieb, J.; Cohen, L.; Goldstein, L.*: Social contact and personal adjustment as variables relating to attitudes to EMR children. In: Studies in Learning Potential 3 (1973) 1-13.

*Gottlieb, J.; Davis, J.E.*: Social acceptance of EMR children during overt behavioral interactions. In: American Journal of Mental Deficiency 78 (1973) 141-143.

*Greenwood, C.R.*: Settings or setting events as treatment in special education. A review of mainstreaming. In: Advances in Developmental and Behavioral Pediatrics 6 (1985) 205-239.

*Grimm, H.; Schöler, H.*: Heidelberger Sprachentwicklungstest (HSET). Braunschweig, Göttingen 1978.

*Grissemann, H.*: Die Pädagogisch-therapeutische Schülerhilfe - eine sonderpädagogische Ergänzung unseres Schulsystems. In: Schweizer Schule 68 (1981) 536-551.

*Grissemann, H.*: Die schulische Integration Lernbehinderter in der Schweiz. Pädagogische Kommentierung der Ergebnisse von zwei Forschungsprojekten. In: Heilpädagogische Forschung 17 (1991) 43-49.

*Grissemann, H.*: Handanweisung zum Zürcher Lesetest (ZLT). Förderdiagnostik der Legasthenie. Bern, Stuttgart, Wien 1981.

*Grossenbacher, Silvia*: Stützen und fördern in der Schule. Zur Entwicklung integrativer Schulformen in der Schweiz. Trendberichte SKBF (Schweizerische Koordinationsstelle für Bildungsforschung) Nr.1. Aarau 1993.

*Haeberlin, U.*: Wertgeleitete Integrationsforschung: dargestellt an einem Forschungsprojekt zur empirischen Evaluation von Massnahmen zur Integration von Lernbehinderten in der Schweiz. In: Heilpädagogische Forschung 17 (1991) 34-42.

*Haeberlin, U.*: Die Integration von leistungsschwachen Schülern. Ein Überblick über empirische Forschungsergebnisse zu Wirkungen von Regelklassen, Integrationsklassen und Sonderklassen auf "Lernbehinderte". In: Zeitschrift für Pädagogik 37 (1991) 167-189.

*Haeberlin, U.; Bless, G.; Moser, U.; Klaghofer, R.*: Die Integration von Lernbehinderten. Versuche, Theorien, Forschungen, Enttäuschungen, Hoffnungen. Bern, Stuttgart $^2$1991.

*Haeberlin, U.; Jenny-Fuchs, Elisabeth; Moser Opitz, Elisabeth*: Zusammenarbeit. Wie Lehrpersonen Kooperation zwischen Regel- und Sonderpädagogik in integrativen Kindergärten und Schulklassen erfahren. Bern, Stuttgart 1992.

*Haeberlin, U.; Moser, U.; Bless, G.; Klaghofer, R.*: Integration in die Schulklasse. Fragebogen zur Erfassung von Dimensionen der Integration von Schülern. Bern, Stuttgart 1989.

*Hagelgans, R.; Selbmann, F.*: Ein Beitrag zur Integration von 'Grenzfällen' zwischen Sonderschule und Gesamtschule. In: Zeitschrift für Heilpädagogik 27 (1976) 61-71.

*Harvey, D.; Greenway, A.*: The self-concept of physically handicapped children and their nonhandicapped sibling: an empirical investigation. In: The Journal of Child Psychology and Psychiatry 25 (1984) 273-284.

*Hauer, K.*: Abgang wohin? Haupt- und Sonderschulabgänger im Bezirk Schärding o/Ö. Passau 1990.

*Hayes, Karen; Gunn, Pat*: Attitudes of parents and teachers toward mainstreaming. In: Exceptional Child 35 (1988) 31-38.

*Hegarty, S.*: Reviewing the literature on integration. In: European Journal of Special Needs Education 8 (1993) 194-200.

*Heinrich, P.*: Gemeinsamer Schulbesuch behinderter und nichtbehinderter Kinder ("Integrative Schule"). In: Behindertenpädagogik 29 (1990) 184-197.

*Heller, K.; Gaedike, A.-K.; Weinläder, H.*: Kognitiver Fähigkeitstest (FKT 4-13+). Weinheim, Basel 1985.

*Helmke, A.*: Determinanten der Schulleistung: Forschungsstand und Forschungsdefizite. In: *Ingenkamp, K.; Jäger, R.; Petillon, H.; Wolf, B.* (Hrsg.): Empirische Pädagogik 1970-1990. Eine Bestandsaufnahme der Forschung in der Bundesrepublik Deutschland. Band 2. Weinheim 1992, 596-602.

*Helmke, A.; Renkl, A.*: Unaufmerksamkeit in Grundschulklassen: Problem der Klasse oder des Lehrers? In: Zeitschrift für Entwicklungspsychologie und Pädagogische Psychologie, 25 (1993) 3, 185-205.

*Horne, M.D.*: Attitudes of elementary classroom teachers toward mainstreaming. In: Exceptional Child 30 (1983) 93-98.

*Horowitz, E.C.*: Popularity, decentering ability and role-taking skills in learning disabled and normal children. In: Learning Disability Quarterly 4 (1981) 23-30.

*Hudson, F.; Graham, S.; Warner, M.*: Mainstreaming: An examination of the attitudes and needs of regular classroom teachers. In: Learning Disability Quarterly 2 (1979) 58-62.

*Hutton, J.B.; Polo, L.*: A sociometric study of learning disability children and type of teaching strategy. In: Journal of Group Psychotherapy, Psychodrama and Sociometry 29 (1976) 113-120.

*Iano, R.P.; Ayers, D.; Heller, H.B.; McGettigan, J.F.; Walker, V.S.*: Sociometric status of retarded children in an integrative program. In: Exceptional Children 40 (1974) 267-271.

*Jenkinson, Josephine*: Integration of students with severe and multiple learning difficulties. In: European Journal of Special Needs Education 8 (1993) 320-335.

*Jost, Gabriele*: Unterrichtung in der Schule für Lernbehinderte (Sonderschule) oder Integration in das Regelschulwesen? Zwei Konzepte sonderpädagogischer Intervention und ihre Präferierung durch die Eltern. St. Ingbert 1992.

*Kamm, Sibyl und Mitarbeiter*: Leseanalyse - Leseförderung. Pädagogische Arbeitsstelle des Kantons St. Gallen. St. Gallen 1987.

*Kennedy, P.; Bruininks, R.H.*: Social status of hearing impaired children in regular classrooms. In: Seminars in Speech and Language 40 (1974) 336-342.

*Kniel, A.*: Die Schule für Lernbehinderte und ihre Alternativen. Eine Analyse empirischer Untersuchungen. Rheinstetten 1979.

*Krampen, G.*: Kausalattribuierung guter Noten und Selbstkonzepte eigener Fähigkeiten in vier Kohorten lernbehinderter Sonderschüler. In: Heilpädagogische Forschung 9 (1983) 133-143.

*Krüger, H.P.*: Soziometrie in der Schule. Verfahren und Ergebnisse zu sozialen Determinanten der Schülerpersönlichkeit. Weinheim, Basel 1976.

*Kutzer, R.; Probst, H.*: Strukturbezogene Aufgaben zur Prüfung mathematischer Einsichten (1. Teil). Marburg (Institut für Heil- und Sonderpädagogik, Philipps-Universität) 1988.

*Kutzer, R.; Probst, H.*: Strukturbezogene Aufgaben zur Prüfung mathematischer Einsichten (2. Teil). Marburg (Institut für Heil- und Sonderpädagogik, Philipps-Universität) 1991.

*Kyle, J.*: Integration of deaf children. In: European Jounal of Special Needs Education 8 (1993) 201-220.

*Lalkhen, Y.; Norwich, B.*: The self-concept and self-esteem of adolescents with physical impairments in integrated and special school settings. In: European Journal of Special Needs Education 5 (1990) 1-12.

*Langfeldt, H.-P.*: Editorial: Integration und empirische Forschung. In: Heilpädagogische Forschung 17 (1991) 1-2.

*Lauth, G.; Wilms, W.*: Ursachenerklärung von Erfolg und Misserfolg lernbehinderter Sonderschüler im Verlaufe des Sonderschulbesuches. In: Heilpädagogische Forschung 8 (1982) 229-241.

*Leinhardt, G.; Pallay, A.*: Restrictive education settings: exile or haven? In: Review of Educational Research 52 (1982) 557-578.

*Lienert, A. G.*: Testaufbau und Testanalyse. Weinheim, Berlin $^2$1967.

*Lobeck, A.*: Rechentest 1.– 3. Klasse. Beiheft mit Anleitungen und Normwerten. Basel 1987.

*Madden, N.; Slavin, R.*: Effects of cooperative learning on the social acceptance of mainstreamed academically handicapped students. In: The Journal of Special Education 17 (1983) 171-182.

*Madden, N.; Slavin, R.*: Mainstreaming students with mild handicaps: Academic and social outcomes. In: Review of Educational Research 53 (1983) 519-569.

*Maikowski, R.; Podlesch, W.*: Zur Sozialentwicklung behinderter und nichtbehinderter Kinder. In: *Projektgruppe Integrationsversuch* (Hrsg.): Das Fläming-Modell. Weinheim 1988, 232-250.

*McDonnell, J.*: The integration of students with severe handicaps into regular public schools: An analysis of parents' perceptions of potential outcomes. In: Education and Training in Mental Retardation 22 (1987) 98-111.

*Mettauer, Belinda*: Spezialdienste und Spezialmassnahmen im Zusammenhang mit der besonderen Erziehung, Schulung und Bildung. Luzern 1991.

*Meyers, C.; MacMillan, D.; Yoshida, R.*: Regular class education of EMR students, from efficacy to mainstreaming: A review of issues and research. In: Gottlieb, J. (Hrsg.): Educating mentally retarded persons in the mainstream. Baltimore 1980, 176-206.

*Miller, Linda; Strain, P.; Boyd, Kimberly; Hunsicker, Stacie*: Parental attitudes toward integration. In: Topics in Early Childhood Education 12 (1992) 230-246.

*Möbus, C.*: Analyse von Rohdaten mit LISREL - Allgemeines Lineares Modell, stochastische Differenzen- und Differentialgleichungssysteme. In: *Möbus, C.; Schneider, W.* (Hrsg.): Strukturmodelle für Längsschnittdaten und Zeitreihen. LISREL, Pfad- und Varianzanalyse. Bern, Stuttgart, Toronto 1986, 57-126.

*Morvitz, E.; Motta, R.*: Predictors of self-esteem: The roles of parent-child perceptions, achievement and class placement. In: Journal of Learning Disabilities 25 (1992) 72-80.

*Moser, U.*: Das Selbstkonzept des lernbehinderten Schülers - Untersuchung in Hilfsklassen, Regelklassen und Regelklassen mit heilpädagogischer Schülerhilfe. In: Vierteljahresschrift für Heilpädagogik und ihre Nachbargebiete (VHN) 55 (1986) 151-160.

*Moser, U.*: Das Selbstkonzept des lernbehinderten Schülers. Unveröffentlichte Lizentiatsarbeit der Philosophischen Fakultät der Universität Freiburg/Schweiz 1985.

*Moser, U.*: Die Integration des schulleistungsschwachen Schülers in seine Klasse. Dissertation der Philosophischen Fakulttät der Universität Freiburg/Schweiz. Bern 1989.

*Moser, U.*: Förderunterricht im Urteil von integrierten lernbehinderten Schülern. In: Vierteljahresschrift für Heilpädagogik und ihre Nachbargebiete (VHN) 59 (1990) 210-223.

*Moulin, J-P.*: Problématiques éducatives des élèves en difficultés. Analyse des comportements des enseignants. Dissertation der Philosophischen Fakultät der Universität Freiburg/Schweiz. Zürich 1992.

*Munder, R.*: Meinungen der beteiligten Eltern zum Integrationsversuch. Berlin (Pädagogisches Zentrum) 1983.

*Muth, J.*: Zum Stand der Entwicklung der Integration Behinderter in den alten Bundesländern. Von den Empfehlungen des Bildungsrates bis zur Gegenwart. In: *Lersch, R.; Vernooij, Monika* (Hrsg.): Behinderte Kinder und Jugendliche in der Schule. Herausforderungen an Schul- und Sonderpädagogik. Bad Heilbrunn/Obb. 1992.

*Niedermann, A.; Bless, G.; Sassenroth, M.*: Heilpädagogischer Stützunterricht. Ergebnisse einer Meinungsumfrage in Deutschfreiburg. Aspekte 44. Luzern 1992.

*Niedermann, A.; Lochmatter, R.; Pfaffen, H.*: Mathematik in der Primarschule: Lernstanderfassung, Fördermassnahmen. Erziehungsdepartement des Kantons Wallis. Brig 1993.

*Nitsch, R.*: Leistungsdifferenzierung im Sonderberufsgrundschuljahr. Eine empirische Untersuchung zu den Auswirkungen unterschiedlich heterogener Klassenzusammensetzungen. Dissertation der Fakultät für Philosophie, Psychologie und Erziehungswissenschaft der Universität Mannheim. Mannheim 1986.

*Perlmutter, B.F.; Crocker, J.; Cordray, D.; Garstecki, D.*: Sociometric status and related personality characteristics of mainstreamed learning disabled adolescents. In: Learning Disability Quarterly 6 (1983) 20-30.

*Perner, Darlene*: All students attend regular classes in neighbourhood schools: A case study of three schools in Woodstock, New Brunswick, Canada. Report for the Phase II (OECD: Active life for disabled youth - integration in the school, project). New Brunswick (Department of Education, Student Services Branch) 1993.

*Peter, Ursula*: Das soziale und kognitive Selbstkonzept von Schülern an der SMe (Scuola media) - Ein Vergleich zwischen Schülern mit pädagogischem Stützunterricht und solchen ohne diesen. Unveröffentlichte Diplomarbeit des Heilpädagogischen Instituts der Universität Freiburg/Schweiz 1994.

*Pierrehumbert, B.*: "J'aimerais aimer l'école..." Quelques données sur les images et les idéaux des élèves en difficulté scolaire. In: *Pierrehumbert, B.* (Hrsg.): L'échec à l'école: échec de l'école? Neuchâtel, Paris 1992, 177-212.

*Pliner, Susan; Hannah, Mary*: The role of achievement in teachers' attitude toward handicapped children. In: Academic Psychology Bulletin 7 (1985) 327-335.

*Porter, G.L.; Richler, Diane* (Hrsg.): Changing Canadian Schools. Perspectives on disability and inclusion. North York, Ontario, Kanada (The Roeher Institute) 1991.

*Potthast, Andrea*: Die Einstellung von Grundschulrektoren und Leitern von Sprachheilschulen zur schulorganisatorischen Integration sprachgestörter Kinder. In: Die Sprachheilarbeit 37 (1992) 20-30.

*Preuss-Lausitz, U.*: Soziale Beziehungen in Schule und Wohnumfeld. In: *Heyer, P.; Preuss-Lausitz, U.; Zielke, G.*: Wohnortnahe Integration. Weinheim 1990, 95-128.

*Prillaman, D.*: Acceptance of learning disabled students in the mainstream environment: A failure to replicate. In: Journal of Learning Disabilities 14 (1981) 344-346, 368.

*Probst, H.*: Inventar impliziter Rechtschreibregeln (IiR). Marburg (Institut für Heil- und Sonderpädagogik, Philipps-Universität) 1991.

*Probst, H.*: Strukturbezogene Diagnostik. In: *Probst, H.* (Hrsg.): Kritische Behindertenpädagogik in Theorie und Praxis. Solms-Oberbiel $^2$1982, 113–135.

*Randoll, D.*: Wirkungen der integrativen Beschulung im Urteil Lernbehinderter und ihrer Lehrer. In: *Haeberlin, U.; Bless, G.; Moser, U.; Klaghofer, R.*: Die Integration von Lernbehinderten. Versuche, Theorien, Forschungen, Enttäuschungen, Hoffnungen. Bern, Stuttgart $^2$1991, 339-352.

*Randoll, D.*: Wirkungen der integrativen Beschulung im Urteil Lernbehinderter und ihrer Lehrer. In: Vierteljahresschrift für Heilpädagogik und ihre Nachbargebiete (VHN) 60 (1991) 18-29.

*Reicher, Hannelore.*: Zur schulischen Integration behinderter Kinder. Eine empirische Untersuchung der Einstellungen von Eltern. In: Zeitschrift für Pädagogik 37(1991) 191-214.

*Rheinberg, F.; Enstrup, B.*: Selbstkonzept der Begabung bei Normal- und Sonderschülern gleicher Intelligenz: Ein Bezugsgruppeneffekt. In: Zeitschrift für Entwicklungspsychologie und Pädagogische Psychologie 9 (1977) 171-180.

*Roberts, Clare; Zubrick, S.*: Factors influencing the social status of children with mild academic disabilities in regular classrooms. In: Exceptional Children 59 (1992) 192-202.

*Rosenberg, Sonja*: Schulische Leistungsschwäche: Institutionelle Konstituierung und individueller Umgang. Eine Darstellung am Beispiel des Volksschulwesens des Kantons Zürich. Dissertation der Universität Zürich 1989.

*Sabornie, E.; Marshall, Kathleen; Ellis, E.*: Restructuring of mainstream. Sociometry with learning disabled and nonhandicapped students. In: Exceptional Children 56 (1990) 314-323.

*Sainato, D.M.; Zigmond, N.; Strain, P.S.*: Social status and initiations of interaction by learning disabled students in a regular education setting. In: Analysis and Intervention in Developmental Disabilities 3 (1983) 71-87.

*Salomon, G.*: Heuristische Modelle für die Gewinnung von Interaktionshypothesen. In: *Schwarzer, R.; Steinhagen, K.* (Hrsg.): Adaptiver Unterricht. München 1975, 127-145.

*Schindler, A.*: Geschichte und heutiger Stand der Schulischen Heilpädagogik in der deutschsprachigen Schweiz. Unter besonderer Berücksichtigung der Ausbildung von Hilfsschullehrern. Luzern 1979.

*Schulrat der Gemeinde Lungern*: Bestimmungen für die Heilpädagogische Schülerhilfe Lungern (verabschiedete Fassung der Schulratssitzung vom 27.11.1990). Lungern 1990.

*Scranton, T.R.; Ryckman, D.B.*: Sociometric status of learning disabled children in an integrative program. In: Journal of Learning Disabilities 12 (1979) 402-407.

*Seith, Corinna*: Nichtaussonderung von Kindern mit Lernschwierigkeiten durch Regelklassen mit Heilpädagogischer SchülerInnenhilfe. Ergebnisse einer Bestandsaufnahme aus dem Jahre 1990. In: Vierteljahresschrift für Heilpädagogik und ihre Nachbargebiete (VHN) 60 (1991) 282-295.

*Semmel, M.; Gottlieb, J.; Robinson, N.*: Mainstreaming: Perspectives on educating handicapped children in the public school. In: Review of Research in Education 7 (1979) 223-279.

*Sheare, J.B.*: The impact of resource programs upon the self-concept and peer acceptance of learning disabled children. In: Psychology in the Schools 15 (1978) 406-412.

*Sigrist, H.*: Schulmodell Lungern. Schulentwicklungsprojekt mit Heilpädagogischer Schülerhilfe und Integrierter Orientierungsstufe. Unveröffentlichte Diplomarbeit der Kleinklassen- und Sonderschullehrerbildung. Luzern 1992.

*Siperstein, G.N.; Bopp, M.J.; Bak, J.J.*: Social status of learning disabled children. In: Journal of Learning Disabilities 11 (1978) 98-102.

*Slavin, R.; Leavey, M.; Madden, N.*: Combining cooperative learning and individualized instruction: Effects on student mathematics achievement, attitudes and behaviors. In: Elementary School Journal 84 (1984) 410-422.

*Slavin, R.; Madden, N.; Leavey, M.*: Effects of cooperative learning and individualized instruction on mainstreamed students. In: Exceptional Children 50 (1984) 434-443.

*SPSS Inc.*: Reference Guide. Statistical Data Analysis. Chicago 1990.

*Stephens, T.M.; Braun, B.L.*: Measures of regular classroom teachers' attitudes toward handicapped children. In: Exceptional Children 46 (1980) 292-294.

*Studer, R.*: Die sozialen Beziehungen der sonderschulbedürftigen Kinder in der Volksschule. In: Heilpädagogische Werkblätter 37 (1968) 81-92.

*Stukàt, K-G.*: Integration of physically disabled students. In: European Journal of Special Needs Education 8 (1993) 249-268.
*Sturny, G.*: Die Schulung Lernbehinderter in der Schweiz. Luzern 1984.
*Tamagni, Kathya; Pierrehumbert, B.*: Image de soi et structure du système scolaire. In: *Pierrehumbert, B.* (Hrsg.): L'échec à l'école: échec de l'école? Neuchâtel, Paris 1992, 221-230.
*Tenorth, H. E.*: "Integration". In: Zeitschrift für Pädagogik 37 (1991) 161-166.
*Teplin, S.; Howard, J.* et al.: Self concept of young children with cerebral palsy. In: Developmental Medicine and Child Neurology 23 (1981) 730-738.
*Thomann, G.; Leuthard, M.*: Die integrative Schulungsform für Schülerinnen und Schüler mit Schulschwierigkeiten in Urdorf im Kanton Zürich. Bericht über einen Schulversuch im Rahmen des OECD-Projektes "Schulische Integration behinderter Jugendlicher". In: *Bürli, A.; Bless, G.* (Hrsg.): Integration behinderter Schüler. Beispiele aus der Schweiz. (in Vorbereitung) Luzern 1994.
*Thompson, D.; Arora, Tiny*: What is consistent in the attitudes of teachers to "integration"? In: Educational and Child Psychology 2 (1985) 157-161.
*Turnbull, A.P.; Winton, P.*: A comparison of specialized and mainstreamed preschools from the perspectives of parents of handicapped children. In: Journal of Pediatric Psychology 8 (1983) 57-71.
*Unterleitner, Ingeborg*: Sozial-integrative Schule: Leistungen der nichtbehinderten Kinder und Einstellungen ihrer Eltern. In: Behinderte 13 (1990) 9-16.
*Wang, Margaret; Baker, E.*: Mainstreaming programs: design features and effects. In: The Journal of Special Education 19 (1985-1986) 503-525.
*Wang, Margaret; Birch, J.*: Comparison of a full-time mainstreaming program and a resource room approach. In: Exceptional Children 51 (1984) 33-40.
*Wang, Margaret; Birch, J.*: Effective special education in regular classes. In: Exceptional Children 51 (1984) 391-398.
*Wang,, Margaret; Peverly, S.; Randolph, R.*: An investigation of the implementation and effects of a full-time mainstreaming program. In: Journal of Remedial and Special Education 5 (1984) 21-32.
*Weiss, R.; Osterland, J.*: Grundintelligenztest Skala 1 (CFT1). Braunschweig $^4$1980.
*Wettstein, P.*: Logopädischer Sprachverständnistest (LSVT). Zürich (Heilpädagogisches Seminar) $^2$1987.
*Williams, P.*: Integration of students with moderate learning difficulties. In: European Journal of Special Needs Education 8 (1993) 303-319.
*Wocken, H.*: Eltern und schulische Integration. In: *Wocken, H.; Antor, G.* (Hrsg.): Integrationsklassen in Hamburg. Solms-Oberbiel 1987, 125-201.
*Wocken, H.*: Schulleistungen in heterogenen Lerngruppen. In: *Eberwein, H.* (Hrsg.): Behinderte und Nichtbehinderte lernen gemeinsam. Handbuch der Integrationspädagogik. Weinheim, Basel 1988, 255-260.
*Wocken, H.*: Schulleistungen in Integrationsklassen. In: *Wocken, H.; Antor, G.* (Hrsg.): Integrationsklassen in Hamburg. Solms-Oberbiel 1987, 276-306.
*Wocken, H.*: Soziale Integration behinderter Kinder. In: *Wocken, H.; Antor, G.* (Hrsg.): Integrationsklassen in Hamburg. Solms-Oberbiel 1987, 203-275.
*Wocken, H.; Antor, G.* (Hrsg.): Integrationsklassen in Hamburg. Solms-Oberbiel 1987.

*Wocken, H.; Antor, G.; Hinz, A.*: Integrationsklassen in Hamburger Grundschulen. Hamburg 1988.
*Wyrsch, A. und Mitautoren*: Heilpädagogische Schülerhilfe. Konzepte und Erfahrungen zu einem neuen Fördermodell. Aspekte 24. Luzern 1987.
*ZBS (Zentralschweizerischer Beratungsdienst für Schulfragen)*: Wie weiter? Handweiser zur Entwicklung des Hilfsschulwesens in der Zentralschweiz. Luzern 1982.
*Zutter, Barbara*: Betriebswirtschaftliche Aspekte der Integration von Lernbehinderten. In: Vierteljahresschrift für Heilpädagogik und ihre Nachbargebiete (VHN) 59 (1990) 446-451.

# Personenregister

Antor 176
Armstrong 41
Arora 50
Ayers 41
Bächtold 19, 20, 22, 24-28, 30, 34, 35, 59, 144, 169
Bak 41
Baker 41, 44, 45
Balow 41
Bartnizki 89
Benkmann 42-44, 46, 144
Berkell 41
Birch 46
Bless 12, 18-26, 28, 29, 31, 32, 38, 40, 41, 44, 47, 50, 57, 60, 64, 67, 69, 84, 88, 100, 104, 139, 140, 165, 166, 173-175
Blöchlinger 30, 33, 47
Bopp 41
Bortz 94, 106, 130, 133-136, 152, 155
Boyd 49
Braun 50
Bruininks 41, 42
Bryan 41, 46
Bundesamt für Statistik 60, 85
Bursuck 41
Carlberg 44, 45
Cattell 103
Chambers 41
Chapman 43
Childs 50
Christiani 89
Cole 17
Coradi 19, 20, 22, 24-28, 30, 34, 35, 59, 144, 169
Cordray 41
Crocker 41
Crump 41
Dehn, 95, 119-122
ED Freiburg, 69
Dozio 24, 25
Dreesmann 170

Drunkemühle 65
Dumke 42, 44, 45, 47, 48, 50, 51, 147, 149, 152
Dütsch-Bühler 19, 20, 22
Eder 170
Eisert 65
Ellis 41
Elmiger 18-25
Enstrup 43
Fahrni 31, 36, 38, 39, 50
Fend 170, 171
Feuser 48
Flammer 27
Flicek 41
Fox 41
Freiburger Projektgruppe 68, 88, 174
Gaedike 26
Gagné 65
Garrett 41
Garstecki 41
Gerster 85
Goetze 42
Gottlieb 41, 44
Graham 50
Greenway 43
Greenwood 49, 50
Grimm 95, 116-118
Grissemann 27, 28, 34, 64, 65, 95, 119, 120
Gross 41
Grossenbacher 60-62, 88
Gunn 49
Haeberlin 12, 19-26, 28, 31, 32, 39-41, 43, 44, 57, 64, 67, 69, 84, 88, 100, 104, 139, 140, 165, 166, 173-175
Hagelgans 41
Hallahan 46
Hannah 51
Harvey 43
Hauer 47, 48
Hayes 49
Hegarty 48, 49
Heinrich 48

*Heller* 26, 41
*Helmke* 144, 171
*Hildbrand* 19, 20, 22, 24-28, 30, 34, 35, 59, 144, 169
*Hinz* 176
*Horne* 50
*Horowitz* 41
*Howard* 43
*Hudson* 50
*Hunsicker* 49
*Hutton* 41
*Iano* 41
*Jenkinson* 49
*Jenny-Fuchs* 31, 39, 40, 172
*Johnson* 41
*Jost* 48
*Kamm* 85
*Kavale* 44, 45
*Kay* 41
*Keller* 46
*Kennedy* 42
*Klaghofer* 12, 19-26, 28, 29, 32, 40, 41, 44, 47, 57, 67, 69, 84, 88, 100, 104, 139, 141, 165, 166, 173-175
*Kniel* 44
*Krampen* 43
*Krieger* 48, 50, 51, 147, 149, 152
*Kutzer* 85, 95, 108, 110-112, 114, 115
*Kyle* 43, 45
*Lalkhen* 43
*Landau* 41
*Langfeldt* 55, 56, 167
*Lauth* 43
*Leavey* 46
*Leinhardt* 44, 45
*Leuthard* 59
*Levy* 41
*Lienert* 97-100, 103, 106, 109, 114, 116
*Lloyd* 46
*Lobeck* 96, 98
*Lochmatter* 85
*Madden* 43-46, 168
*Maikowski* 42
*Marshall* 41

*McDonnell* 49
*McGettigan* 41
*McKinney* 46
*Mettauer* 58
*Meyer* 48
*Miller* 49
*Möbus* 155
*Morvitz* 43
*Moser* 12, 19-26, 28, 30, 32, 36, 40, 41, 44, 57, 64-67, 69, 84, 88, 100, 104, 139, 141, 165, 166, 173-175
*Moser Opitz* 31, 39, 40, 172
*Motta* 43
*Moulin* 30, 35, 145
*Munder* 48
*Muth* 60
*Niedermann* 31, 38, 50, 60, 85
*Nitsch* 171
*Norwich* 43
*Osterland* 95, 103-107, 130, 147
*Pallay* 44, 45
*Pekrun* 170
*Perlmutter* 41
*Perner* 177
*Peter* 19, 20, 22, 24-26
*Peverly* 46
*Pfaffen* 85
*Pieringer* 42-44, 46, 144
*Pierrehumbert* 23, 24, 26
*Pliner* 51
*Podlesch* 42
*Polo* 41
*Porter* 177
*Potthast* 51
*Preuss-Lausitz* 42
*Prillaman* 41
*Probst* 85, 95, 108-112, 114-117, 124
*Randoll* 41, 43
*Randolph* 46
*Reicher* 48
*Renkl* 171
*Rheinberg* 43
*Richler* 177
*Roberts* 41

*Robinson* 44
*Ryckmann* 41
*Rynders* 41
*Sabornie* 41
*Sainato* 41
*Saldern v.* 170
*Salomon* 65
*Sassenroth* 31, 38, 50, 60
*Schäfer* 42, 48, 50, 51, 147, 149, 152
*Schindler* 71
*Schöler* 95, 116-118
*Schulrat der Gemeinde Lungern* 69
*Scranton* 41
*Seith* 61, 64, 67, 74
*Selbmann* 41
*Semmel* 44
*Sheare* 41
*Sigrist* 60
*Siperstein* 41
*Slavin* 43-46, 168
*SPSS* 99, 153
*Stephens* 50
*Strain* 41, 49
*Strasser* 18-20, 22, 24-28, 30, 34, 35, 59, 144, 169
*Studer* 18, 19
*Stukàt* 43, 45
*Sturny* 59, 60, 63
*Tamagni* 23, 24
*Tenorth* 167
*Teplin* 43
*Thomann* 59
*Thompson* 50
*Turnbull* 49
*Unterleitner* 47
*Walker* 41
*Wang* 41, 44-46
*Warner* 50
*Weinläder* 27
*Weiss* 95, 103, 104, 106, 107, 130, 147
*Wettstein* 95, 116, 119, 121, 122
*Williams* 17, 51
*Wilms* 43
*Winton* 49

*Wocken* 42, 47, 48, 171, 176
*Wolf* 170
*Wyrsch* 57, 61, 65, 68, 71, 88
*ZBS* 57, 59, 71
*Zigmond* 41
*Zubrick* 41
*Zutter* 29, 31, 32

Beiträge zur Heil- und Sonderpädagogik

Die Fachzeitschrift der Heilpädagogin / des Heilpädagogen

## VHN
## Vierteljahresschrift für Heilpädagogik und ihre Nachbargebiete

herausgegeben im Heilpädagogischen Institut
der Universität Freiburg/Schweiz

## Die vielseitige und führende Fachzeitschrift mit Beiträgen zur schulischen und ausserschulischen Heilpädagogik

**Jahresabonnement**

Schweiz CHF 48.– / 26.– (Studentenpreis; mit Ausweis)
Preise im Ausland auf Anfrage

**Verlangen Sie eine Probenummer!**

Bestellung an:
Heilpädagogisches Institut der Universität Freiburg
Petrus-Kanisius-Gasse 21
CH-1700 Freiburg

**⁞ Haupt**   **Verlag Paul Haupt** Bern • Stuttgart • Wien
verlag@haupt.ch • www.haupt.ch

Beiträge zur Heil- und Sonderpädagogik

Albin Niedermann

# Heilpädagogische Unterrichtsgestaltung

Ein Studienbuch zur Förderdiagnostik, Basisfunktionsschulung und Klassenführung

«Beiträge zur Heil- und Sonderpädagogik» Band 29
79 Seiten, 6 s/w Abbildungen, kartoniert
CHF 28.– / € 18.–
ISBN 3-258-06364-8

Das Unterrichten behinderter Kinder stellt an die Lehrpersonen besondere Anforderungen:

- Sie brauchen *förderdiagnostische Kenntnisse* – als Grundlage eines individualisierenden Unterrichts.
- Sie brauchen didaktische Fähigkeiten zur Durchführung von *Basisfunktionsschulung,* weil im heilpädagogischen Unterricht wesentliche Voraussetzungen für schulisches Lernen erst geschaffen werden müssen.
- Sie sollten schliesslich auch Prinzipien der *Klassenführung* und des Umgangs mit Disziplinproblemen kennen.

Diesen drei Unterrichtsprinzipien, die zugleich wichtige Kompetenzbereiche heilpädagogischer Lehrpersonen bezeichnen, ist Albin Niedermanns Buch gewidmet. Neben theoretischen Erläuterungen enthält es auch zahlreiche praktische Hinweise.

**: Haupt** **Verlag Paul Haupt** Bern • Stuttgart • Wien
verlag@haupt.ch • www.haupt.ch

**Haupt**thema Heil- und Sonderpädagogik

Holger Schmid / Emmanuel Nicolás Kuntsche / Marina Delgrande (Hrsg.)

## Anpassen, ausweichen, auflehnen?

Fakten und Hintergründe zur psychosozialen Gesundheit und zum Konsum psychoaktiver Substanzen von Schülerinnen und Schülern

416 Seiten, 81 Abbildungen, 32 Tabellen, zahlreiche Fotos, gebunden
CHF 48.– / € 29.90
ISBN 3-258-06269-2

Wie erleben Schulkinder ihren Alltag? In welcher familiären und schulischen Situation wachsen sie auf? Wie verbringen sie ihre Freizeit, mit welchen Problemen mühen sie sich ab? – Auf der Basis einer repräsentativen Umfrage bei Zwölf- bis Fünfzehnjährigen werden verschiedene Bereiche gesundheitsrelevanter Verhaltensweisen von Fachleuten diskutiert und in Beziehung zum Konsum psychoaktiver Substanzen gesetzt. – Ein umfassendes Werk, das uns die komplizierte Zeit der frühen Adoleszenz mit ihren vielfältigen Anforderungen und Schwierigkeiten näher bringt – wissenschaftlich fundiert, aber allgemeinverständlich geschrieben.

**Haupt**    **Verlag Paul Haupt** Bern • Stuttgart • Wien
verlag@haupt.ch • www.haupt.ch

**Haupt**thema Heil- und Sonderpädagogik

Eva Irmann / Heidi Lauper

## Integration: Unterwegs zu einer gemeinsamen Schule

Ein Wegweiser für Eltern von Kindern mit speziellem Förderbedarf und andere Fachleute

120 Seiten, kartoniert
CHF 38.– / € 24.90
ISBN 3-258-06011-8

Mit den Nachbarskindern spielen, gemeinsam mit ihnen aufwachsen und zur Schule gehen, das wünschen sich Kinder mit Behinderungen und ihre Eltern. Heute trennen sich ihre Wege beim Schuleintritt. Sie verlieren die Kontakte zueinander und irgendwann sind sie einander fremd. Wie sollen Berührungsängste im Erwachsenenalter dann wieder abgebaut werden?

Kinder lernen spielerisch voneinander und miteinander. Sie sind neugierig, offen, gehen selbstverständlich mit anderen um. Diese Chance sollten wir wahrnehmen, wenn es uns ernst damit ist, Menschen mit Behinderungen an der Gesellschaft teilhaben zu lassen.

Allerdings, der Weg zur Integration von Kindern mit speziellem Förderbedarf ist steinig. Tradition, Vorurteile und Ängste verbauen den Zugang zur Regelschule.

«Unterwegs zu einer gemeinsamen Schule» bietet Eltern, die ihr Kind integrieren möchten, Lehrer/innen, Heilpädagogen/innen, Mitgliedern von Schulbehörden und vor allem auch Eltern von nicht behinderten Kindern Orientierungshilfen für den gemeinsamen Weg, dessen Ziel eine Gesellschaft ist, in der anders zu sein kein Grund zur Ausgrenzung mehr ist.

**: Haupt**   **Verlag Paul Haupt** Bern • Stuttgart • Wien
verlag@haupt.ch • www.haupt.ch